高职高专经管类专业"十三五
GAOZHI GAOZHUAN JINGGUANLEI ZHUANYE SHISAN

U0587542

营销策划实务

主编■朱洁　包月姣　　　副主编■陈怀芳　李敏　王伟　肖君　叶伟　任滨　叶虎兵

参编■李军　殷秀梅　刘芳　莫蕙榕　罗岩　刘向春　　　主审■成浩　赵红梅

YINGXIAO CEHUA SHIWU

重庆大学出版社

内容提要

本书基于营销策划岗位的实际工作任务、工作要求和工作内容构建全书的框架和内容体系,体现了教、学、做一体化原则。以专业知识为基本点,探索营销策划的基本原理,研究营销策划的实务运作,形成市场营销策划的总体框架和学科体系。全书共 10 个项目,项目 1 主要阐述了营销策划的基本理论、流程以及营销策划人才的素质和技能要求。项目 2 和项目 3 是营销调研策划与营销策划环境分析,项目 4 至项目 10 是营销策划的基本技能,包括 STP 策划、营销战略策划、产品策划、价格策划、渠道策划、促销策划、营销策划文案。每个项目由"任务""复习思考题""实训项目"组成。本书注重理论联系实际,案例丰富,结构严谨,操作性强,可作为高职高专院校管理类、经济类各专业课程教材或参考书,也可作为营销策划工作者、企事业单位营销管理者和职工培训的参考书。

图书在版编目(CIP)数据

营销策划实务/朱洁,包月姣主编. —重庆:重
庆大学出版社,2017.8
高职高专经管类专业"十三五"规划教材
ISBN 978-7-5689-0682-1

Ⅰ.①营… Ⅱ.①朱… ②包… Ⅲ.①营销策划-高
等职业教育-教材 Ⅳ.①F713.50

中国版本图书馆 CIP 数据核字(2017)第 180827 号

高职高专经管类专业"十三五"规划教材
营销策划实务
主 编 朱 洁 包月姣
副主编 陈怀芳 李 敏 王 伟
    肖 君 叶 伟 任 滨
    叶虎兵
责任编辑:沈 静 版式设计:沈 静
责任校对:张红梅 责任印制:赵 晟
＊
重庆大学出版社出版发行
出版人:易树平
社址:重庆市沙坪坝区大学城西路 21 号
邮编:401331
电话:(023)88617190 88617185(中小学)
传真:(023)88617186 88617166
网址:http://www.cqup.com.cn
邮箱:fxk@ cqup.com.cn(营销中心)
全国新华书店经销
重庆共创印务有限公司印刷
＊
开本:787mm×960mm 1/16 印张:19 字数:379 千
2017 年 8 月第 1 版 2017 年 8 月第 1 次印刷
印数:1—3 000
ISBN 978-7-5689-0682-1 定价:39.00元

在经济全球化和互联网+新常态大背景下,市场竞争愈发激烈,迫使企业积极探索新的商业模式和盈利模式。营销策划在激烈的竞争压力下不断地创新,给企业带来了丰厚的利润。营销策划将随着企业竞争的发展,成为提高企业生存能力的利器。

为了贯彻落实教育部《关于全面提高高等职业教育教学质量的若干意见》《国家中长期教育改革和发展纲要(2010—2020年)》等相关文件精神,作者在参阅国内外大量资料和最新科研成果的基础上,结合自身多年积累的教学经验编写了本书。

本书在编写中注重突出以下特点:

1. 基于营销策划岗位的实际工作任务、工作要求和工作内容构建全书的框架和内容体系。

2. 体现教、学、做一体化的原则,在内容编排上将教师讲授、任务布置和学生实训有机地结合起来,做到理论与实践融为一体,全面提升学生分析问题和解决问题的能力。

3. 参考湖南省高职院校学生专业技能抽测的要求,将制定新产品上市策划方案、制定公关活动策划方案、制定广告策划方案、制定促销策划方案融入教学项目,使学生进行理论学习和项目实训后,具备独立开展营销策划工作、撰写营销策划方案、组织实施营销策划活动的能力。

本书由湖南外国语职业学院朱洁,湖南环境生物职业技术学院包月姣任主编;湖南外国语职业学院陈怀芳、李敏、王伟、肖君,湖南邮电职业技术学院叶伟、任滨,汉口学院叶虎兵任副主编。

主编朱洁、包月姣负责全书的设计、审定,以及对全书进行修改、总撰。主审成浩、赵红梅对本书编写大纲和具体内容提出了很多建议。本书在编写过程中,得到了李军、殷秀梅、刘芳、莫蕙榕、罗岩、刘向春的指点和帮助,以及湖南外国语职业学院的资助,在此一并表示衷心的感谢。

在编写过程中,我们参阅了大量国内外专家学者的研究成果和相关文献,除了在参考文献中列出一部分外,限于体例未能一一说明。许多材料与案例来源于网络,部分作者也未能一一列明。在此,谨向这些教材和资料的作者致以诚挚的谢意。

本书可作为高职高专院校管理类、经济类各专业课程教材或参考书,也可作为营销策划工作者、企事业单位营销管理者和职工培训的参考书。

由于编者水平有限,加上编写时间仓促,书中疏漏和不足之处在所难免,敬请业界专家、同仁及广大读者批评指正并提出宝贵意见。

编 者

2017 年 6 月

C O N T E N T S **目录**

项目 1　营销策划导论

【教学目的与要求】

1. 了解策划及营销策划。
2. 了解营销策划人的基本素养。
3. 会应用营销策划的基本理论。

【引导案例】

小成本电影票房不"失恋"

2011 年 11 月 11 日,百年一遇的 6 个"1"集聚一天,俗称"光棍节"。各路商家也押宝这天,打算大赚一笔。一部曾不被人看好的小制作电影《失恋 33 天》,打着光棍节的招牌,变身为商家的吸金"利器"。《失恋 33 天》投资仅 890 万元,上映一周,票房收益就达到 2 亿元。《失恋 33 天》是如何挑战宣传发行费与制作成本 1:1 这条好莱坞电影成功票房营销模式的? 小成本电影的新媒体营销路线图是什么样的呢?

1. 社交媒体的二度传播

《失恋 33 天》的制作成本 900 万元,宣传发行费用 600 万元。"虽然绝对数字不高,但是整个宣传成本占到制作成本的近 66%,这在业内属于很高的。这需要投资方具有胆识和勇气。"按照好莱坞电影的惯例营销模式,宣传发行费用与制作成本能够达到 1:1 的比例,是被证明过的营销助推电影票房的成功模式。

2. 新媒体布阵转化票房收益

60 后说:失恋是因为贫穷;70 后说:失恋是因为考学;80 后说:失恋是因为毕业;90 后说:失恋是因为网络;00 后说:而你和 Ta 又为何分开? 2011 年 6 月 10 日,距《失恋 33 天》上映还有 5 个月之余,"电影失恋 33 天官方微博"就建立起来,并以此微博向广大网友征集"失恋物语",正式拉开了微博营销的序幕。

除了吸引普通粉丝外,运营还从著名的微博用户上进行渗透,各大排名靠前的草根微博中都有关于这部电影的转播,最多的单个微博转发次数近 10 万。之后打造多个"失恋 33 天"的微博号,诸如"失恋 33 天精彩语录""失恋 33 天经典语录"等微博号粉丝数都在 10 万之上,形成了一个庞大的微博矩阵,由这个矩阵加上话题以及草根名博的推荐,所形成的力量在微博上是巨大的。如果说之前"微博营销"还是一个"走偏门"意味的尝试性行为,《失恋33天》的成功已经让"微博营销"正式成为一种"靠谱"的传播媒介,俨然与电视、广播等传统媒体平起平坐了。

总体上说,这部电影剧情平凡普通,没有浮夸的渲染,也没有遥远的皇亲国戚,更没有天马行空的戏码,正因为这样,才拉近了与消费者之间的距离。他们发生的事,是我们都经历过的,容易引起人们内心的感动和共鸣。正是因为平凡而普通,才符合了普通受众的特性,影片就不必担心入座率低。在经济学上,也符合了投入与产出成正比的要求。

任务 1　营销策划认知

1.1.1　营销策划的含义

1）营销策划的概念

营销策划是指营销策划活动的主体——企业在市场营销活动中,理论联系实际的方法,对企业生存和发展的宏观经济环境和微观市场环境进行分析,寻找企业与目标市场顾客群的利益共性,以消费者满意为目标,重新组合和优化配置企业所拥有的和可开发利用的各种人、财、物资源和市场资源,对整体市场营销活动或某一方面的市场营销活动进行分析、判断、推理、预测、构思、设计和制定市场营销方案的行为。

2）营销策划的特点

（1）营销策划是创新思维的学科

主要包括4个方面的内容:创新思维路线的选择、企业经营理念的设计、资源的整合、市场营销操作过程的监理。

（2）营销策划是市场营销工程设计学科

营销策划实质上是应用企业市场营销过程中所拥有的资源和可利用的资源构造一个新的营销工程系统,并对这个系统中各方面根据新的经营哲学和经营理念设计进行轻、重、缓、急的排列组合。在这个市场营销系统工程的设计中,经营理念的设计始终处于核心和首要地位。

（3）营销策划是具有可操作性的实践学科

营销策划就是在创新思维的指导下,为企业的市场营销拟订具有现实可操作性的市场营销策划方案,提出开拓市场、营造市场的时间、地点、步骤及系统性的策略和措施。还必须具有特定资源约束条件下的高度可行性。市场营销策划不仅要提出开拓市场的思路,更重要的是在创新思维的基础上制定市场营销的行动方案。

(4)营销策划是系统分析的学科

营销策划是用科学、周密、有序的系统分析方法,对企业的市场营销活动进行分析、创意、设计和整合,系统地形成目标、手段、策略和行动高度统一的逻辑思维过程和行动方案。因此,作为智慧火花的市场营销点子,不能说是市场营销策划,仅仅只是市场营销策划中的创意。

营销策划是一系列点子、谋略的整合,是建立在点子和谋略之上的多种因素、多种资源、多种学科和多个过程整合而成的系统工程。因此,作为理论,市场营销策划是一门系统科学;作为实践,市场营销策划是项系统工程。

阅读扩展

完美的厕所

有一户人家,住在路边,以种菜为生,颇为肥料不足所苦。有一天,家长灵机一动:"在这条路上,来往贸易的人很多,如果能在路边盖一间厕所,一方面给过路的人方便,另一方面也解决了肥料的问题。"

他用竹子与茅草盖了一间厕所,果然来往的人无不称便,种菜的肥料从此不缺,青菜萝卜也长得肥美。

路对面有一户人家,也以种菜为主,看了非常美慕,心想:"我也应该在路边盖间厕所,为了吸引更多的人来上厕所,我要把厕所盖得清洁、美观、大方、豪华。"

于是,他用上好的砖瓦搭盖,内外都漆上石灰,还比对面的厕所大上一倍。

完工之后,他觉得非常满意。

奇怪的是,对面的茅厕人来人往,自己盖的厕所却无人问津,后来问了过路人,才知道因为他的厕所盖得太美、太干净,一般人以为是神庙,内急的人当然是跑茅厕,不会跑神庙了。

1.1.2　营销策划的内容和原则

1)营销策划的内容

(1)营销战略策划

营销战略策划是有关企业战略发展方向、战略发展目标、战略重点与核心竞争力的宏观策划。营销战略策划的内容包括以下 4 个方面:

①市场定位策划。市场定位策划是企业在寻求市场营销机会、选定目标市场后,在目标消费者心目中树立某一特定位置及形象的行为方案、措施。

②市场竞争策划。市场竞争策划是企业在市场竞争中,为保持其实力、发展其地位而进行的、基于长期考虑和具有长远意义的总体性营销谋略。

③企业形象策划。企业形象策划是指企业用于市场竞争的一切设计采取一贯性和统一性的视觉形象,并通过广告以及其他媒体加以扩散,有意识地造成个性化的视觉效果,以便唤起公众的注意,使企业知名度不断地提高。

④顾客满意策划。顾客满意策划是从顾客的角度出发进行市场营销组合设计,以提高满意度为目标,进行企业营销活动,以顾客满意度作为指标评价企业营销活动效果的方法、措施、策略等。

(2)营销战术策划

营销战术策划是指实现企业营销战略的策略、战术、措施的策划。在企业的营销战略确定后,必须制定营销策略和营销战术,以贯彻市场营销战略,否则,没有营销策略与措施的战术支持,营销战略也会落空。而营销战术策略也必须根据营销战略来制定,以全力支持营销战略目标的实现。

①产品策划。产品策划是指企业从产品开发、上市、销售至报废的全过程的活动方案。产品策划包括产品的开发、设计、品牌、包装、商标、管理等一系列的策划。企业搞好了产品策划,就等于成功了一半。例如,空中客车飞机不求在开发产品上全面开花,而是针对亚太地区设计的特色策划,使企业获得宝贵的市场份额。

②价格策划。价格是企业和消费者敏感的话题,成功的价格策划能激发消费者的购买欲望,为企业带来利润。价格策划是企业产品在进入市场的过程中如何利用价格因素来争取进入目标市场,进而渗透甚至占领目标市场,以及为达到营销目标而制定相应的价格策略的一系列活动、方案和措施。

③渠道策划。产品从生产者到消费者的过程是通过分销渠道实现的。成功的分销渠道策划可能会给企业带来滚滚财源。分销是企业使其产品由生产地点向销售地点运动的过程。美国著名营销大师菲利普·科特勒说过:"营销渠道决策是公司所面临的最复杂和最有挑战性的决策之一。"

④促销策划。促销是营销组合之一,它的利用可以极大地促进销售。它包括公关策划、广告策划、商场促销策划、推销策划。促销策划是把人员促销、广告促销、公共关系和营业推广等形式有机结合,综合运用,最终形成一种整体促销的活动方案。

(3)营销创新策划

①知识营销策划。知识营销策划是以创新产品为对象,以知识、技术为媒体的营销理念

和方式,以产品的科技创新和创新产品的知识促销、知识服务为突破口,从而培养和创造出一个崭新的生产体系的全过程及其活动。

②关系营销策划。关系营销是把营销活动看成一个企业与顾客,即消费者、供应商、经销商、竞争者、政府机构、社区和其他公众发生互动作用的过程,其核心是建立并发展与这些公众的良好关系。在这一过程中,营销人员对顾客所做的分析、判断、构思、设计、安排、部署等工作,便是关系营销策划。

③网络营销策划。网络营销策划是指企业以电子信息技术为基础,以计算机网络为媒介手段,对将来要发生的营销活动及行为进行超前决策(包括网络营销调研、网络产品开发、网络分销、网络促销、网络服务等)。

④整合营销策划。整合营销策划是指企业对将要在实现与消费者沟通中的传播行为进行超前规划和设计,以提供一套统一的有关企业传播的未来方案,这套方案是把公关、促销、广告、直销等集于一身的具体行动措施。

阅读扩展

洽洽瓜子的成功之道

洽洽瓜子将一小小的瓜子从安徽卖向全球。小小的瓜子能够卖出十几亿元的销量,洽洽的出现推翻了行业的游戏规则,对行业进行了整合,由炒改为煮,不仅扩大了市场,改变了消费行为,演变成了休闲食品,而且不会上火。"洽洽瓜子是煮出来的",差异化的定位不仅锁定了消费者,而且形成了独特的卖点。当然,洽洽瓜子在营销过程中还打文化牌,利用集卡等手段培养忠诚度。

洽洽攻略第一招:工艺创新,开创煮制香瓜子。

当众多炒货企业还热衷于传统的炒制工艺,洽洽却在默默地研究如何既能保持香瓜子香脆的特性,又能使消费者吃了不上火乃至不脏手的香瓜子。煮制瓜子应运而生。这不单是一个技术上的创新,也是整个炒货行业在瓜子工艺上的一大突破,同时更是广大香瓜子消费者的一大福音。"洽洽"香瓜子在突破传统炒货工艺之后,又加以传统秘制配方,将葵花子与多种有益于人体健康的中草药通过特殊调配后,经"煮"这一特别的工艺,就有了现在百吃不厌的"洽洽香瓜子"。"煮"瓜子是"洽洽"香瓜子独特生产工艺的突出代表,它不单突破了炒制瓜子多吃容易上火的弊端,同时在营养、口味上的配方调制,使得普通的香瓜子具有了入味、香酥、不脏手、不上火等诸多的特点,消费者也在不知不觉中跟着瓜子的独特口味吃上了瘾。煮制瓜子一出世,就引起了众多同行的仿制,市场上到处都是煮瓜子。

洽洽攻略第二招:创意突破,推出纸质包装袋。

要做一个行业的领导者,工艺技术上的创新是不可缺少的,洽洽深知这一点,在推出煮制瓜子不久,洽洽又推出了颇有艺术情调的纸袋包装,从而成为国内首家采用纸袋包装的炒货企业。由于其纸袋包装的设计带有浓郁的传统色彩,中式竖形信封的设计、民俗色彩强烈的手写体文字,再配上一段"洽洽"诞生的传奇故事,整个产品体现出简洁、醒目、典雅的文化风格,与休闲食品的特性完美融合。同时,纸包装也符合了时尚和环保的要求,将现代流行新趋势与传统文化进行完美的结合,从而紧紧地抓住了消费者的眼睛。为了进一步增强洽洽瓜子的文化品位和休闲乐趣,"洽洽"还专门精心设计了图文并茂、印刷精美的金陵十二衩、唐诗宋词和幽默快乐的文化卡片,这些卡片既可欣赏也可作为艺术收藏,使一个小小的瓜子产品增加了浓厚的文化内涵,在满足消费者口感需求的同时,也满足了消费者大脑及精神上的需求。

很多消费者因为收集成套卡片的愿望而刺激了其重复购买的欲望,还有很多消费者专门来函来电索要这种成套的卡片,并不惜出钱要求购买,甚至有些近路的消费者,亲自跑到公司来索要。

洽洽攻略第三招:品牌定位,塑造快乐的品牌。

在缺乏品位的瓜子行业,洽洽又对品牌进行了一次大的整合,确立了"洽洽——快乐"的品牌定位,从而使洽洽旗帜鲜明地与其他瓜子品牌拉开了距离。"因为快乐所以流行"这一句话初看显得粗鲁无理、有悖常言,但对于洽洽而言,快乐是人生一大理由。一个人"呱呱"落地后,性别决定了他(她)的人生道路,品牌定位也是一样的道理。洽洽的拥有者深知这一品牌理论,所以,当"洽洽"还在孕育之中,就给它设定了"快乐"这一性别或称为品牌印迹。从此,洽洽就是快乐,快乐就吃洽洽,也就成为洽洽的基本属性,与洽洽紧密相连,难以分离。

有了快乐的品牌定位,洽洽的广告策略就有了强烈的针对性:在最恰当的时间,选择最恰当的媒体,让最合适的目标消费者收看!而要完成这一策略,中央电视台登广告是洽洽的第一选择。于是,洽洽的快乐文化,通过中央电视台的强大电波,传遍了大江南北!

(4)策划创意方法——头脑风暴法

就像中国有个成语"集思广益"的意义一样,著名的阿里克斯·奥斯本(A. F. Osbern)于1938年发明了著名的头脑风暴法,这是激发人的大脑思维产生创造性设想的一种集体讨论方法,又称BS法。以后各国创造学家又进一步对其丰富和发展,先后提出了默写式智力激励法、卡片式智力激励法、三菱智力激励法等。奥斯本把这种方法的有效性归因于4个方面:

①思想的产生有赖于联想,联想能力在一定程度上依赖于不同思想的相互启发和诱导。

②一般人在小组讨论中比单独思考更能发挥其想象力。

③智力活动在竞争情况下,其产生思想的能力增强50%,其中,尤其以产生灵感的能力增强最为突出。

④在小组中个人设想往往会立刻得到他人的鼓励、引申和发展,从而激发自己提出更好的设想。

头脑风暴法的具体做法是:围绕某个目标明确的主题,召开一次有 10 人左右参加的小组讨论会。会议主持人的言辞必须妙趣横生,使场面轻松、和谐,善于引导、激励会议成员积极思考。为了使会议气氛热烈,富有成效,对到会的人员约定 4 条原则:第一,不允许批评别人提出的设想;第二,提倡无约束的自由思考;第三,尽量提出新奇设想;第四,结合他人的见解提出新设想。

2)营销策划的原则

"运筹于帷幄之中,决胜于千里之外。"企业在决策过程中,不管提出什么样的营销方案,都必须科学地运用策划方法。营销策划,已经具备了自己独特、完整的体系、方法论和原则。

(1)创新性原则

创新性是人类赖以生存和发展的主要手段,没有创新就没有人类社会的发展进步。创新出奇可谓是营销策划的第一大原理。"出奇方能制胜",在你死我活的商战中,没有新意的营销策划只会使企业销声匿迹,而不会带来巨大的成功,只有独辟蹊径,创新出奇才能取得成功。

(2)时效性原则

时效是指时机和效果以及两者之间的关系。在策划中,决策方案的价值将随着时间的推移和条件的改变而变化。时效原则要求在策划过程中把握好时机,重视整体效果,尤其是处理好时机和效果的关系。

(3)可行性原则

营销策划是企业在市场调研的基础上通过科学分析,为实现企业战略目标而制定的一种整体谋划和策略,它在实际工作中必须具有可操作性。可操作性原则首先是指营销策划方案能够操作实施。其次,营销策划方案必须易于操作。

(4)信息性原则

营销策划,是对信息的充分利用,缺乏信息的营销策划是危险的策划。信息是营销策划的基础。当今世界,已进入信息时代。对信息的收集、处理和管理水平已成为各国政治、经济、军事、文化竞争中克敌制胜的法宝。作为以信息为操作中心的营销策划,更离不开信息的指导作用。

(5)系统性原则

系统性原则要求营销策划要有全局的观念,这就要求部分服从全局,以全局带动局部。

这一原则还要求要具有长期性和层次性的观念。所谓长期性,是指策划整体性的原则的着眼点不是当前,而是未来,要以长远的眼光来看待策划。所谓层次性,是强调策划的全局的范围是有大小之分的。任何一个系统都可以被看作一个全局。而系统是有层次的,有大系统、小系统,有母系统、子系统,对于不同层次的系统,就有不同层次的策划。

3)营销策划的作用

(1)促进市场经济的发展

市场经济是以满足人们不断增长的物质文化需要为目的的生产方式。它是为卖而买的生产经营活动。卖是目的,买是手段。市场营销策划是市场经济发展到一定阶段的必然产物,它源于市场经济,反作用于市场经济,当市场营销策划为广大企业普遍应用时,将对市场经济的发展起到巨大的推动作用。

(2)有利于企业经营管理水平的提高

市场营销策划以多学科知识的综合运用为基础,以市场营销理论为指导,引导消费,创造需求,为企业的发展拓展市场空间。把商品、人的需求、市场环境、生产者与消费者的沟通、企业资源合理配置等有机地联系起来,有效地解决企业的市场营销困难。

市场营销策划,以需求管理为核心,把市场需求作为市场经济条件下一切生产经营活动的起点和归宿,以创造顾客价值和实现顾客满意为龙头,对企业的整个经营管理流程和经营管理职能进行再造,按市场需求重组企业的人、财、物等资源。这无疑促进了企业整个经营管理水平的提高。

(3)促进企业营销资源的高效配置

市场营销策划是知识高度密集型营销活动,它通过多学科知识的集合、碰撞,打破常规和习惯的束缚,用超常的思维、创新的思维和系统的思维,创造性地把企业既有的和可利用的人才、资金、技术、物质基础、信息、市场优势和外界有利环境因素等资源重新整合,高效配置,达到企业营销的高效益。

(4)有利于增强企业的市场竞争实力

市场营销策划以多学科知识集成为基础,用现代多维的创造性营销思维打破传统思维的禁锢,敢于超越时间和空间进行创新思维。用崭新的营销观念和经营哲学指导企业进行营销制度的创新、营销方式和策略的创新以及产品创新和服务创新。用营销创新去适应需求,创造需求和满足需求。在正确的市场营销策划的指导下,以创新为手段,以顾客满意为目的,全面提高企业的整体营销管理水平,增强企业的市场竞争能力。

任务 2　营销策划的基本流程

市场营销策划如同酿酒,是一个科学的运作过程。一般来说,企业的市场营销策划包括以下 8 个步骤:

1.2.1　了解现状

了解现状不仅包括对市场情况、消费者需求进行深入调查,还包括对市场上竞争产品的了解以及对经销商情况的了解。大致可以从以下 5 个方面了解:

①市场形势了解。这是指对不同地区的销售状况、购买动态以及可能达到的市场空间进行了解。

②产品情况了解。这是指对原来的产品资料进行了解,找出其不足和有待加强、改进的地方。

③竞争形势了解。对竞争者的情况要有一个全方位的了解,包括其产品市场占有率、采取的营销战略等方面。

④分销情况了解。要对各地经销商的情况和变化趋势进行适时调查,了解他们的需求。

⑤宏观环境了解。要对整个社会大环境有所了解和把握,从中找出对自己有利的切入点。

1.2.2　分析情况

一个好的营销策划必须对市场、竞争对手、行业动态有一个较为客观的分析,主要包括以下 3 个方面的内容:

①机会与风险的分析。分析市场上该产品可能受到的冲击,寻找市场上的机会和空当。

②优势与弱点分析。认清该企业的弱项和强项,同时尽可能充分发挥其优势,改正或弱化其不足。

③结果总结。通过对整个市场综合情况的全盘考虑和各种分析,为制定应当采用的营销目标、营销战略和措施打好基础。

1.2.3　制定目标

企业要将自己的产品或品牌打出去,必须有自己得力的措施,制定切实可行的目标和计划。制定目标主要包括制定企业整体目标和企业营销目标。

①企业整体目标。就是实现其宗旨所要达到的预期成果,没有目标的企业是没有希望

的企业。企业目标就是企业发展的终极方向,是指引企业航向的灯塔,是激励企业员工不断前行的精神动力。企业整体目标包含了管理目标、营销目标、销售目标、财务目标、生产目标、人力资源目标、研发目标等。

②企业营销目标。企业营销目标是指通过营销策划的实施,希望和达到的销售收入及预期的利润率和产品在市场上的占有率等。

1.2.4 制定营销战略

必须围绕已制定的目标进行统筹安排,结合自身特点制定可行的市场营销战略。营销战略包括以下3个方面:

①目标市场战略。目标市场战略是指采用什么样的方法、手段去进入和占领自己选定的目标市场。也就是说,企业将采用何种方式去接近消费者以及确定营销领域。

②营销战术。营销战术又叫营销组合策略,是指对企业产品进行准确的定位,找出其卖点,并确定产品的价格、分销和促销的政策。

③营销预算。营销预算是指执行各种市场营销战略、政策所需的最适量的预算,以及在各个市场营销环节、各种市场营销手段之间的预算分配。

1.2.5 制定行动方案

营销活动的开展从时间上到协调上需要制定一个统筹兼顾的方案,要求选择合适的产品上市时间,同时要有各种促销活动的协调和照应。有的营销策划忽略对产品上市最佳时机的确定,这会直接影响到营销活动的开展。而各个促销活动在时间和空间上也要做到相互搭配、错落有致。

1.2.6 预测效益

要编制一个类似损益报告的辅助预算,在预算书的收入栏中列出预计的单位销售数量以及平均净价。在支出栏中列出划分成细目的生产成本、储运成本及市场营销费用。收入与支出的差额就是预计的盈利。经企业领导审查同意之后,它就成为有关部门、有关环节安排采购、生产、人力及市场营销工作的依据。

1.2.7 设计控制和应急措施

将目标、任务和预算按照月份和季度分开,使企业的有关部门能够及时了解销售业绩,找出未完成业务的部门、环节,做出解释和整改意见。

1.2.8 撰写营销计划书

营销计划书也称企划案,是将营销的最终成果整理成书面材料,是企业营销策划的最后一个步骤。其主体部分包括现状或背景介绍、分析、目标、战略、战术或行动方案、效益预测、控制和应急措施,各部分的内容可因具体要求不同而详细程度不一。

阅读扩展

"野马"轿车的策划

1964 年,福特汽车公司生产了一种名为"野马"的轿车,新产品一经推出,购买人数就创出美国纪录。在不到一年的时间里,"野马"轿车风行美国,各地纷纷成立"野马"车协会,甚至很多商店出售的墨镜、帽子、玩具等都贴上了"野马"的商标。野马汽车的强劲势头正如一家面包店的广告所言:"本店的面包如野马汽车一样被一抢而光。"是谁成功地驾驭了这匹"野马"? 是谁塑造了野马轿车的成功营销呢?

雅科卡——美国实业界巨子,1962 年担任美国福特汽车公司分部总经理。

第一阶段——概念挖掘

首先,经过对市场的充分调查发现:福特汽车公司的"红雀"太小,没有行李箱,虽然很省油,但是外形不漂亮。由于第二次世界大战以后生育率激增,到 20 世纪 60 年代,20 ～ 24 岁的人口增加了 50% 以上,16 ～ 35 岁的年轻人占人口增幅的一半以上。年纪较大的买主青睐新款样式比较豪华的轿车。据此,雅科卡提出:福特公司要推出一部适应饥渴市场的新产品,其特点是:款式新,性能好,能载 4 人,车身轻(最多 2 500 磅),价钱便宜(最多 2 500 美元)。他将这一创意交给策划小组讨论,最终形成了一个清晰的策划概念。

第二阶段——主题开发

品牌名称——野马,雅科卡委托沃尔德·汤姆森公司的代理人到底特律公共图书馆查找目录,从 A 字打头的土猪一直查到 Z 字打头的斑马,最后范围缩小到:西部野马、猎豹、小马、美洲豹。策划人认为,第二次世界大战中的野马式战斗机在美国家喻户晓,用野马做名称既演示了车的性能和速度,又适合美国人放荡不羁的性格。产品设计——豪华与经济相结合,车身白色,车轮红色,后部歪曲形成活泼的尾部像一匹野马。该车原有设计带有圆背座椅,尼龙装饰、车轮罩和地毯,经济富足的顾客可以另外购买大功率发动机和附加部件。

第三阶段——时空运作

新车问世之前,福特公司进行了小规模的实验法:选择底特律地区的 52 对夫妇进行调查,邀请他们参观新车。这些被调查者属于中产阶级,都已经拥有了一部轿车。其中,白领对于车的款式很感兴趣;蓝领夫妇因车的豪华装饰而不敢问津。人们估计该车售价将在 10 000 美元以上,当雅科卡宣布"野马"的实际售价将在 2 500 美元以下时,人们惊呼:一定要买。最终"野马"售价定在 2 368 美元。

第四阶段——推销说服

第一步，邀请各大报社编辑参加野马车大赛，百余名记者亲临采访，使其成为新闻界的热点话题。

第二步，上市前一天，让几乎所有的报纸用整版篇幅刊登"野马"广告，极大地提高了"野马"车的知名度。

第三步，从上市开始，让各大电视台反复播放"野马"车的广告，使其成为家喻户晓的轿车。

第四步，选择最显眼的停车场竖起广告牌，写上"野马停车场"。

第五步，在美国最繁忙的15个机场和最知名的200家酒店展览"野马车"，大大激发人们的购买欲望。

第六步，向福特老顾客赠送新车的宣传品，表示公司的服务态度和决心。结果"野马"上市的第一天，400万人涌到福特专卖店准备购车。一年之内，销量达到418 812辆，创下福特公司的汽车销售纪录。

任务3 营销策划人才的素质和技能要求

1.3.1 营销策划人的职业体系

1）职业定义

从事策划工作的人，可称为策划工作者，俗称策划师或者策划人。营销策划师是具有良好的职业道德，能够熟练运用营销策划理论和营销实战方法为企业提供创新服务，并取得明显绩效的专业人员。

2）职业等级

按照在企业营销组织中制定或者实施营销策划方案中所起的作用和担负的责任，营销策划师可分为3个等级，分别是：助理营销策划师、中级营销策划师、高级营销策划师。

3）职业要求

（1）助理营销策划师

能够局部参与营销策划方案的制定或实施，完成企业创新营销的某些基础性或技术性工作。

（2）中级营销策划师

能够深度参与营销策划方案的制定或实施，解决企业营销领域中某些环节或某个营销项目的创新问题。

（3）高级营销策划师

能够独立完成营销策划方案的制定或实施，解决企业重要营销问题的创新问题。

1.3.2 优秀的营销策划人需要具备的素质和技能要求

从事营销策划工作的专职人员为做好本职工作应该具备多方面的素质。概括起来有 3 个方面：知识素质、心理素质、能力素质。

1）知识素质

①营销理论知识。

②营销实务知识。包括市场调研、营销策划程序、营销整体策划、营销战略策划、产品策划、定价策划、渠道策划、广告策划、公关策划、CI 导入策划、营销项目实施、营销实施方案评估与诊断、营销策划书的写作等。

③相关学科知识。

④本企业和相关组织的知识。

综上所述，作为一名优秀的营销策划者，应当具备多方面的知识，具有广泛的知识素养。

2）心理素质

（1）积极主动

营销策划人员应具备积极的心态和主动的精神，凡事积极进取，从不消极懈怠，永不言败。

（2）存疑与挑战

营销策划人员应有旺盛的求知欲和强烈的好奇心，不盲从，不满足于现状，乐于迎接挑战，能在压力很大的环境下快乐地工作。

（3）独立与创造

营销策划人员要有独特的见解和与众不同的构想，要勇于创新，求新图变。

（4）科学、严谨

营销策划人员要崇尚科学、事实，应力求策划方法的科学性、严密性、系统性和高效性。

（5）宽容与灵活

策划人员应具有宽广的视野和谦虚的态度。要善于学习和借鉴他人的长处，虚心接受别人的建议，取各家之长；要善于根据时局变化和他人建议修改方案，提高策划的适应性。

3）能力素质

心理学上把能力定义为直接影响活动的效率，使活动顺利进行的个性心理特征。

（1）分析、判断与决策能力

①善于综合分析。在系统、全面观念的基础上，全面地考虑各种因素，善于在整体和全局中把握营销的时机和策略。

②善于处理判断信息。一位优秀的营销策划者首先必须使自己及部门成为本组织的信息中心。只有这样，才能快捷灵敏地获悉有关的各种信息，从而及时准确地作出有效的策划。主要表现在：第一，能迅速察觉和了解组织和外部所发生的各种情况，善于捕捉各种信息；第二，能对量大面广的原始信息进行必要的预先处理分析，将信息进行归类排列，去伪存真，去粗取精。

③以战略的胆识，择优决断。从本质上讲，营销策划是一种决策过程。因此，进行择优决断就成了营销策划者能力的重要方面。

（2）创新能力

所谓创新能力，就是人们对某种刺激产生许多"独特认识联结"的能力。它至少包括以下3点：一是流畅性，即对刺激能够很通畅地作出反应；二是灵活性，即随机应变的能力；三是独创性，即对刺激作出不同寻常的反应。在现代竞争异常激烈的条件下，每一个组织的生存和发展，都要求它不断创新，只有这样，才能在现代竞争中立于不败之地。

营销策划工作是一种特殊的思维创新活动。按部就班，踩着他人的脚印走路，是不可能有所作为的。只有建立在丰富的想象和创新基础之上的营销策划才能引起公众的广泛关注和支持，从而取得出人意料的营销活动效果。

想象力要丰富，要新奇，营销策划要脚踏实地，细致缜密，这是对一个优秀营销策划者的要求。营销策划者的创新能力，其最大特点在于"出奇""求新""突破"。这就要求营销策划者有敢于打破常规、不拘一格探寻问题的习惯，即培养创造性思维的习惯，培养超常规的思考动机。

（3）表达能力

表达能力主要包括口头表达能力和书面表达能力。

（4）自控和应变能力

自控能力是指控制自己情绪的能力。应变能力是指应付突然情况的能力。

（5）组织能力

组织能力是指策划、指挥、安排、调度的能力。

（6）社交能力

社交能力是指营销策划者进行人际交往、广泛联络以取得信息的能力。表现在：一是和蔼可亲的待人态度，与人交往使对方产生信任感、安全感；二是善于广泛交往，不仅要保持与老朋友的联系，而且要不断交际新朋友，善于同社会各界、各种层次的人士交往；三是掌握交谈艺术，善于诱发、倾听他人的谈话，要平心静气、控制情绪；四是要熟悉并能灵活运用各种场合的社交礼仪、方法，善于应酬各种局面和各种人物。

（7）群体效能

群体效能是指以最有效益和最能发挥能量的原则来进行群体组合，从而达到巧妙的策划、有力的传播、圆满的操作和科学的评估。营销策划工作包罗万象，客观上任何一个策划者都不可能具备所有能力素质，必须将不同的人按"优势互补、珠联璧合、相得益彰"的原则组合在一起，发挥群体策划的作用。

复习思考题

1. 营销策划的内容是什么？
2. 营销策划有哪些基本原则？试举例说明。
3. 一名合格的营销人员应具备哪些素质？

阅读扩展

马云创造"双十一购物狂欢节"一天 350 亿

2013 年 11 月 11 日，在"光棍节"这一天拥有天猫和淘宝的阿里全天交易额突破 350 亿元，双 11 光棍节变成了中国的购物狂欢节。350 亿元，这一数字是去年美国"网购星期一"121 亿元交易额的近 3 倍。而在震惊业界的 350 亿元背后，它的成功不得不提主要创始人——马云。在电商"双 11"促销大战前一天马云就说过："新的营销方式方法、新的商业流程、新的商业生态系统，对于传统商业生态系统将会开展一次革命性的颠覆，就像狮子吃掉森林里的羊。"

2013 年"双 11"，各大电商都满载而归。京东当天订单量达到 680 万单，是 2012 年订单量的 3 倍多。苏宁的最新数据显示，苏宁"双 11"期间，在线订单量有望突破 1 000 万单，是去年同期的 3 倍以上,线下门店销量同比也有近两倍的增长。而阿里旗下的电商更是成为其中翘楚。可以看出,作为一个"人工造节"的产物,"双 11"已经从一家电商的"独角戏"演变成"电商大战"继而又升级为线上线下的激烈竞争。

要知道在 2009 年,淘宝在"双 11"发起"品牌商品 5 折"活动时,当天销售额达到 0.5 亿元。2010 年,淘宝总销售额增至 9.36 亿元。2011 年,光棍节成交额疯狂升至 52 亿元。2012 年,这一数字再度被刷新,24 小时的活动结束后全天的成交额达到 191 亿元。而到 2013 年,马云再创电商销售数据新高。350 亿元,这是阿里系在 2013 年"双 11"交出的最终答卷。

面对"双 11"网购狂欢节的火爆,很多人不禁要问,为何在元旦、中秋、国庆等节日扎堆的情况下,却唯独火了名不见经传的光棍节呢?对此,业内人士认为,关键不是"双 11"还是"单 11",而要看是谁发起的这个购物狂欢。作为市场占有率最大的网购平台,阿里巴巴拥有几亿的年轻用户,一旦提出购物狂欢这个概念,它的号召力可想而知。

马云认为,"天猫购物狂欢节"将是中国经济转型的一个信号,也就是新经济、新的营销模式对传统营销模式的大战,让所有制造业贸易商们知道,今天形势变了。对于传统行业来讲,这个大战可能已经展开。从马云话中我们不难看出马云要打造"电商平台帝国"的决心。

其实,随着中国电子商务的发展,中国的零售业出现了明显的变化:传统零售业受到严重冲击,出现销售额下降,陷入生存困境,并开始谋求转型从线下转移到线上。互联网分析人士孙杰认为,今年一个重要的趋势是线上和线下的联动,除了对于电商链条中物流环节的重视之外,最大的特点是将线上购买和实体店提货相结合,减少物流成本的同时,最大限度地挤压购买力,尽量消除"双 11"带来的实体店购买力透支。

市场风云变化莫测、大浪淘沙,今后的市场怎样发展还需要我们拭目以待。

新生代"点子大王"谢腾的故事

谢腾,著名青年策划人,1978 年生于福建,1997 年在上海海运学院求学,2000 年大三期间就开始创业,创办"腾达策划工作室"。凭借 2000 年上海浦东改革开放 10 周年纪念之际推出的"浦东软件园的梦想"系列公关新闻策划,得到江泽民、李瑞环等国家领导人的关注。

大一:敢想、敢说、敢做

大学校园里流传着这样一则顺口溜:"大一不知道自己不知道,大二知道自己不知道,大三不知道自己知道,大四知道自己知道。"谢腾正是那个比别人早意识到"知道"的重要性的人。

高中时代的谢腾很爱看书,特别喜欢中国著名策划人王志纲写的《谋事在人》《成事在天》,从中真正领略到了文化和知识的无穷力量,并萌发了想要尝试的念头。于是在大一时,谢腾写下了第一份企业策划书。那年,电影《泰坦尼克号》正好在全市公映,反响强烈,谢腾立刻想到这是企业借此提高社会影响力和知名度的良机。他把眼光瞄准了刚刚入驻浦东的大型超市易初莲花,为它做了一份策划书。虽然由于种种原因,这份尚显稚嫩的策划处女作最终没有被企业采用,但这个初出茅庐的小伙子毕竟迈出了勇敢的第一步。更难得的是,谢腾并未因第一次的失利而灰心,相反,他把策划内容编成了一部音乐短剧,以此在学校举办的"青春风采"大赛中获得了第一名。他以另一种方式证明了自己的价值。

大二:磨刀不误砍柴工

现在的谢腾是一个身兼数职的大忙人,而大一大二时,他是大学里最乖的学生。他认为,学生创业也需要学科知识的积累。因此,在大学的前两年,他特别重视学科学习,把大量的精力花在了对大学生活的适应,对价值观的塑造和对知识框架的搭建上,正所谓"磨刀不误砍柴工"。

大三:用 1% 的机会赢得 100% 的成功

大三的时候,谢腾在学校里成立了"腾达个人工作室",真正开始了他所钟爱的策划工作,并成功实施了一个令他此生发生重大转折的"登天计划"。

2000 年 5 月 13 日,作为"上海在校学生创业第一人"的傅章强,得到了国家主席江泽民的亲切会见和热情鼓励,江主席还视察了傅办的首家进入浦东软件园的学生企业,谢腾以该企业策划顾问的身份也受到了接见。但是谁也没有想到,这一极具新闻价值时刻的到来,是两位年轻人 3 个多月紧张策划和艰难实施的结果,更令人刮目相看的是,这一被称为"登天计划"的策划竟然完全出自当时才大学三年级的谢腾之手。像事后有人评论的那样:"真正让人佩服的并不是成功的结果,而是那份敢于把'异想天开'变成现实的勇气和智慧。"

大四:用成功的案例创造成功的机会

一次颇具影响的成功策划使得谢腾在中国策划界小有名气,也让他有了更多施展才华的机会。2006 年 11 月,中国策划协会常务副会长,北大博士生导师马名驹向谢腾发来邀请函,邀请他参加中国策划艺术成果博览会。在会上,谢腾的出现引起了中国策划界的普遍关注,他也结识了许多策划界的知名人士,这才感到外面的世界真的好大。

2007 年 3 月 9 日,一个相信谢腾才华的投资人拆资 100 万元,成立了上海腾华船务有限公司,谢腾任总经理。谢腾为自己的企业写了一副对联:"德立政通家齐国治,人贤风正民富邦安。"他说,只有"以德办企",才能对社会有所贡献,才能得到社会的支持和帮助,才能达到长期发展的目的。的确,在半年多的筹办过程中,公司在江南造船厂等许多社会力量的大力支持下,运营情况良好,利润已经超过 25 万元,并安置了 30 多名下岗工人。

未来:思路决定出路

谢腾最欣赏王志纲说的一句话:"思路决定出路。"

他说,现在大学生就业形势越来越严峻,与其等到毕业后再找出路,还不如一开始就有积累。过去常说"学以致用",其实,"用"同样可以"促学",早一点做自己想做的事,早一步实践,不仅可以提高效率,合理安排时间,还可以让自己尽早认识到什么是自己应该学的知识,如何去开辟自己感兴趣的道路。

谢腾的梦还有很多:到美国去攻读 MBA 学位,成为"风险投资"业的紧缺人才,开设自己的管理咨询公司……而眼下,作为一名刚刚起步的学生创业者,他最希望的是能够得到更多人的支持和帮助,他写的一副对联表达了这样的心愿:"马鸣嘶嘶引伯乐回头,龙吟阵阵望东风相助。"

年轻人的梦想有太多实现的机会,愿谢腾在这个充满机遇的时代一路顺风!

实训项目

1. 实训主题

了解营销策划。

2. 实训目的

通过对营销策划案例的学习分析及实际操作,在学习、操作、讨论中充分认识到企业营销策划的工作流程,理解企业营销策划的目的与意义,并对创意的产生过程有直观的认识。

3. 实训内容与要求

(1)学生自愿分成小组,每个小组 8 ~ 10 人,选择 1 ~ 2 个公司进行产品营销策划的调研,深入了解营销策划的基本方法。

(2)在互联网上搜索 2 ~ 3 家企业的营销策划方案,了解营销策划方案的步骤。

4. 实训检测

(1)每人写出一份简要的调查访问报告。

(2)调查结束后,组织一次课堂交流讨论。

(3)以小组为单位,分别由组长和每个成员根据各成员在调研与讨论中的表现进行打分。

(4)教师根据各成员的调研报告和在讨论中的表现给予评估、打分。

(5)将上述各项评估得分综合为本次实训成绩。

项目 2　营销调研策划

【教学目的与要求】

1. 了解营销调研包含的内容。
2. 熟练应用营销调研的基本方法。
3. 熟练应用调查问卷的设计方法。
4. 会撰写调查报告。

【引导案例】

吉利公司面向妇女的专用"刮毛刀"

男人长胡子，因而要刮胡子；女人不长胡子，自然也就不必刮胡子。然而，美国的吉利公司却把"刮胡刀"推销给女人，居然大获成功。吉利公司创建于 1901 年，其产品因使男人刮胡子变得方便、舒适、安全而大受欢迎。进入 20 世纪 70 年代，吉利公司的销售额已达 20 亿美元，成为世界著名的跨国公司。然而，吉利公司的领导者并不以此为满足，而是想方设法继续拓展市场，争取更多用户。

就在 1974 年，公司提出了面向妇女的专用"刮毛刀"。这一决策看似荒谬，却是建立在坚实可靠的市场调查基础之上的。

吉利公司先用一年的时间进行了周密的市场调查，发现在美国 30 岁以上的妇女中，有 65% 的人为保持美好形象，要定期刮除腿毛和腋毛。这些妇女之中，除使用电动刮胡刀和脱毛剂之外，主要靠购买各种男用刮胡刀来满足此项需要，一年在这方面的花费高达 7 500 万美元。相比之下，美国妇女一年花在眉笔和眼影上的钱仅有 6 300 万美元，染发剂 5 500 万美元。毫无疑问，这是一个极有潜力的市场。

根据市场调查结果，吉利公司精心设计了新产品，它的刀头部分和男用刮胡刀并无两样，采用一次性使用的双层刀片，但是刀架则选用了色彩鲜艳的塑料，并将握柄改为弧形以利于妇女使用，握柄上还印压了一朵雏菊图案。这样一来，新产品立即显示了女性的特点。

为了使雏菊刮毛刀迅速占领市场，吉利公司还拟订了几种不同的"定位观念"到消费者中征求意见。这些定位观念包括：突出刮毛刀的"双刀刮毛"，突出其创造性的"完全适合女性需求"，强调价格的"不到50美分"，以及表明产品使用安全的"不伤玉腿"等。最后，公司根据多数妇女的意见，选择了"不伤玉腿"作为推销时突出的重点，刊登广告进行刻意宣传。结果，雏菊刮毛刀一炮打响，迅速畅销全球。

思考：

1. 吉利公司为什么能取得成功？
2. 吉利公司是怎么进行市场调查的？

任务 1　营销调研的内容与方法

营销调研是指系统、客观地收集、整理和分析市场营销活动的各种资料或数据，用以帮助营销管理人员制定有效的市场营销决策。这里所谓的"系统"（Systematic），指的是对市场营销调研必须有周密的计划和安排，使调研工作有条理地开展下去。"客观"（Objective）是指对所有信息资料，调研人员必须以公正和中立的态度进行记录、整理和分析处理，应尽量减少偏见和错误。"帮助"（Help）是指调研所得的信息以及根据信息分析后所得出的结论，只能作为市场营销管理人员制定决策的参考，而不能代替他们去作出决策。

2.1.1　营销调研的内容与方法

1）营销调研的内容

（1）营销环境

营销宏观环境包括人口环境、经济环境、政治法律环境、社会文化环境、技术环境等。通过对宏观环境的变化及其对企业的影响进行调研，寻找企业新的发展机会，同时及早发现可能出现的威胁，以做好应变准备。

（2）市场需求

市场需求调查包括需求量调查、消费结构调查、消费者行为调查等。

（3）产品调查

产品调查主要包括产品生产能力调查、产品本身各种性能的好坏程度调查、产品的包装调查、产品生命周期的调查、产品价格的调查等。

（4）竞争调查

竞争调查主要调查竞争者的类型、经济实力、生产能力、产品特点、市场份额、销售策略、竞争的优势和劣势以及竞争战略等。

（5）营销活动调查

营销活动调查主要是在分销渠道、促销活动以及销售服务等方面进行调查。

2）营销调研的方法

根据调研的目的、内容和调研的对象不同，在具体的调研过程中可以选择不同的调研方法。通常，市场调研有现场观察法、实验法、询问调研法、问卷调研法和文献调研法。

（1）观察法

观察法就是对调查对象作直接观察，在被调查者没有意识到自己受到调查的情况下，观察和记录被调查对象的行为及反应等。观察法用于某些不愿回答或无法回答的情况，这是一种不可缺少的直接收集资料的方法。

观察法简单灵活，成本费用较低，受外界的干扰因素较小，被观察者处于自然状态，所以取得的资料更具真实性。但观察的只是表面现象，对内在的因素不能深入了解，比如消费者的心理变化和市场变化的原因和动机等。观察法主要有 3 种不同形式：

①直接观察法。直接观察法指调研人员到现场观察被调查者的行动来收集资料的方法。例如，在商品展销会、订货会、博览会，或是在工厂、商店等调查对象集中的场所进行调研。直接观察法简单易行，方便灵活，在市场调研中应用比较广泛。

②现场计数法。在市场活动现场，通过一定时间的观察计数而得到信息。一般情况下，现场计数法进行调研时，计数的工作量较大，工作内容比较单调、枯燥，因此，在安排调研人员时，尽量选择工作态度认真、责任心强的员工担任此项工作。

③痕迹观察法。调查员不亲自观察购买者的行为，而是观察行为发生后的痕迹，如设置顾客意见簿，用户要求联系簿等做法，就是属于痕迹观察法。痕迹观察法的主要特点是：由于观察对象并未意识到正在被调查，因此调查对象不受外界因素的影响，往往能得到较为真实、自然的结果，搜集的资料具有较高的准确性和可靠性，有目的地调查现场发生的情况。它的不足之处就是通过对调查者的观察，只能了解被调查者的行为，无法掌握被调查者内在的心理变化，无法了解被调查者的思路。有时被观察者活动的痕迹比观察活动本身更能取得准确的信息。例如，通过意见簿、回执单和优惠卡等。

在营销的应用上，观察法主要应用在橱窗布置调查、交通流量调查、店内商品摆设调查、顾客购买动作调查、商店位置调查、销售现场巡回调查等方面。

（2）实验法

实验法是指在给定的条件下，对市场经济现象中某些变量之间的因果关系及其发展变化的过程加以分析,从而获得第一手资料的方法。实验法起源于自然科学的实验求证。自然科学的实验,是通过实验室,而市场研究的实验,则通过实验市场。上述调查法与观察法均属于记录性研究,其结果主要说明事物间的关系。实验法是为了验证某个假设,其目的是为了说明因果关系。所以,实验法是说明因果关系的较好方法。但目前这种方法仍然处在发展阶段,只有在以下方面,才被常常使用:

①测验市场销售的策划。例如,测验广告策略中心销售成果,就常使用这种方法。测验的销售区域越广,所了解的变量越多,所获得的结果也较好。

②测验销售促销方法。例如,测验数家商店的销售情况,即在一定期间,记录其进货、销售情况,最后计算出销售增加比例。

③在市场研究中,使用实验法的还有对商品价格的决定,某一商品以若干不同价格出售,详细记录其销售情况,然后确定价格。

实验法最大的缺点是:控制变量复杂、应用范围较小。只适合对当前市场变量的观察和分析,对于过去和未来的变化信息不能准确把握,并且采用实验法的费用较高。

案例思考

美国公司准备改进咖啡杯的设计,为此进行了市场实验。首先,他们进行咖啡杯形调查,他们设计了多种咖啡杯子,让500个家庭主妇进行观摩评选,研究主妇们用干手拿杯子时,哪个形状好。用湿手拿杯子时,哪一种不易滑落。调查研究结果,选用四方长腰果形杯子。然后对产品名称、图案等也同样进行造型调查。接着他们利用各种颜色会使人产生不同感觉的特点,通过调查实验,选择了颜色最适合的咖啡杯子。

他们的方法是:首先请了30多人,让他们每人各喝4杯相同浓度的咖啡,但是咖啡杯的颜色,则分别为咖啡色、青色、黄色和红色4种。试饮的结果,使用咖啡色杯子的人都认为"太浓了"的占2/3;使用青色杯子的人都异口同声地说"太淡了";使用黄色杯子的人都说"不浓,正好";而使用红色杯子的10人中竟有9人说"太浓了"。根据这一调查,公司咖啡店的杯子以后一律改用红色杯子。该店借助于颜色,既可以节约咖啡原料,又能使绝大多数顾客感到满意。结果这种咖啡杯投入市场后,与市场上的通用公司的产品展开激烈竞争,以销售量比对方多两倍的优势取得了胜利。

思考:

1. 本案例中运用的是什么调查方法?这种方法有什么优缺点?

2. 这个调查结果可信吗?

3. 如果让你设计调查方案,你有什么好的建议?

（3）访谈调研法

访谈法就是以询问被调查者问题的方式来收集资料的一种方法。它包括个人访问法、电话调查法、邮寄调查法3种主要方式。

①个人访问法。个人访问法，又称面谈调查法或直接访问法，是指派调查员根据规定的访问程序向所选出的对象当面询问，以取得有关资料的方法。个人访问调查时既可以根据事先拟订的问卷上的问题顺序发问，也可以通过自由交谈来获得资料。

个人访问法具有以下特点：

A. 可观察性。

B. 灵活性。

C. 可控制性。

D. 面谈费用高。

②电话调查法。电话调查法，就是利用调查问卷由调查者用电话向调查对象询问意见收集资料的方法。

电话调查法的特点是：

A. 迅速、及时地获得事件发生当时的情报，凭借电话作为调查工具，可以在很短的时间内，立即获得调查资料，对于某些极具时效性的资料收集来说，电话调查法是一种最有效的资料收集工具。

B. 所需要的费用低，仅需付电话费即可。

C. 调查者与被调查者不直接接触，避免心理压力。

D 调查时按标准问卷发问便于资料整理。

E. 电话调查法具有局限性：受电话普及率的影响，调查时间也不可太长，无法获得观察资料，无法控制不合作者。

③邮寄调查法。邮寄调查法，就是将设计好的问卷，邮寄给被调查者，请他填好后寄回。为了提高回收率，采用此法时，一般附有回邮的信封和邮票并可采取赠送纪念品的办法。邮寄调查法的特点是：

A. 调查区域广泛，对样本能作地理上的分配。

B. 所需要的费用低。

C. 被调查者有足够时间考虑问题，不会受时间上的限制。但采用这种办法，回收率低；各细分市场的回收率不一致，使设计样本的地理分布产生误差；调查表必须简短，不适于探测个人内在动机；被调查者答复迟缓，无法控制问卷回收时间，往往费时较长。因此，在被调查的要件并非十分重要的情况下，邮寄法是一种既经济又有效的调查方法。

（4）问卷调查法

问卷调查法有很多有利之处，表现在有利于扩大调查区域，增加调查对象的数量，而且不受地域限制。由于问卷是由被调查者自由填写,可以避免一些受调研人员态度和情绪影响的弊端,信息更客观、真实。采用问卷调查,可以节省大量的费用,而且还可以省去很大的人力。

问卷调查的不足之处有:问卷调查一般花费的时间较长,如果不能进行很好的控制,很容易使资料失去时效性;问卷的回收率较低;容易产生差错和误解。

(5)文献调研法

文献调研法,又叫二手资料调研法、案头调研法,或二手资料分析法,是市场研究人员通过收集已有的资料、数据、报告、文章等有关二手信息,并加以整理、分析、研究和利用的一种市场营销调研方法。常用于探索性研究阶段。

文献调研法的优点是:所获得的信息资料较多,资料的获得也比较容易,花费的时间较少,费用较低。缺点是:时效性不足,针对性差。

任务2　设计调查问卷

问卷调查是现代社会市场调查的一种十分重要的方法。在问卷调查中,问卷设计又是其中的关键,问卷设计的好坏,将直接决定着能否获得准确可靠的市场信息。本部分将详细介绍问卷设计的有关概念和基本技巧。

2.2.1　问卷设计概述

调查问卷,又称调查表,是调查者根据一定的调查目的精心设计的一份调查表格,是现代社会用于收集资料的一种最为普遍的工具。

按照不同的分类标准,可将调查问卷分成不同的类型。

①根据市场调查中使用问卷方法的不同,可将调查问卷分成自填式问卷和访问式问卷两大类。

所谓自填式问卷,是指由调查者发给(或邮寄给)被调查者,由被调查者自己填写的问卷。而访问式问卷则是由调查者按照事先设计好的问卷或问卷提纲向被调查者提问,然后根据被调查者的回答进行填写的问卷。一般来说,访问式问卷要求简便,最好采用两项选择题进行设计。而自填式问卷由于可以借助于视觉功能,在问题的制作上相对可以更加详尽、全面。

②根据问卷发放方式的不同,可将调查问卷分为送发式问卷、邮寄式问卷、报刊式问卷、人员访问式问卷、电话访问式问卷和网上访问式问卷6种。

其中前3类大致可以划归自填式问卷范畴,后3类则属于访问式问卷。

送发式问卷就是由调查者将调查问卷送发给选定的被调查者,待被调查者填答完毕之后再统一收回。

邮寄式问卷是通过邮局将事先设计好的问卷邮寄给选定的被调查者,并要求被调查者按规定的要求填写后回寄给调查者。邮寄式问卷的匿名性较好,缺点是问卷回收率低。

报刊式问卷是随报刊的传递发送问卷,并要求报刊读者对问题如实作答并回寄给报刊编辑部。报刊式问卷有稳定的传递渠道、匿名性好,费用省,因此有很强的适用性,缺点是回收率不高。

人员访问式问卷是由调查者按照事先设计好的调查提纲或调查问卷对被调查者提问,然后再由调查者根据被调查者的口头回答填写问卷。人员访问式问卷的回收率高,便于设计一些方便深入讨论的问题,但不便于设计敏感性问题。

电话访问式问卷就是通过电话中介来对被调查者进行访问调查的问卷类型。这种问卷要求简单明了,在问卷设计上要充分考虑几个因素:通话时间限制;听觉功能的局限性;记忆的规律;记录的需要。电话访问式问卷一般应用于问题相对简单明确,但需及时得到调查结果的调查项目。

网上访问式问卷是在因特网上制作,并通过因特网来进行调查的问卷类型。这种问卷不受时间、空间限制,便于获得大量信息,特别是对于敏感性问题,相对而言更容易获得满意的答案。

2.2.2 问卷的基本结构

1)问卷的基本要求

一份完善的问卷调查表应能从形式和内容两个方面同时取胜。

从形式上看,要求版面整齐、美观、便于阅读和作答,这是总体上的要求。

从内容上看,一份好的问卷调查表至少应该满足以下 4 个方面的要求:

①问题具体,表述清楚,重点突出,整体结构好。

②确保问卷能完成调查任务与目的。

③调查问卷应该明确正确的政治方向,把握正确的舆论导向,注意对群众可能造成的影响。

④便于统计整理。

2)问卷的基本结构

问卷的基本结构一般包括 4 个部分,即说明信、调查内容、编码和结束语。其中,调查内容是问卷的核心部分,是每一份问卷必不可少的内容,而其他部分则根据设计者需要可取可舍。

（1）前言说明

前言说明是调查者向被调查者写的一封简短信,主要说明调查的目的、意义、选择方法以及填答说明等,一般放在问卷的开头。

一份关于品牌忠诚度的问卷调查的标题和前言部分如下所示:

品牌忠诚度调查问卷

尊敬的女士／先生:

您好! 感谢您在百忙之中填写这份问卷,这是一份了解用户观看影视需求的问卷。您的回答将对我们的研究调查结果有关键影响,敬请您根据实际情况回答问题。本问卷采用不记名方式填写,所获资料仅做研究分析用,绝不会向外公开,请您安心填写,在此对您的合作与协助表示衷心的感谢! 请根据您的亲身感受在 1～10 题相应的选项上划"√",11～15题请在横线上作答。

（2）正文部分

问卷的正文部分主要包括各类问题,问题的回答方式及其指导语,这是调查问卷的主体,也是问卷设计的主要内容。

问卷中的问答题,从形式上看,可分为开放式、封闭式和混合型 3 大类。开放式问答题只提问题,不给出具体答案,要求被调查者根据自己的实际情况自由作答。封闭式问答题则既提问题,又给出若干答案,被调查中只需要在选中的答案中打"√"即可。混合型问答题,又称半封闭型问答题,是在采用封闭型问答题的同时,最后再附上一项开放式问题。

至于指导语,也就是填答说明,用来指导被调查者填答问题的各种解释和说明。

（3）编码

编码一般应用于大规模的问卷调查中。因为在大规模问卷调查中,调查资料的统计汇总工作十分繁重,借助于编码技术和计算机,则可大大简化这一工作。

编码是将调查问卷中的调查项目以及备选答案给予统一设计的代码。编码既可以在问卷设计的同时就设计好,也可以等调查工作完成以后再进行。前者称为预编码,后者称为后编码。在实际调查中,常采用预编码。

（4）结束语

结束语一般放在问卷的最后面,用来简短地对被调查者的合作表示感谢,也可征询一下被调查者对问卷设计和问卷调查本身的看法和感受。

2.2.3　问卷设计的过程

问卷设计的过程一般包括十大步骤,即确定所需信息、确定问题的类型、确定问题的内容、研究总的类型、确定问题的提法、确定问题的顺序、问卷的排版和布局、问卷的测试、问卷的定稿、问卷的评价。

1）确定所需信息

确定所需信息是问卷设计的前提工作。调查者必须在问卷设计之前就把握所有达到研究目的和验证研究假设所需要的信息，并决定所有用于分析使用这些信息的方法，如频率分布、统计检验等，同时按这些分析方法所要求的形式来收集资料，把握信息。

2）确定问卷的类型

制约问卷选择的因素很多，而且研究课题不同，调查项目不同，主导制约因素也不一样。在确定问卷类型时，必须首先综合考虑这些制约因素：调研费用、时效性要求、被调查对象、调查内容。

3）确定问题的内容

确定问题的内容似乎是一个比较简单的问题。然而事实上不然，这其中还涉及个体的差异性问题，也许在你认为容易的问题在他看来是困难的问题，在你认为熟悉的问题在他看来是生疏的问题。因此，确定问题的内容，最好与被调查对象联系起来。分析一下被调查者群体，有时比盲目分析问题的内容效果要好。

4）确定问题的类型

问题的类型归结起来分为4种：自由问答题、两项选择题、多项选择题和顺位式问答题。其中后3类均可以称为封闭式问题。

（1）自由问答题

自由问答题，也称开放型问答题，只提问题，不给出具体答案，要求被调查者根据自身实际情况自由作答。自由问答题主要限于探索性调查，在实际的调查问卷中，这种问题不多。自由问答题的主要优点是：被调查者的观点不受限制，便于深入了解被调查者的建设性意见、态度、需求问题等。主要缺点是：难于编码和统计。自由问答题一般应用于以下几种场合：作为调查的介绍；某个问题的答案太多或根本无法预料时；由于研究需要，必须在研究报告中原文引用被调查者的原话。

（2）两项选择题

两项选择题，是多项选择的一个特例，一般只设两个选项，如"是"与"否"，"有"与"没有"等。

两项选择题的优点是简单明了;缺点是所获信息量太小。两种极端的回答类型有时往往难以了解和分析被调查者群体中客观存在的不同态度层次。

实例:

"在这次旅行的安排中,您打算使用美国航空公司的电话服务吗?"

是□ 否□

(3)多项选择题

多项选择题是从多个备选答案中择一或择几。这是各种调查问卷中采用最多的一种问题类型。

多项选择题的优点是便于回答,便于编码和统计;缺点是提供答案的问题排列次序可能引起偏见。这种偏见主要表现在 3 个方面:

第一,对于没有强烈偏好的被调查者而言,选择第一个答案的可能性大大高于选择其他答案的可能性。解决问题的方法是打乱排列次序,制作多份调查问卷同时进行调查,但这样做的结果是加大了制作成本。

第二,如果备选答案均为数字,没有明显态度倾向的人往往选择中间的数字而不是偏向两端的数。

第三,对于 A,B,C 字母编号而言,不知道如何回答的人往往选择 A,因为 A 往往与高质量、优等相关联。解决办法是用其他字母,如 L,M,N 等进行编号。

实例:

"在本次飞行中,您和谁一起旅行?"

没有□ 只有孩子□

配偶□ 同事/朋友/亲属□

配偶和孩子□ 其他□

(4)顺位式问答题

顺位式问答题,又称序列式问答题,是在多项选择的基础上,要求被调查者对询问的问题答案,按自己认为的重要程度和喜欢程度顺位排列。

在现实的调查问卷中,往往是几种类型的问题同时存在,单纯采用一种类型问题的问卷并不多见。

实例:

"请您对美航的下列改进项目排列顺序。"

1.食品服务 2.卫生服务 3.登机时间

4.行李服务 5.售票服务

5）确定问题的措词

很多人可能不太重视问题的措词,而把主要精力集中在问卷设计的其他方面,这样做的结果有可能降低问卷的质量。

下面是几条法则,不妨试试:

①问题的陈述应尽量简洁。

②避免提带有双重或多重含义的问题。

③最好不用反义疑问句,避免否定句。

④注意避免问题的从众效应和权威效应。

6）确定问题的顺序

问卷中的问题应遵循一定的排列次序,问题的排列次序会影响被调查者的兴趣、情绪,进而影响其合作积极性。所以,一份好的问卷应对问题的排列作出精心地设计。

一般来说,问卷的开头部分应安排比较容易的问题,这样可以给被调查者一种轻松、愉快的感觉,以便于他们继续答下去。中间部分最好安排一些核心问题,即调查者需要掌握的资料,这一部分是问卷的核心部分,应该妥善安排。结尾部分可以安排一些背景资料,如职业、年龄、收入等。个人背景资料虽然也属事实性问题,也十分容易回答,但有些问题,诸如收入、年龄等同样属于敏感性问题,因此一般安排在末尾部分。当然在不涉及敏感性问题的情况下,也可将背景资料安排在开头部分。

还有一点就是注意问题的逻辑顺序,有逻辑顺序的问题一定要按逻辑顺序排列,即使打破上述规则。这实际上就是一个灵活机动的原则。

7）问卷的排版和布局

问卷的设计工作基本完成之后,便要着手问卷的排版和布局。问卷排版的布局总的要求是整齐、美观,便于阅读、作答和统计。

8）问卷的测试

问卷的初稿设计工作完毕之后,不要急于投入使用,特别是对于一些大规模的问卷调查,最好的办法是先组织问卷的测试,如果发现问题,再及时修改,测试通常选择 20～100 人,样本数不宜太多,也不要太少。如果第一次测试后有很大的改动,可以考虑是否有必要组织第二次测试。

9）问卷的定稿

当问卷的测试工作完成,确定没有必要再进一步修改后,可以考虑定稿。问卷定稿后就可以交付打印,正式投入使用。

10）问卷的评价

问卷的评价实际上是对问卷的设计质量进行一次总体性评估。对问卷进行评价的方法很多,包括专家评价、上级评价、被调查者评价和自我评价。

专家评价一般侧重于技术性方面,比如对问卷设计的整体结构,问题的表述、问卷的版式风格等方面进行评价。

上级评价则侧重于政治性方面,比如在政治方向方面、在舆论导向方面、可能对群众造成的影响等方面进行评价。

被调查者评价可以采取两种方式:一种是在调查工作完成以后再组织一些被调查者进行事后性评价;一种方式则是调查工作与评价工作同步进行,即在调查问卷的结束语部分安排几个反馈性题目,比如,"您觉得这份调查表设计得如何?"自我评价则是设计者对自我成果的一种肯定或反思。

阅读扩展

大学生眼镜市场调查问卷

您好,我们正在做一个关于我校大学生眼镜市场的调查问卷,您的宝贵意见对我们有很大的帮助,耽误您几分钟,感谢您的认真作答,谢谢合作。

1. 您是否需要配眼镜?（　　　）

　A. 是　　　　　　　　B. 否

2. 您的性别是什么?（　　　）

　A. 男　　　　　　　　B. 女

3. 如果您打算购买眼镜,您会考虑什么价位?（　　　）

　A. 200 元以内　　　　B. 200～400 元　　　　C. 400 元及以上

4. 您一般在哪里购买眼镜?（　　　）

　A. 知名眼镜连锁店　　　　　　　　B. 附近普通小型眼镜店

　C. 医院　　　　　　　　　　　　　D. 商场

5. 您现在配的眼镜是哪种?（　　　）

　A. 框架眼镜　　　　B. 隐形眼镜　　　　C. 两者都有

6.如果您需更换眼镜,您所考虑的眼镜是哪种?(　　)

　　A.框架眼镜　　　　　B.隐形眼镜

如果您所考虑的是框架眼镜,请回答一下第 7 题、第 8 题和第 9 题;如果选择隐形眼镜,请回答第 10 题和第 11 题。

7.您多久换一次眼镜?(　　)

　　A.1 年及以下　　　　　B.1~2 年　　　　　　　　C.3 年及以上

8.您在选购框架眼镜时偏好以下哪一种?(　　)

　　A.半框　　　　　　　B.全框　　　　　　　　　C.无框

9.请对您在选择框架眼镜时影响因素的重要程度进行排序(数字 1~7 依次排序)。

　　价格　　品牌　　款式　　颜色　　耐用度　　舒适度　　轻便性

10.您选择隐形眼镜的类型是什么?(　　)

　　A.日抛　　　　　　　B.月抛　　　　　　　　C.季抛　　　　　　　　D.半年抛

　　E.年抛

11.您选择隐形眼镜所考虑的影响因素有哪些?(多选)(　　)

　　A.美观　　　　　　　B.眼睛不会变形　　　C.视野清楚,影像真实

　　D.舒适　　　　　　　E.其他

护肤品市场调查问卷

您好,我们为了更详细地了解有关"护肤品"的情况,请允许耽误您几分钟的时间,填写以下资料,谢谢配合。(请在您的答案上选择。)

性别:□A.男士　　　　　□B.女士

年龄:□A.5~13 岁　　　□B.14~18 岁　　　□C.19~26 岁　　　□D.27~35 岁

　　　□E.36~45 岁　　　□F.45 岁以上　　　□G.其他:保密

职业:□A.教师　　　　　□B.学生　　　　　□C.公务员　　　　□D.白领

　　　□E.蓝领　　　　　□F.自由职业

月收入:□A.2 000 元以下　　　　　　　□B.2 000~3 000 元

　　　　□C.3 000~4 000 元　　　　　□D.4 000 元以上

1.(1)您清楚自己的皮肤类型吗?(　　)

　　A.清楚　　　　　　　B.不清楚

　　(2)如清楚,是(　　)。

　　A.干性　　　　　　　B.油性　　　　　　　C.中性　　　　　　　D.混合性

2.(1)您是否一年四季都用护肤品?(　　)

　　A.是　　　　　　　　B.否

（2）如否,是什么季节用?（　　　）

3. 您用的护肤品价格范围是多少?（　　　）

    A.150 元以下　　　　　B.150～400 元　　　　C.400～800 元　　　　D.800 元以上

4. 您会经常更改护肤品的品牌吗?（　　　）

    A. 会　　　　　　　　B. 不会

5. 您平时喜欢在哪里购买护肤品呢?（　　　）

    A. 网购　　　　　　　B. 商场　　　　　　　C. 超市　　　　　　　D. 专卖店

    E. 其他

6. 您购买的产品取决于什么?（可多选)（　　　）

    A. 价格合理　　　　　　　　　　B. 包装新颖

    C. 购买方便　　　　　　　　　　D. 品牌和知名度高

    E. 身边很多的朋友在用　　　　　F. 促销活动吸引

7. 您喜欢促销活动是什么方式?（可多选)（　　　）

    A. 现场打折　　　　　　　　　　B. 买二赠一

    C. 送实物产品　　　　　　　　　D. 会员卡(可以长期打折)

    E. 加量不加价　　　　　　　　　F. 新产品适用装赠送

8. 您喜欢直销(销售人员上门推销)的方式吗?（　　　）

    A. 非常欢迎　　　　　B. 喜欢　　　　　　　C. 一般

    D. 不很喜欢,但可以接受　　　　E. 非常不喜欢

9. 您最想获得什么售后服务?（　　　）

    A. 护肤品讲座或护肤品培训　　　B. 定期提供新产品信息

    C. 获得购买其他产品的优惠　　　D. 其他

10. 您用过哪些护肤品?（可多选)（　　　）

    A. 洗面奶　　　　　　　　　　　B. 润肤露

    C. 脸霜　　　　　　　　　　　　D. 防晒霜

    E. 爽或柔肤水　　　　　　　　　F. 其他(如精华液、隔离霜等)

11. 下面哪种因素会促使您购买护肤品?（　　　）

    A. 皮肤出现问题需要护理时　　　B. 良好的品牌形象和声誉

    C. 明星广告效应　　　　　　　　D. 新品试用

    E. 朋友推荐　　　　　　　　　　F. 促销

12. 您会选择下列哪些品牌的护肤品?（可多选)（　　　）

    A. 妮维雅　　　　B. 欧柏莱　　　　C. 小护士　　　　D. 李医生

    E. 兰蔻　　　　　F. 郑明明　　　　G. 可伶可俐　　　H. 雅诗兰黛

I. SK Ⅱ　　　　　J. 资生堂　　　　　K. 美宝莲　　　　　L. 碧欧泉

M. 旁氏　　　　　N. 欧莱雅　　　　　O. 玉兰油　　　　　P. M. A. C

Q. 其他

13. 您对所认识的护肤品品牌,或者现使用的护肤品有什么意见和建议?

再次感谢您的积极配合!

任务3　设计调研方案

2.3.1　市场调研方案设计的含义

市场调查方案设计,就是根据调查研究的目的和调查对象的性质,在进行实际调查之前,对调查工作总任务的各个方面和各个阶段进行的全盘考虑和安排,提出相应的调查实施方案,制定出合理的工作程序。

2.3.2　市场调研方案的内容及编写要求

一个完善而系统的调研方案一般包括封面、前言(调研背景)、调研目的、调研区域与对象、调研内容、调研项目、调研方法、调研经费、调研组织及人员、时间安排、附录。

1)前言(调研背景)

调研背景是对本次调研工作开展的原因、必要性的大致介绍和总体概括。应简明扼要地介绍与整个市场调查课题问题相关的背景和来龙去脉。

2)调研目的

调研目的的确定是编制市场调研方案的首要问题,只有明确了为什么(Why)要进行此次调查,才能确定调查的范围、内容和方法,否则就会列入一些无关紧要的调查项目,而漏掉一些重要的调查项目,无法满足调查的要求。调研目的主要是针对特定市场或特定产品而进行的,它包括调研涉及的各个细节点。简而言之,就是解释为什么调研,即通过调研所获得的信息将主要用来解决什么样的问题。

3)调研区域与对象

明确了调查的目的之后,就要确定调查对象和调查单位,这主要是为了解决向谁调查和由谁来具体提供资料的问题。

调查对象就是根据调查目的、任务确定调查的范围以及所要调查的总体,它是由某些性质上相同的许多调查单位所组成的。

调查单位(或称调查单元)是所要调查的社会经济现象总体中的个体,即调查对象中一个个具体单位,它是调查实施中需要具体回答各个调查项目的承担者。

4)调研内容

调研内容的确定必须服务于调研目的,它主要解决为达到调研目的,必须收集哪方面的信息的问题。

一般来说,调研的内容主要有:行业性的市场环境调研、消费者行为模式调研、消费者信息接收模式调研、广告调研、产品调研、品牌调研等。

5)调研项目

调查项目是指调查中所要了解的具体内容,是所要反映的调查单位的特征。调查项目是市场调研的具体内容,它是由调查对象的性质、调查目的和任务所决定的。

6)调研方法

在调查方案中,还要规定采用什么组织方式和方法取得调查资料。搜集资料的方式有普查和抽样调查等。具体的调查方法包括文案法、访问法、观察法、实验法等。

在调查时,采用哪种方式、方法不是固定和统一的,主要取决于调查对象和调查任务。一般情况下,为准确、及时、全面地取得市场信息,尤其应注意多种调查方式的结合运用。

7)调研预算

市场调查费用的多少通常视调查范围和难易程度而定。市场调研项目的预算分为两个方面:一是调研经费的预算;二是投入的人力预算。

市场调研项目中事前做好人力预算也十分关键,因为它关系到调研项目能否按期完成。调研项目的人力投入不能太少以致影响项目进度或质量,也不能投入太多而造成人力成本过高。

8)调研组织及人员、时间安排

在客户确认项目后,就要有计划地安排调研工作的各项日程,用以规范和保证调研工作的顺利实施。按调研的实施步骤,可分7个小项目来对时间进行具体安排:调研方案、问卷的设计;调研方案、问卷的修改、确认;项目准备阶段(包括网络、人员安排);实地访问阶段;数据预处理阶段(编码、输入);数据统计分析阶段;调研报告撰写阶段。

9）附录

调研方案的最后还应附上与调查主题有关的各种有价值的附录。比如,调研项目负责人及主要参加者名单及团队成员的基本情况介绍,抽样方案细节及技术说明,问卷及有关参数技术说明,数据处理所用软件等。

案例思考

新可口可乐:调研失误

1.决策的背景

20 世纪 70 年代中期以前,可口可乐占据了全美 80% 的市场份额,年销量增长速度高达 10%。然而好景不长,70 年代中后期,百事可乐的迅速崛起令可口可乐公司不得不着手应付这个饮料业"后起之秀"的挑战。1975 年全美饮料业市场份额中,可口可乐领先百事可乐 7 个百分点。1984 年,市场份额中可口可乐领先百事可乐 3 个百分点,市场地位的逐渐势均力敌让可口可乐胆战心惊起来。

百事可乐公司的战略意图十分明显,通过大量动感而时尚的广告冲击可口可乐市场。

首先,百事可乐公司推出以饮料市场最大的消费群体——年轻人为目标消费者群的"百事新一代"广告系列。由于该广告系列适宜青少年口味,以心理的冒险、青春、理想、激情、紧张等为题材,于是赢得了青少年的钟爱。同时,百事可乐也使自身拥有了"年轻人的饮料"的品牌形象。

随后,百事可乐又推出一款非常大胆而富创意的"口味测试"广告。在被测试者毫不知情的情形下,请他们对两种不带任何标志的可乐口味进行品尝。由于百事可乐口感稍甜、柔和,因此,百事可乐公司此番现场直播的广告中的结果令百事可乐公司非常满意。80% 以上的人回答是百事可乐的口感优于可口可乐。这个名为"百事挑战"的直播广告令可口可乐一下子无力应付。市场上百事可乐的销量再一次激增。

2.市场营销调研

为了着手应战并且得出为什么可口可乐发展不如百事可乐的原因,可口可乐公司推出了一项代号为"堪萨斯工程"的市场调研活动。

1982 年,可口可乐广泛地深入到 10 个主要城市中进行访问。通过调查,看口味因素是否是可口可乐市场份额下降的重要原因,同时,征询顾客对新口味可乐的意见。于是,在问卷设计中,询问了例如"你想试一试新饮料吗?""可口可乐味变得更柔和一些,您是否满意?"等问题。

调研最后结果表明,顾客愿意尝新口味的可乐。这一结果更加坚定了可口可乐公司的决策者们的想法——秘不示人，长达99年的可口可乐配方已不再适合今天消费者的需要了。于是，满怀信心的可口可乐开始着手开发新口味可乐。

可口可乐公司向世人展示了比老可乐口感更柔和、口味更甜、泡沫更少的新可口可乐样品。在新可乐推向市场之初，可口可乐公司又不惜血本进行了又一轮的口味测试。可口可乐公司倾资400万美元，在13个城市中，约19.1万人被邀请参加了对无标签的新、老可乐进行口味测试的活动。结果60%的消费者认为新可乐比原来的好，52%的人认为新可乐比百事好。新可乐的受欢迎程度一下打消了可口可乐领导者原有的顾虑。于是，新可乐推向市场只是时间问题。

在推向生产线时，因为新的生产线必然要以不同瓶装的变化而进行调整，于是，可口可乐各地的瓶装商因为加大成本而拒绝新可乐。然而，可口可乐公司为了争取市场，不惜又一次投入巨资帮助瓶装商们重新改装生产线。

在新可乐上市之初，可口可乐又大造了一番广告声势。1985年4月23日，在纽约城的林肯中心举办了盛大的记者招待会，一共有200多家报纸、杂志和电视台记者出席，依靠传媒的巨大力量，可口可乐公司的这一举措引起了轰动效应，终于使可口可乐公司进入了变革"时代"。

3. 灾难性后果

起初，新可乐销路不错，有1.5亿人试用了新可乐。然而，新可口可乐配方并不是每个人都能接受的，不接受的原因往往并非因为口味原因，而这种"变化"受到了原可口可乐消费者的排挤。

一开始，可口可乐公司已为可能的抵制活动作好了应付准备，不料顾客的愤怒情绪犹如火山爆发般难以驾驭。

顾客之所以愤怒是认为99年秘不示人的可口可乐配方代表了一种传统的美国精神，而热爱传统配方的可口可乐就是美国精神的体现，放弃传统配方的可口可乐意味着一种背叛。在西雅图，一群忠诚于传统可乐的人组成"美国老可乐饮者"组织，准备发起全国范围内的"抵制新可乐运动"。在洛杉矶，有的顾客威胁说："如果推出新可乐，将再也不买可口可乐。"即使是新可乐推广策划经理的父亲，也开始批评起这项活动。

而当时，老口味的传统可口可乐则由于人们的预期会减少，而居为奇货，价格竟在不断上涨。每天，可乐公司都会收到来自愤怒的消费者的成袋信件和1 500多个电话。

为数众多的批评，使可口可乐迫于压力不得不开通83部热线电话，雇请大批公关人员来温言安抚愤怒的顾客。

面临如此巨大的批评压力，公司决策者们不得不稍作动摇。而后又一次推出的顾客意向调查中，30%的人说喜欢新口味可口可乐，60%的人却明确拒绝新口味可口可乐。可口可乐公司又一次恢复了传统配方可口可乐的生产，同时也保留了新可口可乐的生产线和生产能力。

在不到3个月的时间内,即1985年4—7月,尽管公司曾花费了400万美元,进行了长达两年的调查,但最终还是彻底失算了。百事可乐公司美国业务部总裁罗杰·恩里科说:"可口可乐公司推出'新可乐'是个灾难性的错误,是80年代的'爱迪塞尔'。"

思考:

1. 如果你是一名可口可乐公司营销人员,你可以在新可乐遭受失败之际,给公司提出什么样的解决方案?

2. 从新可口可乐决策失误的教训中可得到哪些启示?

任务4　撰写调研报告

2.4.1　市场调查报告的含义

市场调查报告是指用书面表达的方式反映调查过程和调查结果的一种分析报告,它是通过文字、图表等形式将调查研究成果表现出来,以使客户和后来的研究者对所调查的市场现象和所关心的问题有全面、系统的认识。

案例思考

"中国将出兵朝鲜"一字千金

在20世纪50年代,美国出兵朝鲜之前,除了美国兰德公司对这次战争进行的战略预测之外,还有欧洲的一家名叫德林的公司,倾其所有,甚至不惜亏本倒闭,花巨资研究了有关朝鲜战争问题的报告。经过大量研究分析,该公司认为:如果美国向朝鲜出兵,中国也一定会出兵;若中国出兵,美国注定要失败。报告的主要结论只有寥寥数字:"中国将出兵朝鲜",还附有380页的研究报告。在朝鲜战争爆发前8天,德林公司把这一研究成果以500万美元的价格卖给美国对华政策研究所,但美方认为价码太高而没买。但嫌贵的后果是什么呢?正如我们后来所知,美国盲目出兵朝鲜,中国随即派出了志愿军抗美援朝,美军惨败。美国远东军司令长官麦克阿瑟将军讽刺美国政府:不愿花一架战斗机的价钱,却花掉了数艘航空母舰的代价打了这场预先可以避免的战争。

朝鲜战争结束后,美国人为了吸取教训,仍花费了280万美元买回了德林公司的这项研究成果。

思考：

这个案例给我们什么启示？

2.4.2 市场调查报告的基本结构

1）封面

封面包括市场调查报告的标题、委托方、调查方的项目负责人、提交报告的日期等，如有保密要求也应在封面上标明。通常单独占用一张纸，也称为扉页。

第一，直叙式标题："直叙式"反映调查的主要内容、调查对象。例如，《××市的环境污染状况调查》《大学生就业状况调查报告》。

第二，表明观点式标题：直接阐述调查报告的观点、看法以及对调查信息的评价。例如，《食堂销售额逐渐下降》《唐装趋向于时尚》《保暖内衣悄然升温》。

第三，提出问题式标题：是以设问、反问等形式突出问题的焦点和尖锐性。例如，《价格战能根本提高企业效益吗？》《当前大学生就业路何在？》。

除此之外，还有双标题式标题：主标题（提出问题式或结论式），副标题则以直叙式，例如，《"皇帝的女儿"也"愁嫁"——关于舟山鱼滞销情况调查》《××牌产品为什么滞销——对××牌产品的销售情况的调查分析》《女人生来爱逛街——京城女士购物消费抽样调查报告》。

2）目录

调查报告的内容、页数较多，为了方便读者阅读，应当使用目录或索引形式列出报告所分的主要章节和附录，并注明页码。整个目录的篇幅不宜过长，以一页为宜。通常只编写两个层次的目录。较短的报告也可以只编写第一层次的目录。例如：

目录

3）摘要

摘要是调研报告中最重要的内容,是整个报告的精华。一般来说,高层管理人员只阅读调研报告的摘要部分。因此,摘要一定要精练,篇幅不宜过长,1～2页为好。主要内容应包括:

①简要说明调查的由来和委托调查的原因。

②简要介绍调查对象和调查内容。

③简要介绍调查研究的方法。

④简要说明调查执行结论与建议。

4）调查概况

（1）研究背景和目的

在这一部分报告内容中,研究者要对调查的由来或受委托进行该项调查的原因作出说明。说明时,尽可能引用有关的背景资料为依据,简短罗列客户企业在生产经营中面临的问题,在对研究背景分析所存在问题的基础上,提出调查的目的以及所包含的信息范围。

（2）调查研究方法

调查研究的方法是对调查的过程、时间、地点、对象、资料收集方法和抽样方法等作比较详细的介绍,对调查研究的局限性和不足之处也应予以实事求是地说明。内容包括:调查地区、调查对象、访问完成情况、样本的结构、资料采集、访问员介绍、资料处理方法及工具。

5）调查结果

这是调查报告的主体部分,主要是将调查的结果报告出来,包括数据图表资料以及相关的文字说明。要对调查研究中发现的基本事实资料进行有组织、有重点、层次分明的陈述,以便读者理解有关文字说明。可选择重要且简单明了的数据分析图表插入相应的叙述内容中。

6）结论和建议

（1）概括全文

经过层层剖析后,综合说明调查报告的主要观点,深化文章的主题。

（2）形成结论

在对真实资料进行深入细致的科学分析的基础上,得出报告结论。

（3）提出看法和建议

通过分析,形成对事物的看法,并在此基础上,提出建议和可行性方案。

7）局限性

叙述由于时间、预算、组织限制等因素的制约而导致调查项目结果的局限性,如陈述样本规模和样本选择、抽样框及抽样误差,"只有17%的问卷回收率"等。陈述研究局限性的目的在于指出研究成果的弱点,以便在应用研究结果时引起注意。

8）附件

①项目策划书。
②实地调查问卷的抄本。
③抽样有关细节的补充说明。
④现场走访人员约访时间表。
⑤主要质量控制数据。
⑥技术细节说明。
⑦调查获得的原始数据图表。
⑧提供资料人员的名单。

阅读扩展

大学生眼镜市场调研报告

一、调研背景

华视眼镜店位于华中科技大学武昌分校中区超市旁,地理条件优越,学生配眼镜方便,并以其周到的服务赢取了诸多美誉。华视眼镜开店已有多年,在校内也算小有名气,主要经营框架眼镜、隐形眼镜及相关产品。为了对学生配镜的需求和选择做一个全面的了解,以便眼镜店有针对性地采取促销活动和广告宣传,特委托调研小组做一个大学生眼镜市场调研。

每年开学,数以万计的新生入校,校内各大商家也迎来了一年一度的"潜在客户"争夺战。华视眼镜店虽然有着较强的地理优势,但校外商家、校门口的视明眼镜店以及湖北的诸多眼镜店都可能成为其竞争对手。湖北的眼镜店一家又一家地落户,与其仅一墙之隔的武昌分校的学子眼镜店搞各种优惠活动,什么配隐形眼镜送护理液,减价更是随处可见,商家竞争不容忽视……而开学更是一个抢夺潜在市场、培养忠诚客户的机遇。

本次调查是想了解大学生对购买眼镜的想法,从而寻找商机。

二、调研目的和假设

通过本次调研,了解以下内容,达到以下目的:

调研总目的:研究大学生眼镜市场的潜力。

本次调查的目的是为了详细了解大学生的眼镜多元需求、消费习惯,深入探究眼镜市场的风险变动,从多个侧面了解眼镜市场的供求及未来变动,以此为眼镜店制定相应的营销策略,快速提高市场的占有率和渗透率。

通过这次调查,了解大学生近视率,大学生对购买眼镜的想法,从而找到商机。

具体目的 1:确定学生对框架眼镜的需求和对隐形眼镜的需求程度。

假设:

1.学生对框架眼镜的需求大于隐形眼镜。

2.学生对隐形眼镜的需求大于框架眼镜。

具体目的 2:了解学生在选择眼镜时最先考虑的因素,认为最重要的因素。

假设:

1.学生在选择眼镜时最先考虑价格因素。

2.学生在选择眼镜时最先考虑款式。

3.学生在选择眼镜时最先考虑舒适度。

三、调研范围和对象

1.调研范围:华中科技大学武昌分校

2.调研对象:华中科技大学武昌分校在校大学生

四、调研的阶段

1.讨论确定研究的主题

大学生眼镜市场研究。

2.设计问卷

围绕研究主题,设计问卷题目,然后进行筛选,制作一份完整的调查问卷。

这次市场调查问卷一共设计了 11 个问题,其中有关于框架眼镜和隐形眼镜的分类,还有学生对眼镜的选择。

3.数据的收集

在学校发放调查问卷,并且对调查问卷进行回收。回收问卷进行编号与整理。

4.研究结果,并写好书面报告,完成结论。

五、调研方法

1.调查方式和方法

这次大学生眼镜市场调查主要采用抽样调查的方式。首先,我们对样本进行了分配。计划所调查的样本数为 50 人,被调查者是在校大学生,男生女生各占 50%。

本次调查主要采用问卷调查的方式,在我校的学生中随机调查,发放问卷 1 份,调查采取简单随机抽样方法,在寝室前或其他地点,实地发放问卷,及时收回问卷。小组各成员分别负责发问卷,协助有效填制,认真收回问卷等,对数据进行整理、分析,确保数据的真实性。然后再到寝室一一回收,保证问卷都能有效回收。

2.调研数据分析方法

(1)审核问卷

检查回收的调研问卷是否齐全,有无重复、遗漏,保证记录的一致性和统一性。

(2)分组整理

对经过审核的问卷,分别归入适当的类别,根据调查问卷中的问题,进行预先分组分类。佩戴眼镜的学生和不需要佩戴眼镜的学生分别归为一类。

(3)统计分析

对于分组整理的信息,计算相应的百分比,做出所需的表格与分析图。

六、调研结果

此次调查一共收回有效问卷 50 份。通过对这些问卷的整理分析可以看到,目前大学生眼镜市场趋势如下:

1.在回收的 50 份问卷里面,需要配眼镜的学生一共有 41 名,不需要配眼镜的学生 9 名。学生近视率达到了 85%,只有 15% 的学生不需要配眼镜,这说明大学生对眼镜有较大的需求。

2.学生在购买眼镜时考虑 200~400 元中等价位居多,占总数的 46%;其次是 200 元以内价位的,占总数的 34%;400 元以上价位的最少,占总数的 20%。

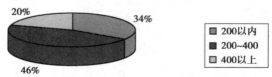

3.学生购买眼镜的首选地点是知名眼镜店,其次是普通小型眼镜店,医院和商场购买眼镜的很少。说明对学生来说眼镜店是较好的选择。

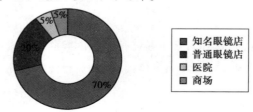

4. 目前,近视的学生中,佩戴框架眼镜的最多,占总数的 74%,佩戴隐形眼镜的学生占总数的 2%,既有框架眼镜又有隐形眼镜的学生占 24%。

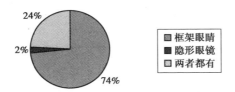

5. 学生对更换眼镜大多选择的是框架眼镜。选择框架眼镜的有 80%,选择隐形眼镜的只有 20%。

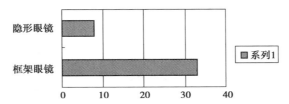

6. 更换眼镜的频率,大多数的学生在 1~3 年的时间内更换框架眼镜,1 年内更换眼镜的学生所占比率较少。

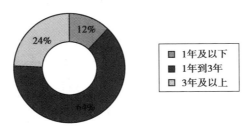

7. 在选择框架眼镜时,价格因素排在第四位的最多,也就表示,价格因素对学生选择眼镜的影响大小是中等的。

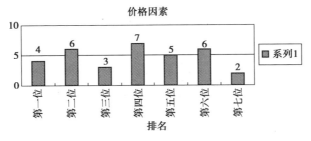

8. 品牌因素在学生选择眼镜的时候的排名在第五位,说明在选择眼镜的时候,品牌在学生心中的重要度不是特别明显。

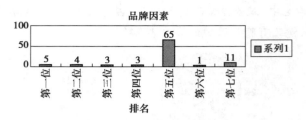

9. 款式在学生选择眼镜时的排名占第一位的最多,表明在选择眼镜时,学生比较重视眼镜的外形、款式。

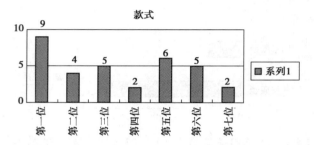

10. 大多数学生认为颜色对眼镜选择来说重要程度比较低,这说明大学生在选择眼镜的时候,对颜色的标准比较低。

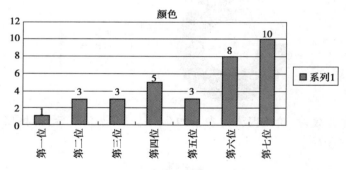

11. 大学生在选择眼镜的时候,对眼镜的耐用度比较看重。

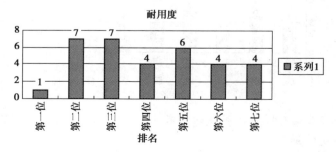

12. 大多数学生认为眼镜的舒适度是最为重要的选择因素。

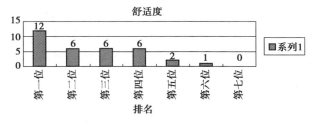

13. 学生把眼镜轻便度的重要程度放在中等位置。

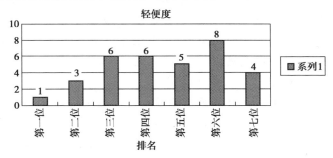

七、结论与建议

通过此次关于大学生眼镜的调研活动,我们收集到有关大学生眼镜的一些信息,初步了解了大学生对眼镜的需求状况,并对所收集的大量信息经过进一步的数据处理与分析,得到如下结论与建议:

1. 大学生总体上近视率相当高,而且大部分近视的学生都配眼镜,这说明大学生眼镜市场的前景很好。

2. 大学生一般都是配框架眼镜,使用隐形眼镜的人较少。

3. 从调查结果来看,大学生选择框架眼镜的时候,会更多地重视眼镜的舒适度、款式、轻便度和价格等方面,而品牌颜色等外在特点的重视度要低很多。

财富、机遇、时间、幸福都将去哪?

《中国经济生活大调查》向全社会发布和分享的数据,揭秘了 2015 年关于机遇、财富、时间、幸福的重要趋势性数据。

一、2015 年,钱去哪了?

1. 大调查发现:伴随经济"新常态",中国人调低收入预期

67.6%,这是 CCTV《中国经济生活大调查》给出的 2015 年中国家庭的收入信心指数,值得注意的是,这项调查已经连续 9 年,每年调查 10 万户中国家庭收入情况的数据,以此编制出央视"居民收入信心指数"。本届大调查收入信心指数是 4 年来的低点,显现出伴随经济

新常态,百姓已调低对未来收入预期的趋势。

2015 年中国哪个地方对收入增长更有信心。排名首位是江西(收入信心指数 74.4%)。此外,吉林(71.8%)、山东(70.8%)、安徽(70.8%)、湖北(70.0%)的受访者,也对 2015 年的收入增长很有信心,高于全国平均水平(收入信心指数 67.6%)。

2. 大调查发现:2015 年基金遇冷,理财产品大热

已经连续 4 年成为百姓投资首选的基金,2015 年很可能将遇冷,只有不到 10% 的中国家庭打算投资基金,在所有投资品种中位列倒数第一。以往看似貌不惊人的理财产品(2013 年排名第五,2014 年排名第四),却上演逆袭,成为百姓心中的大热门,位居榜首。

3. 大调查发现:2015 年中国姑娘投资热情超越中国大妈

大调查数据显示,在不同年龄的人群中间,年纪越小投资意愿越强,中国姑娘在所有人中投资热情最高,同时完胜中国大妈。

二、2015 年,机会去哪儿了?

1. 大调查发现:2015 年中国 1/5 家庭有意创业

大调查显示:2014 年实际参与创业的受访者占比为 13.6%,2015 年打算创业的受访者则猛增到了 20.5%。2015 年有超过 1/5 的受访家庭,表现出了创业意愿。

2. 大调查发现:电子商务最被看好,制造业倒数第一

哪些行业目前最被百姓看好呢?排在前三位的分别是电子商务、健康医疗、金融业。对于中国这个制造业大国来说,看好制造业前景的百姓比例只有 2.5%,排名倒数第一,这是一个值得深思的现象。

3. 大调查发现:"城市草根男"最想创业

大调查数据发现,中国的创业主力并不是我们想象的高富帅,而是我们身边实实在在的草根们。甚至,学历越高创业意愿却反而越低,而中学中专学历的受访者成为创业愿望最强的群体。大调查发现,居住在城里的人比居住在农村的更想创业;已婚的比未婚的人更想创业;男性比女性更想创业;尤其那些年龄在 26~35 岁的男性,有 33.5% 的人有创业意愿,而年收入在 1 万~6 万元的家庭创业意愿最为突出。

三、时间去哪儿了?

1. 大调查发现:超半数中国人日均休闲时间不足两小时

大调查数据显示,除去工作和睡觉,休闲时间每天不足 1 小时的中国百姓,眼下几乎占到了 1/4,休闲时间只有 1~2 小时的人则超过两成,还有将近一成的人一点休闲时间都没有。这意味着,对超过半数的中国百姓来说,"休闲"还是一种奢侈。

2. 大调查发现:抬头族比低头族收入更高

随着手机等电子产品的普及,60% 的人开始线上娱乐,成为"低头族"。而还有 40% 的人坚持线下娱乐,坚持"抬头族"。

"抬头族"比"低头族"平均每年多挣约 4 000 元,他们比"低头族"更多地消费在保健养生和教育培训上,约多花费 15%。而"低头族"比"抬头族"把钱更多地花在旅行和家电上,约多 10%。

3. 大调查发现:上班路上时间哪里最长? 长春居首位

大调查数据分析结果表明:上班人群当中每 10 个人就有 1 个人单程出行时间超过两个小时,往返在路上花的时间超过 4 个小时。我们现在的城镇就业人口有 4 亿人,由此推算,有 3 000 多万人,每天不是在上班,就是在上下班的路上。

在上班路上耗时最长的前 10 名中,省会和直辖市在前 10 名当中只占了 4 位,其余的 6 位都是地级市,而且分布非常广泛,从东北到西南,覆盖了人口密集的主要地区。而北上广深没有进入前 10 名。

复习思考题

1. 什么是营销调研?
2. 试述调查问卷的基本结构。
3. 试述调研报告的基本结构。

实训项目 1

1. 实训主题

设计调研方案。

2. 实训目的

通过对调研方案设计的学习分析及实际操作,在学习、操作、讨论中充分认识市场调研方案的基本内容,掌握调研方法的运用,理解撰写调研方案的方法和技巧。

3. 实训内容与要求

(1)学生自愿分成小组,每个小组 8 ~ 10 人,根据选题收集相关资料,选择和运用相关的市场调研方法。

(2)某企业将根据市场状况进行一次有针对性的市场调研活动,请按照给定的企业及产品市场背景资料,根据调研目的和要求对调研活动进行策划,并撰写出格式正确、内容完整、思路清晰、具有一定可行性的调研方案。

背景资料：

青岛啤酒股份有限公司（以下简称"青岛啤酒"）成立于1993年，它的前身是1903年8月由德国商人和英国商人合资在青岛创建的日耳曼啤酒公司青岛公司，它是中国历史悠久的啤酒制造厂商，2008年北京奥运会官方赞助商，目前品牌价值502.58亿元，居中国啤酒行业首位，跻身世界品牌500强。

1993年7月15日，青岛啤酒股票（0168）在香港交易所上市，是中国内地第一家在海外上市的企业。同年8月27日，青岛啤酒（600600）在上海证券交易所上市，成为中国首家在两地同时上市的公司。

20世纪90年代后期，运用兼并重组、破产收购、合资建厂等多种资本运作方式，青岛啤酒在中国18个省、市、自治区拥有50多家啤酒生产基地，基本完成了全国性的战略布局。

青岛啤酒公司2010年累计完成啤酒销量635万千升，同比增长7.4%；实现主营业务收入人民币196.1亿元，同比增长10.4%；实现净利润人民币15.2亿元，同比增长21.6%。继续保持利润增长大于销售收入增长，销售收入增长大于销量增长的良好发展态势。

青岛啤酒远销美国、日本、德国、法国、英国、意大利、加拿大、巴西、墨西哥等世界70多个国家和地区。全球啤酒行业权威报告Barth Report依据产量排名，青岛啤酒为世界第六大啤酒厂商。

青岛啤酒几乎囊括了1949年中华人民共和国建立以来所举办的啤酒质量评比的所有金奖，并在世界各地举办的国际评比大赛中多次荣获金奖。1906年，建厂仅3年的青岛啤酒在慕尼黑啤酒博览会上荣获金奖。20世纪80年代三次在美国国际啤酒大赛上荣登榜首。1991年、1993年、1997年分别在比利时、新加坡和西班牙国际评比中荣获金奖。2006年，青岛啤酒荣登《福布斯》"2006年全球信誉企业200强"，位列68位。2007年荣获亚洲品牌盛典年度大奖。在2005年（首届）和2008年（第二届）连续两届入选英国《金融时报》发布的"中国十大世界级品牌"。其中2008年在单项排名中，青岛啤酒还囊括了品牌价值、优质品牌、产品与服务、品牌价值海外榜四项榜单之冠。2009年，青岛啤酒荣获上海证券交易所"公司治理专项奖——2009年度董事会奖""世界品牌500强"等诸多荣誉，并第七次获得"中国最受尊敬企业"殊荣。2010年，青岛啤酒第五次登榜《财富》杂志"最受赞赏的中国公司"。

实训任务：

公司为了进一步扩大影响，提高市场占有率，计划加大品牌宣传。为此，公司需要进行一次针对消费者对公司品牌了解程度和忠诚度的市场调研。请你根据背景资料设计一份调研方案，调研方案要求包括调研目的、调研对象、调研项目、调研方法（要求采用问卷调研法）、调研经费、调研组织与人员、调研时间安排等基本要素。

4. 实训检测

(1)每组写出一份市场调研方案,并制作PPT进行成果汇报。

(2)以小组为单位,分别由组长和每个成员根据各成员在调研与讨论中的表现进行打分。

(3)教师根据各成员的调研方案和在讨论中的表现给予评估、打分。

(4)将上述各项评估得分综合为本次实训成绩。

实训项目2

1. 实训主题

撰写调研报告。

2. 实训目的

通过对调研报告设计的学习分析和实际操作,在学习、操作、讨论中充分认识调研报告的基本内容,掌握调研方法的运用,理解撰写调研报告的方法和技巧。

3. 实训内容与要求

(1)学生自愿分成小组,每个小组8～10人,根据选题收集相关资料,选择和运用相关的市场调研方法。

(2)某企业为了某一调研目的,组织了一次市场调研活动,现需对给定的调研情况和材料进行深入细致的分析研究,揭示出本质,寻找出规律,得出调研结论,提出看法和建议,并形成格式正确、内容完整、思路清晰、具有可行性和应用价值的市场调研报告。具体内容包括:标题、目录、摘要(简要介绍调查目的、调查对象和调查内容、调查研究的方法、调查结论与建议)、正文(包含引言、情况介绍及分析预测)、结论和建议、附件等几部分。

背景资料:

方便面自问世以来,就以其食用方便、价格便宜而成为众多消费者日常食品的重要组成部分。随着收入的增加,人们的生活水平也在不断提高,逐步实现了由温饱型向小康型的过渡。每顿饭的标准也从以前2～3元达到了现在5～6元的标准。消费者对方便面的需求,同样从以前吃饱就行发展到更关注方便面的营养成分,希望方便面不但有方便、快捷的特点,而且同时能够满足吃一顿饭对身体营养的需要。正是因为这种不断变化的消费需求,使营养型方便面成为方便面市场又一个新的亮点。

某公司于2015年5月4—12日对北京方便面市场进行了一次系统的、有针对性的调研。本次调研采用了国际通行的CLT调查方法,成功访问方便面直接消费者636人,调查结果的置信度在95%以上。具体数据资料如下:

(1)消费者常吃的方便面品牌：其中主要品牌康师傅36.2%，统一31.4%，华龙8.3%，福满多7.6%。

(2)品牌选择的因素：其中口味居第一，占36.3%，其次品牌知名度18.2%。

(3)消费者最喜欢吃的方便面口味是辣味，占39.1%，其次是红烧牛肉味，占18.7%，海鲜味占18.5%。

(4)问及消费者主要在什么情况下吃方便面时，38.4%的消费者回答是"时间紧"，居第一位。

(5)吃方便面的好处：方便为64.0%，省时为35.2%，省钱和实惠的合计为15.7%。

(6)吃方便面的坏处：没有营养占到53.7%，防腐剂过多和对胃不好，分别占到27.1%和8.2%。

(7)消费量及购买量：每月吃6~12袋方便面的消费者比率为38.6%，其次是19~24袋占24.2%，而每次购买5~8袋方便面的消费比率高达56.4%。

(8)价格：1.1~2元占40.6%，2.1~3元占32.2%，3元以上占13.9%，1.0元以下占13.3%。

(9)吃方便面的时间：晚上占34.2%，中午占31.2%，早上占21.8%，随时想吃就吃的只有4.6%。

(10)现有方便面产品的缺点：没有营养（33.6%），有防腐剂（22.2%），口味单调（19.2%），蔬菜包少（12.7%）和面不筋道（6.7%）。

(11)消费者吃方便面的同时还添加哪些食品：鸡蛋占34.1%，火腿肠占32.4%，蔬菜和咸菜分别占到21.3%和5.6%，不添加任何食品的占19.4%。

(12)销售渠道：超市占76.1%，食品零售店占20.2%，其他销售渠道占3.7%。

(13)对营养型方便面的需求进行了有针对性的测试。在被问及如果方便面厂家推出一种新的"营养型方便面"，不仅口味好，食用方便，吃一盒能吃饱，而且能满足您一顿饭对身体所需的全部营养需要，价格每盒在4元左右，您是否会购买这种"营养型方便面"时，肯定会购买和会购买的合计占到32.4%，表示可能会购买的占到了37.9%，不会购买和肯定不会购买的分别为17.6%和3.7%。

(14)消费者会购买这种营养型方便面的主要原因有：营养、方便，比例占到26.8%，抱着试一试态度的占22.2%，口味好占8.2%。

实训任务：

根据以上数据，先作对比研究，然后自拟题目编写一篇调查报告。其具体要求是：

(1)标题简洁、明了，能说明主题。

(2)格式规范，要素齐全。

（3）条理清楚，分析合理，具有逻辑性和可行性。

（4）要求在 1 500 字以上。

4. 实训检测

（1）每组写出一份市场调研报告，并制作 PPT 进行成果汇报。

（2）以小组为单位，分别由组长和每个成员根据各成员在调研与讨论中的表现进行打分。

（3）教师根据各成员的调研方案和在讨论中的表现给予评估、打分。

（4）将上述各项评估得分综合为本次实训成绩。

项目 3　营销策划环境分析

【引导案例】

泸州老窖如何实现"王者归来"

20 世纪 80 年代,泸州老窖的售价在五粮液之上,当时的产品品质与价格在浓香型白酒中均具有竞争优势。在白酒中高档化发展的大趋势下,五粮液最早洞察这一基本规律,而泸州老窖则落后 10 多年。其后五粮液多次提价,而泸州老窖却未能站在全国市场的高度上纵览全局,提出了"让名酒变民酒"的错误战略。随着居民消费能力的提升,五粮液、剑南春等品牌进入了黄金发展时期,在消费者的心目中,造就了高端名酒"茅五剑"的惯性定位和认知心理,而泸州老窖的增长速度却明显放缓,直至 2002 年彻底陷入发展低谷。

痛定思痛,泸州老窖决定回归主业。从 2004 年开始,泸州老窖集中优势资源突出发展白酒业务。首先,泸州老窖剑指中高端市场,制定并执行了"双品牌塑造,多品牌运作"的战略系统,逐步在完成了超高端"国窖 1573"、中高端"泸州老窖特曲"和中低端市场"多品牌运作"的清晰化产品线铺设,重新支撑起了泸州老窖的品牌殿堂。

其次,泸州老窖通过资源聚焦,将国家非物质文化遗产"传统酿造技艺"与国家重点文物"1573 年的国宝窖池"双双归入囊中,成为了业内唯一拥有双国宝的企业。再次,泸州老窖进一步确立了"围绕核心产品,坚持全国化布局"的市场运作总则,即坚持"国窖 1573"的全国化布局,从重点区域开始,向全国范围内逐步铺开。同时,以"国窖 1573"为核心进行的品牌信息整合传播,在全国范围内建立泸州老窖不可逾越的超高端价格标杆和超高端品牌占位,保证泸州老窖具备强势的全国市场竞争力,并为泸州老窖其他级别的品牌市场操作,做足品牌铺垫。

至此,泸州老窖以全国化的战略眼光,重新制定战略规划,通过对白酒市场的消费环境、竞争环境和企业内部资源进行全面检索,成功实现战略回归。

思考：

泸州老窖是如何分析市场环境的？

任务 1 营销环境认知

3.1.1 市场营销环境的含义

市场营销环境（Marketing Environment）泛指一切影响制约企业营销活动最普遍的因素，是造成环境威胁和市场机会的主要力量和因素。它可分为宏观市场营销环境和微观市场营销环境。市场营销环境通过对企业构成威胁或提供机会影响营销活动。环境威胁是指环境中不利于企业营销的因素及其发展趋势，对企业形成挑战，对企业的市场地位构成威胁。市场机会是指由环境变化造成的对企业营销活动富有吸引力和利益空间的领域。

3.1.2 市场营销环境特征

1）客观性

市场营销环境作为一种客观存在，是不以企业的意志为转移的，有着自己的运行规律和发展趋势，对营销环境变化的主观臆断必然会导致营销决策的盲目与失误。营销管理者的任务在于适当安排营销组合，使之与客观存在的外部环境相适应。

2）关联性

构成营销环境的各种因素和力量是相互联系、相互依赖的。如经济因素不能脱离政治因素而单独存在，同样，政治因素也要通过经济因素来体现。

3）层次性

从空间上看，营销环境因素是个多层次的集合。第一层次是企业所在的地区环境，如当地的市场条件和地理位置。第二层次是整个国家的政策法规、社会经济因素，包括国情特点、全国性市场条件等。第三层次是国际环境因素。这几个层次的外界环境因素与企业发生联系的紧密程度是不相同的。

4）差异性

营销环境的差异主要因为企业所处的地理环境、生产经营的性质、政府管理制度等方面存在差异,不仅表现在不同企业受不同环境的影响,而且同样一种环境对不同企业的影响也不尽相同。

5)动态性

外界环境随着时间的推移经常处于变化之中。例如,外界环境利益主体的行为变化和人均收入的提高都会引起购买行为的变化,影响企业营销活动的内容。外部环境各种因素结合方式的不同也会影响和制约企业营销活动的内容和形式。

6)不可控性

影响市场营销环境的因素是多方面的,也是复杂的,并表现出企业不可控性。例如,一个国家的政治法律制度、人口增长及一些社会文化习俗等,企业不可能随意改变。

3.1.3 分析市场营销环境意义

市场营销环境分析的重要性具体表现在以下 3 个方面:

1)企业市场营销活动的立足点和根本前提

开展市场营销活动一方面是为了更好地满足人们不断增长的物质和文化生活需要,同时也是为了使企业获得最好的经济效益和社会效益。要实现上述目标,其立足点和根本前提就是要进行市场营销环境分析。只有深入细致地对企业市场营销环境进行调查研究和分析,才能准确而及时地把握消费者需求,才能认清本企业所处环境中的优势和劣势,扬长补短。否则,企业便不可能很好地实现其满足社会需求和创造好的经济效益和社会效益的目的,甚至陷入困境,被兼并或被淘汰。许多企业的实践都充分证明,市场营销环境分析是企业市场营销活动的立足点和根本前提,成功的企业无一不是十分重视市场营销环境分析的。

2)企业经营决策的基础,为科学决策提供了保证

企业经营决策的前提是市场调查,市场调查的主要内容是要对企业的市场营销环境进行调查、整理分类、研究和分析,并提出初步结论和建议,以供决策者进行经营决策时作为依据。市场营销环境分析正确与否,直接关系到企业决策层对企业投资方向、投资规模、技术改造、产品组合、广告策略公共关系等一系列生产经营活动的成败。

3)有利于企业发现新的市场机会,及时采取措施,科学把握未来

新的经营机会可以使企业取得竞争优势和差别利益或扭转所处的不利地位。当然,在现实生活中,往往是机会与威胁并存,且可能相互转化。好的机会如果没有把握住,优势就

可能变成包袱、变成劣势,而威胁即不利因素也可能转化为有利因素,从而使企业获得新生。这里,关键在于要善于细致地分析市场营销环境,善于抓住机会,化解威胁,使企业在竞争中求生存、在变化中谋稳定、在经营中创效益,充分把握未来。

任务2 宏观环境分析

3.2.1 宏观环境的概念

市场营销宏观环境是指那些给企业造成市场营销机会和形成环境威胁的外部因素。这些因素主要包括人口环境、经济环境、自然环境、科技环境、法律环境以及社会和文化环境。这些主要社会力量是企业不可控制的变量。

3.2.2 宏观环境分析方法

1)PEST 分析法

PEST 分析是指宏观环境的分析,宏观环境又称一般环境,是指影响一切行业和企业的各种宏观因素。对宏观环境因素作分析,不同行业和企业根据自身特点和经营需要,分析的具体内容会有差异,但一般都应对政治(Political)、经济(Economic)、社会(Social)和技术(Technological)这四大类影响企业的主要外部环境因素进行分析。简单而言,称之为 PEST 分析法。

2)PEST 变形形式,STEEPL 分析

STEEPL 是 PEST 分析的扩展,是以下因素英文单词的缩写,社会/人口(Social/Demographic)、技术(Technological)、经济(Economic)、环境/自然(Environmental/Natural)、政治(Political)、法律(Legal)。

3.2.3 宏观环境分析

1)人口环境

人口环境是市场的第一要素。人口数量直接决定市场规模和潜在容量,人口的性别、年龄、民族、婚姻状况、职业、居住分布等也对市场格局产生着深刻影响,从而影响着企业的营销活动。企业应重视对人口环境的研究,密切关注人口特性及其发展动向,及时调整营销策

略以适应人口环境的变化。

（1）人口数量分析

人口数量是决定市场规模的一个基本要素。如果收入水平不变，人口越多，对食物、衣着、日用品的需要量越多，市场也就越大。企业营销首先要关注所在国家或地区的人口数量及其变化，尤其是对人们生活必需品需求的内容和数量方面的影响。2015 年世界人口最多的前 10 个国家及未来预测，具体见表 3.1。

表 3.1　2015 年世界人口最多的前 10 个国家及未来预测

（单位：亿）

2015 年			未来		
位　次	国　家	人口数	位　次	国　家	人口数
1	中国	13.04	1	印度	16.28
2	印度	11.04	2	中国	14.37
3	美国	2.96	3	美国	4.20
4	印度尼西亚	2.22	4	印度尼西亚	3.08
5	巴西	1.84	5	巴基斯坦	2.95
6	巴基斯坦	1.62	6	巴西	2.60
7	孟加拉国	1.44	7	尼日利亚	2.58
8	俄罗斯	1.43	8	孟加拉国	2.31
9	尼日利亚	1.32	9	刚果	1.83
10	日本	1.28	10	埃塞俄比亚	1.70

（2）人口结构分析

①年龄结构。不同年龄的消费者对商品和服务的需求是不一样的。不同年龄结构形成了具有年龄特色的市场。企业了解不同年龄结构所具有的需求特点，可以决定企业产品的投向，寻找目标市场。

②性别结构。性别差异会给人们的消费需求带来显著的差别，反映到市场上就会出现男性用品市场和女性用品市场。企业可以针对不同性别的不同需求，生产适销对路的产品，制定有效的营销策略，开发更大的市场。

阅读扩展

2015 年全球人口性别比例

2015 年全球男女比例总体来说处于平衡的状态,为 101.8∶100。

在欧美国家,普遍是女性略多于男性,但在前苏联地区,这种现象却尤为突出。在俄罗斯,每 100 名女性对应男性人口数量为 86.8。在立陶宛则更只有 84.8,在这些地区,男性人口预期寿命要比女性低 10 岁以上。

而在中东国家,男性人口则普遍多于女性,如沙特、阿联酋等地区,严重的失衡现象非常明显。在沙特,每 100 名女性人口对应的男性数量为 130。而在阿联酋,这一数字更是高达 274,意味着该国男性人口几乎是女性人口的 3 倍。

根据国家统计局年初发布的数据显示,2014 年中国出生人口性别比仍处于严重失衡的状态:每出生 100 名女婴就对应有 115.88 名男婴。预计到 2020 年,有 2 000 万单身男人找不到老婆。

③教育与职业结构。人口的教育程度与职业不同,对市场需求表现出不同的倾向。随着高等教育规模的扩大,人口的受教育程度普遍提高,收入水平也逐步增加。企业应关注人们对报刊、书籍、电脑这类商品的需求变化。

④家庭结构。家庭是商品购买和消费的基本单位。一个国家或地区的家庭单位的多少以及家庭平均人员的多少,可以直接影响到某些消费品的需求数量。同时,不同类型的家庭往往有不同的消费需求。

⑤社会结构。我国绝大部分人口为农业人口,农业人口占总人口的 80% 左右。这样的社会结构要求企业营销应充分考虑到农村这个大市场。

⑥民族结构。我国是一个多民族的国家。民族不同,其文化传统、生活习性也不相同。具体表现在饮食、居住、服饰、礼仪等方面的消费需求都有自己的风俗习惯。企业营销要重视民族市场的特点,开发适合民族特性、受其欢迎的商品。

(3)人口分布分析

人口有地理分布上的区别,人口在不同地区密集程度是不同的。各地人口的密度不同,则市场大小不同、消费需求特性不同。

当前,我国有一个突出的现象就是农村人口向城市或经济发达地区流动,内地人口向沿海经济开放地区流动。企业营销应关注这些地区,消费需求不仅在量上增加,在消费结构上也发生着变化,应提供更多的适销对路产品满足这些流动人口的需求,这是潜力很大的市场。

2）经济环境

经济环境是影响企业营销活动的主要环境因素，它包括收入因素、消费支出、产业结构、经济增长率、货币供应量、银行利率、政府支出等因素。其中，收入因素、消费结构对企业营销活动影响较大。

（1）消费者收入分析

收入因素是构成市场的重要因素，甚至是更为重要的因素。因为市场规模的大小，归根结底取决于消费者的购买力大小，而消费者的购买力取决于他们收入的多少。企业必须从市场营销的角度来研究消费者收入，通常从以下5个方面进行分析：

①国民生产总值。它是衡量一个国家经济实力与购买力的重要指标。国民生产总值增长越快，对商品的需求和购买力就越大；反之，就越小。

②人均国民收入。这是用国民收入总量除以总人口的比值。这个指标大体反映了一个国家人民生活水平的高低，也在一定程度上决定商品需求的构成。一般来说，人均收入增长，对商品的需求和购买力就大；反之就小。

③个人可支配收入。是指在个人收入中扣除消费者个人缴纳的各种税款和交给政府的非商业性开支后剩余的部分，可用于消费或储蓄的那部分个人收入，它构成实际购买力。个人可支配收入是影响消费者购买生活必需品的决定性因素。

④个人可任意支配收入。是指在个人可支配收入中减去消费者用于购买生活必需品的费用支出（如房租、水电、食物、衣着等项开支）后剩余的部分。这部分收入是消费需求变化中最活跃的因素，也是企业开展营销活动时所要考虑的主要对象。这部分收入一般用于购买高档耐用消费品、娱乐、教育、旅游等。

⑤家庭收入。家庭收入的高低会影响很多产品的市场需求。一般来讲，家庭收入高，对消费品需求大，购买力也大；反之，需求小，购买力也小。另外，要注意分析消费者实际收入的变化。注意区分货币收入和实际收入。

（2）消费者支出分析

随着消费者收入的变化，消费者支出会发生相应变化，继而使一个国家或地区的消费结构也会发生变化。

①消费结构。德国统计学家恩斯特·恩格尔于1857年发现了消费者收入变化与支出模式，即消费结构变化之间的规律性。

②恩格尔系数。恩格尔所揭示的这种消费结构的变化通常用恩格尔系数来表示，即：

$$恩格尔系数 = \frac{食品支出金额}{家庭消费支出总金额}$$

恩格尔系数越小,食品支出所占比重越小,表明生活富裕,生活质量高;恩格尔系数越大,食品支出所占比重越高,表明生活贫困,生活质量低。

恩格尔系数是衡量一个国家、地区、城市、家庭生活水平高低的重要参数。企业从恩格尔系数可以了解目前市场的消费水平,也可以推知今后消费变化的趋势以及对企业营销活动的影响。

（3）消费者储蓄分析

消费者的储蓄行为直接制约着市场消费者购买量的多少。当收入一定时,如果储蓄增多,现实购买量就减少;反之,如果用于储蓄的收入减少,现实购买量就增加。

居民储蓄倾向是受到利率、物价等因素变化所致。人们储蓄的目的也是不同的,有的是为了养老,有的是为未来的购买而积累,当然储蓄的最终目的主要也是为了消费。企业应关注居民储蓄的增减变化,了解居民储蓄的不同动机,制定相应的营销策略,获取更多的商机。

（4）消费者信贷分析

消费者信贷,也称信用消费,是指消费者凭信用先取得商品的使用权,然后按期归还贷款,完成商品购买的一种方式。信用消费允许人们购买超过自己现实购买力的商品,创造了更多的消费需求。随着我国商品经济的日益发达,人们的消费观念大为改变,信贷消费方式在我国逐步流行起来,值得企业去研究。

3）政治法律环境

政治法律环境是影响企业营销的重要宏观环境因素,包括政治环境和法律环境。政治环境引导着企业营销活动的方向,法律环境则为企业规定经营活动的行为准则。政治与法律相互联系,共同对企业的市场营销活动产生影响和发挥作用。

（1）政治环境分析

政治环境是指企业市场营销活动的外部政治形势。一个国家的政局稳定与否,会给企业营销活动带来重大的影响。如果政局稳定,人民安居乐业,就会给企业营销创造良好的环境;相反,政局不稳,社会矛盾尖锐,秩序混乱,就会影响经济发展和市场的稳定。企业在市场营销中,特别是在对外贸易活动中,一定要考虑东道国政局变动和社会稳定情况可能造成的影响。

政治环境对企业营销活动的影响主要表现为国家所制定的方针政策,如人口政策、能源政策、物价政策、财政政策、货币政策等,都会对企业营销活动带来影响。例如,国家通过降低利率来刺激消费的增长;通过征收个人收入所得税调节消费者收入的差异,从而影响人们的购买;通过增加产品税,对香烟、酒等商品的税来抑制人们的消费需求。

案例思考

开城工业园区位于朝鲜平壤南约 170 千米,在开城以南 8 千米,距离南北军事分界线仅 1 千米。韩国和朝鲜 2003 年开始合作建设开城工业园。2005 年,工业园开始正式运营,由朝鲜管辖,其主旨是吸引韩国企业投资。园区内共有约 5.3 万名朝鲜工人受雇于 124 家韩国企业,其中多为中小企业。

2016 年 2 月 10 日,由于核试验和发射卫星问题,韩国宣布将撤离开城工业园区,对朝鲜进行经济制裁。2016 年 2 月 11 日,朝鲜祖国和平统一委员会发表声明,谴责韩国政府全面中断开城工业园区运转,宣布在北京时间 11 日 16 时 30 分前驱逐所有在园区内的韩方人员,作为对韩国停止园区运营的回应。此外,朝方还宣布冻结所有韩方资产,包括生产资料、成品和设备,并且关闭连接开城工业园的公路和两国间的通信热线。由于朝方宣布冻结韩方资产,被驱逐的韩方人员只准携带个人物品离开,禁止带任何园区工厂的产品和设备回国。韩国当局 12 日宣布,韩方已经切断对开城工业园区的水电供应,同时警告称,朝鲜冻结园区内韩国公司资产和驱逐工作人员的做法属于"非法行为",朝方应承担一切后果。

韩国服装公司老板张范康(译名)自 2009 年起在开城工业园区经营一家服装厂,工厂一共有 920 名朝鲜员工和 7 名韩国经理。朝鲜员工 11 日都没有到工厂上班。张范康通过电话告诉美联社记者说,工厂一名员工 11 日早间进入园区,打算带上千件女装成品返回韩国。但因韩方资产被冻结,不得不把服装放回工厂。韩国企业因工业园区停产蒙受巨大损失,至少 6 500 家企业受影响。

思考:

开城工业园成韩朝"角力场"的原因。

(2)法律环境分析

法律环境是指国家或地方政府所颁布的各项法规、法令和条例等,它是企业营销活动的准则,企业只有依法进行各种营销活动,才能受到国家法律的有效保护。近年来,为适应经济体制改革和对外开放的需要,我国陆续制定和颁布了一系列法律法规,例如《中华人民共和国产品质量法》《企业法》《经济合同法》《涉外经济合同法》《商标法》《专利法》《广告法》《食品卫生法》《环境保护法》《反不正当竞争法》《消费者权益保护法》《进出口商品检验条例》等。企业的营销管理者必须熟知有关的法律条文,才能保证企业经营的合法性,运用法律武器来保护企业与消费者的合法权益。

4)社会文化环境

社会文化环境是指在一种社会形态下已经形成的价值观念、宗教信仰、风俗习惯、道德规范等的总和。

任何企业都处于一定的社会文化环境中,企业营销活动必然受到所在社会文化环境的影响和制约。为此,企业应了解和分析社会文化环境,针对不同的文化环境制定不同的营销策略,组织不同的营销活动。企业营销对社会文化环境的研究一般从以下几个方面入手:

(1)教育状况分析

受教育程度的高低,影响到消费者对商品功能、款式、包装和服务要求的差异性。通常,文化教育水平高的国家或地区的消费者要求商品包装典雅华贵、对附加功能也有一定的要求。因此,企业营销开展的市场开发、产品定价和促销等活动都要考虑消费者所受教育程度的高低,采取不同的策略。

(2)宗教信仰分析

宗教是构成社会文化的重要因素,宗教对人们消费需求和购买行为的影响很大。不同的宗教有自己独特的对节日礼仪、商品使用的要求和禁忌。某些宗教组织甚至在教徒购买决策中有决定性的影响。为此,企业可以把影响大的宗教组织作为自己的重要公共关系对象,在营销活动中也要注意到不同的宗教信仰,以避免由于矛盾和冲突给企业营销活动带来损失。

案例思考

欧洲一冻鸡出口商曾向阿拉伯国家出口冻鸡,他把大批优质鸡用机器屠宰好,收拾得干净利落,只是包装时鸡的个别部位稍带血渍,就装船运出。当他正盘算下一笔交易时,不料这批货竟被退了回来。他迷惑不解,便亲自去进口国查找原因,才知退货原因不是质量有问题,只是他的加工方法犯了阿拉伯国家的禁忌,不符合进口国的风俗。阿拉伯国家人民信仰伊斯兰教,规定杀鸡只能用人工,不许用机器;只许男人杀鸡,不许妇女伸手;杀鸡要把鸡血全部洗干净,不许留一点血渍,否则便被认为不吉祥。

思考:

1. 分析欧洲商人被退货的原因?

2. 欧洲商人应采取什么措施?

(3)价值观念分析

价值观念是指人们对社会生活中各种事物的态度和看法。在不同的文化背景下,人们的价值观念往往有着很大的差异,消费者对商品的色彩、标识、式样以及促销方式都有不同的意见和态度。企业营销必须根据消费者不同的价值观念设计产品,提供服务。

案例思考

蒋雯丽代言上海某化妆品,广告中她扮演一位母亲并与5岁左右的可爱男孩进行对话,孩子称:"等爸爸老了,我要娶你。"不少网友认为该广告涉嫌乱伦难以接受,而蒋雯丽在电话采访中解释说,广告只是想表现母子之爱,希望网友宽容对待。

思考:

蒋雯丽化妆品广告遭质疑的原因是什么?

(4)消费习俗分析

消费习俗是指人们在长期经济与社会活动中形成的一种消费方式与习惯。不同的消费习俗,具有不同的商品要求。研究消费习俗,不仅有利于组织好消费用品的生产与销售,而且有利于正确、主动地引导健康的消费。了解目标市场消费者的禁忌、习惯、避讳等是企业进行市场营销的重要前提。

阅读扩展

各国社会风俗习惯漫谈

不同的国家、民族对图案、颜色、数字、动植物等都有不同的喜好和不同的使用习惯。如中东地区严禁带六角形的包装,英国忌用大象、山羊做商品装潢图案;中国、日本、美国等国家对熊猫特别喜爱,但一些阿拉伯人却对熊猫很反感;墨西哥人视黄花为死亡,红花为晦气,而喜爱白花,认为可以驱邪;德国人忌用核桃,认为核桃是不祥之物;匈牙利人忌"13";日本人忌荷花、梅花图案,也忌用绿色,认为不祥;南亚有一些国家忌用狗做商标;在法国,仙鹤是蠢汉和淫妇的代称,法国人还特别厌恶墨绿色,这是基于对第二次世界大战的痛苦回忆;新加坡华人很多,所以对红、绿、蓝色都比较喜欢;日本人在数字上忌用"4"和"9",因在日语发音中"4"同死相近,"9"同苦相近;中国港台商人忌送茉莉花和梅花,因为"茉莉"与"末利"同音,"梅花"与"霉花"同音。我国是一个多民族国家,各民族都有自己的风俗习惯,如蒙古族人喜穿蒙袍、住帐篷、饮奶茶、吃牛羊肉、喝烈性酒;朝鲜族人喜食狗肉、辣椒,穿色彩鲜艳的衣服,食物上偏重素食,群体感强,男子地位较突出。

5)自然环境

自然环境是指自然界提供给人类的各种形式的物质资料,如阳光、空气、水、森林、土地等。随着人类社会进步和科学技术发展,世界各国都加速了工业化进程,这一方面创造了丰富的物质财富,满足了人们日益增长的需求;另一方面,面临着资源短缺、环境污染等问题。从20

世纪 60 年代起,世界各国开始关注经济发展对自然环境的影响,成立了许多环境保护组织,促使国家政府加强环境保护的立法。这些问题都是对企业营销的挑战。对营销管理者来说,应该关注自然环境变化的趋势,并从中分析企业营销的机会和威胁,制定相应的对策。

(1)自然资源日益短缺分析

自然资源可分为两类,一类为可再生资源,如森林、农作物等,这类资源是有限的,可以被再次生产出来,但必须防止过度采伐森林和侵占耕地。另一类资源是不可再生资源,如石油、煤炭、银、锡、铀等,这种资源蕴藏量有限,随着人类大量地开采,有的矿产已经处于枯竭的边缘。自然资源短缺,使许多企业将面临原材料价格大涨、生产成本大幅度上升的威胁。但另一方面又迫使企业研究更合理地利用资源的方法,开发新的资源和代用品,这些又为企业提供了新的资源和营销机会。

(2)环境污染日趋严重分析

工业化、城镇化的发展对自然环境产生了很大的影响,尤其是环境污染问题日趋严重,许多地区的污染已经严重影响到人们的身体健康和自然生态平衡。环境污染问题已引起各国政府和公众的密切关注,这对企业的发展是一种压力和约束,要求企业为治理环境污染付出一定的代价,但同时也为企业提供了新的营销机会,促使企业研究控制污染技术,兴建绿色工程,生产绿色产品,开发环保包装。

案例思考

"中国死海"位于四川省大英县蓬莱镇,是四川旅游产业的又一大新亮点,是北纬30°上又一神奇的景观。其海水(盐卤水)来源于 3 000 米深的地下,出口温度高达 87 ℃,含盐量超过了 22%,以氯化盐为主,类似中东"死海",人在水中可以轻松地漂浮不沉。海水中富含钠、钾、钙、溴、碘等 40 多种矿物质和微量元素,经国家有关权威机构验证,对风湿关节炎、皮肤病、肥胖症、心脑血管疾病、呼吸道疾病等具有显著的理疗作用,据联合国教科文组织有关研究资料显示,人在死海中漂浮 1 小时,可以达到 8 个小时睡眠的功效。

思考:

中国死海旅游开发给当地政府带来了哪些效益?

(3)政府干预不断加强分析

自然资源短缺和环境污染加重的问题,使各国政府加强了对环境保护的干预,颁布了一系列有关环保的政策法规,这将制约一些企业的营销活动。有些企业由于治理污染需要投资,影响扩大再生产,但企业必须以大局为重,要对社会负责,对子孙后代负责,加强环保意识,在营销过程中自觉遵守环保法令,担负起环境保护的社会责任。同时,企业也要制定有效的营销策略,既要消化环境保护所支付的必要成本,还要在营销活动中挖掘潜力,保证营销目标的实现。

讨论与思考

重庆有一对夫妻,发现一家企业刚刚开发生产的充水防暑降温坐垫在重庆这个"火城"中特别畅销。于是他们联想到海口市地处热带,夏日长,温度高,立即筹款 20 万元,在重庆托关系买了一万只垫子运到海口市,计划以 35 元一只的价格出售。

思考:

他们的营销计划能否成功,为什么?

6)科技环境

科学技术环境是社会生产力中最活跃的因素,它影响着人类社会的历史进程和社会生活的方方面面,对企业营销活动的影响更是显而易见。现代科学技术突飞猛进,科技发展对企业营销活动的影响作用表现在以下 4 个方面:

(1)科技发展促进社会经济结构的调整

每一种新技术的发现、推广都会给有些企业带来新的市场机会,导致新行业的出现。同时,也会给某些行业、企业造成威胁,使这些行业、企业受到冲击甚至被淘汰。例如,电脑的运用代替了传统的打字机,复印机的发明排挤了复写纸,数码相机的出现夺走了胶卷的市场等。

(2)科技发展促使消费者购买行为的改变

随着多媒体和网络技术的发展,出现了"电视购物""网上购物"等新型购买方式。人们还可以在家中通过"网络系统"订购车票、飞机票、戏票和球票。工商企业也可以利用这种系统进行广告宣传、营销调研和推销商品。随着新技术革命的进展,"在家便捷购买,享受服务"的方式还会继续发展。

(3)科技发展影响企业营销组合策略的创新

科技发展使新产品不断涌现,产品寿命周期明显缩短,要求企业必须关注新产品的开发,加速产品的更新换代。科技发展降低了产品成本,使产品价格下降,并能快速掌握价格信息,要求企业及时做好价格调整工作。科技发展促进流通方式的现代化,要求企业采用顾客自我服务和各种直销方式。科技发展使广告媒体的多样化,信息传播的快速化,市场范围的广阔性,促销方式的灵活性。为此,要求企业不断分析科技新发展,创新营销组合策略,适应市场营销的新变化。

(4)科技发展促进企业营销管理的现代化

科技发展为企业营销管理现代化提供了必要的装备,如电脑、传真机、电子扫描装置、光纤通信等设备的广泛运用,对改善企业营销管理,实现现代化起到了重要作用。同时,科技发展对企业营销管理人员也提出了更高要求,促使其更新观念,掌握现代化管理理论和方法,不断提高营销管理水平。

任务 3　微观环境分析

一个企业能否成功地开展营销活动,不仅取决于能否适应宏观环境的变化,适应微观环境的变化也是至关重要的。市场营销的微观环境主要是指对企业营销活动发生直接影响的组织和力量,包括企业本身、供应商、营销中介、顾客、竞争对手和社会公众。由于这些环境因素对企业的营销活动有着直接的影响,因此又称直接营销环境。

3.3.1　企业自身分析

一个企业的市场营销部门不是孤立的,它面对着许多其他的部门,这些部门之间的分工是否科学,配合是否默契,都会影响到企业的营销管理决策和营销方案的实施。因此,在制订营销计划时,营销部门要兼顾企业的其他部门,如管理高层、财务部门、研发部门、采购部门、生产部门等。所有这些相互联系的群体组成了企业的内部环境。管理高层确定企业的宗旨和目标,制定企业的总体战略和政策。营销部门必须在管理高层制定的战略计划范围之内作决策,并且营销计划在实施之前要经过其批准。同时,营销部门还必须与企业的其他部门密切配合,财务部门负责为实施营销计划筹集和分配资金,研发部门致力于设计既安全又有吸引力的产品,采购部门关心的是如何取得零配件和原材料等供应物品,生产部门负责生产规定质量和数量的产品,等等。所有这些部门对于营销部门的计划和行动都产生影响。

3.3.2　供应商分析

供应商是指向企业及其竞争者提供生产经营所必需的原材料、零部件、能源、劳动力和资金等资源的企业或个人。企业与供应商为达成各自目标的合作伙伴,应相互扶持。对供应商进行有效的管理可以让企业在未来的发展过程中达到降低成本、降低合作风险,同时也可以成为企业在危机中的得力助手。

讨论与思考

1. 企业如何分析供应商?
2. 企业选择供应商应注意什么?

企业对供应商的选择及注意事项

一、企业分析供应商方法

1. 风险分散策略

这是个选择数量的问题。如果仅由一家供应商负责供应 100% 的货物,则风险较大,一旦该供应商出现问题,势必影响整个企业的生产。按照风险分散策略,一种物料应由多家供应商同时供货,且供应商的供货额度要有区别。例如,规定一种物料必须由 2~3 家供应商供货,一家供应商承担的供应额最高不超过一定比率。这样既可保持较低的管理成本,又可保证供应的稳定性,并且在出现意外时,迅速从其他的供应商处得到补充供应。

2. 门当户对策略

这是一个选择谁的问题,行业老大不一定就是首选供应商。门当户对策略是指选择的供应商应足够大,其能力要能满足本公司近、远期的需求。同时又要足够小,使得本公司的订货在对方的销售中占相当大的比重。这样,供应商才会在生产排期、售后服务、价格谈判等方面给予足够的重视和相当的优惠。

3. 供应链策略

供应链策略是指与重要供应商发展战略合作关系。其管理思想是把对方公司看成自己公司的延伸,是自己的一部分。为了能够参与对方企业的业务活动,有时会在产权关系上采取适当的措施,如互相投资、参股等。例如,三洋科龙就参股了其制造冷柜最重要的元件——压缩机的制造厂商,并在其董事会取得席位。当然,这个策略安排是要以长期的合作关系为基础的,并且要参照门当户对的原则,阶段性地进行分步实施,以保证策略的长期性与有效性。

二、企业选择供应商的注意事项

1. 产品质量

供应商提供的原材料质量及其相应的技术水平是采购方选择的重要因素。

2. 供货能力(产量、运输供应能力)

即潜在供应商的设备和生产能力、技术力量、管理与组织能力以及运行控制等。

3. 企业信誉及历来表现

信誉是供应商在执行业务时所表现的形象。包括货物本身、经营作风、管理水平、口碑等,应该选择一家满意的供应商,为保证完成采购任务打下扎实的基础。

4. 质量保证及赔偿政策

原材料产品在检验的时候,由于抽样不科学或者检验技术、方法有问题,往往难以发现问题。在生产过程中,如果发现原材料存在严重问题,往往就会退货和要求赔偿。此时,便要考虑对方的质量保证策略和赔偿政策。

5. 产品价格

原材料的价格会影响到最终产品的成本,这是选择供应商的主要因素,但不是最重要的因素。综合来看,质量、可靠性以及相关的成本则更为重要。

6. 技术力量

原材料供应商的技术力量也是一个要考虑的因素,尤其是对于那些大中型的纺织服装生产企业来说。如果原材料供应商能够将产品技术更新、新技术开发应用好的话,采购方也会因此受益无穷。同时,对于那些愿意并且能够回应需求改变、接受设计改变的供应商,应予以重点考虑。

7. 财务状况

一般来说,原材料采购资金都比较大,而且并不是货到付款。如果供应商财务出现问题,很可能会要求提前付款或者停产。这样,对于长期采购是不利的。

8. 供应商的内部组织和管理

供应商内部组织和管理关系到日后供应商的服务质量。如果供应商内部组织机构设置混乱,将直接影响着采购的效率及其质量,甚至由于供应商部门之间的相互矛盾而影响到供应活动能否及时、高质量地完成。另外,供应商的高层主管是否将采购单位视为主要客户也是影响供应质量的一个重要因素,否则,在面临一些突发事件时,就无法取得优先处理的机会。

9. 供应商的地理位置

地理位置是构成采购成本的直接因素。供应商所处的位置对送货时间、运输成本、紧急订货与加急服务的回应时间等都有影响。除此之外,从供应链和零库存的角度考虑,在同等条件下,应尽力选择距离较近的供应商。

10. 售后服务

售后服务是采购工作的延续环节,是保证采购连续性的重要方面。一般的售后服务包括提供零部件、技术咨询、保养修理、技术讲座、培训等内容,如果售后服务只流于形式,那么被选择的供应商只能是短时间配合与协作,不能成为战略伙伴关系。

3.3.3　营销中介分析

营销中介是指为企业营销活动提供各种服务的企业或个人的总称。营销中介对企业营销产生直接的影响,只有通过营销中介,企业才能把产品送达到目标消费者手中。营销中介的主要功能是帮助企业推广和分销产品。营销中介主要有中间商、营销服务机构、物流机构、金融机构等部门。

3.3.4 顾客分析

顾客是指使用或购买进入消费领域的最终产品或劳务的消费者和生产者。顾客是市场的主体,企业只有得到了顾客的认可,才能赢得这个市场,现代营销强调把满足顾客需要作为企业营销管理的核心。顾客分析的重点是分析顾客的需求规模、需求结构、需求心理以及购买特点。

顾客来自于 5 种市场:消费者市场、生产者市场、中间商市场、政府市场、国际市场。

①消费者市场:购买商品和服务供自己消费的个人和家庭。

②生产者市场:购买商品及劳务投入生产经营活动过程以赚取利润的组织。

③中间商市场:为转卖、获取利润而购买商品和劳务的组织。

④政府市场:为了履行政府职责而购买的政府机构所构成的市场。

⑤国际市场:国外的消费者、生产者、中间商、政府机构等构成的市场。

3.3.5 竞争者分析

竞争者是指与企业或个人存在经济利益争夺关系的其他经济主体。企业在对目标市场进行营销活动的过程中,会不可避免地遇到竞争者的挑战。竞争对手的状况将直接影响企业营销活动,对企业造成威胁。企业必须做到知己知彼,有效地开展营销活动。竞争者分析的内容有竞争企业数量、规模、营销能力、产品、营销策略、资源等。

3.3.6 社会公众分析

公众是指对企业实现其目标的能力有实际或潜在的兴趣或影响的任何团体。企业在争取目标市场时,不仅要与对手竞争,而且它的营销活动也会影响到公众的利益,因此,公众必然会关注、监督、影响和制约企业的营销环境。公众对企业的态度,既有助于企业树立良好的形象,也可能妨碍企业的形象。企业必须处理好与主要公众的关系,争取公众的支持和偏爱,为自己营造和谐、宽松的社会环境。在通常情况下,企业所面临的公众主要有融资公众、媒介公众、政府公众、社团公众、社区公众、一般公众、内部公众。

①融资公众是指影响企业融资能力的金融机构,如银行、投资公司、保险公司等。

②媒介公众是指报纸、杂志、广播和电视等有广泛影响的大众传播媒体。

③政府公众是指与企业营销活动有关的政府机构,如税务局、工商管理局、经贸委等。

④社团公众是指有权监督企业,并对企业经营活动进行评论、指正的相关团体和组织,如消费者协会、环境保护组织等。

⑤社区公众是指与企业同处于某一区域的其他组织和个人。

⑥一般公众是指并不购买企业的产品,但深刻地影响着消费者对企业及其产品看法的个人。

⑦内部公众是指企业内部的全体员工,包括董事长、总经理、一般管理人员和员工。

任务 4　SWOT 分析

3.4.1　SWOT 分析概念

SWOT 分析法又称态势分析法,它是由旧金山大学的管理学教授于 20 世纪 80 年代初提出来的。SWOT 分析是业务单位对其将开展的具体业务所进行的一种环境分析,并会依此来决定其所采用的基本战略及战略目标。其包括开展此项业务的外部环境分析,即机会(Opportunities)和威胁(Threats)的分析,以及内部环境的分析,即优势(Strenths)和劣势(Weaknesses)分析。SWOT 分析法常常被用于制定集团发展战略和分析竞争对手情况,在战略分析中,它是最常用的方法之一。

3.4.2　分析步骤

1)分析环境因素

（1）外部环境因素分析

外部环境因素包括机会因素和威胁因素,它们是外部环境对公司的发展直接有影响的有利和不利因素,属于客观因素,一般归属为经济的、政治的、社会的、人口的、产品和服务的、技术的、市场的、竞争的等不同范畴。

通过对这些问题的梳理和分析,才可能找出最有发展前景的市场机会和最佳业务。同时,外部环境的分析还可能发现业务开展过程中所面临的风险,如原材料供应的短缺,竞争产品或替代产品的出现,市场需求状况的变化,政策的限制,突发事件的产生,甚至自然环境的变迁等都可能会对业务的发展带来影响。所以,在进行业务的评价和选择时,一定要对机会和风险进行比较分析,然后才可能做出正确的决策。

（2）内部环境因素分析

内部环境因素包括优势因素和弱势因素,主要是通过同竞争对手(或行业平均水平)的比较,了解业务单位自身的优势和劣势,以便在业务战略计划制定中扬长避短,突出自身的优势和特色,避免在竞争中遭到失败。如果能发现自己在某一因素方面所具有的优势,就可能在战略计划中将其列为发展的重点和主要方向,从而形成自身的特色和核心竞争力。

它们是公司在其发展中自身存在的积极和消极因素,属主动因素,一般归类为管理的、组织的、经营的、财务的、销售的、人力资源的等不同范畴。在调查分析这些因素时,不仅要考虑到公司的历史与现状,而且要考虑公司的未来发展。

2)构造SWOT矩阵

将调查得出的各种因素根据轻重缓急或影响程度等方式排序,做成SWOT矩阵。在此过程中,将那些对公司发展有直接的、重要的、大量的、迫切的、久远的影响因素优先排列出来,而将那些间接的、次要的、少许的、不急的、短暂的影响因素排列在后面。SWOT矩阵图如图3.1所示。这是一个以外部环境中的机会和威胁为一方,企业内部条件中的优势和劣势为另一方的二维矩阵。在这个矩阵中,有4个象限或4种SWOT组合。它们分别是优势—机会(SO)组合、优势—威胁(ST)组合、劣势—机会(WO)组合、劣势—威胁(WT)组合。

图3.1 SWOT矩阵

3)进行组合分析

对于每一种外部环境与企业内部条件的组合,企业可能采取的一些策略原则如下:

(1)劣势—威胁(WT)组合

企业应尽量避免处于这种状态。然而,一旦企业处于这样的状态,在制定策略时就要想方设法降低威胁和劣势对于企业的影响,以求能生存下去。

(2)劣势—机会(WO)组合

企业已经鉴别出外部环境所提供的发展机会,但同时企业本身又存在着限制利用这些机会的劣势。在这种情况下,企业应遵循的策略原则是:通过外在的方式来弥补企业的弱点,以最大限度地利用外部环境中的机会。如果不采取任何行动,就是将机会让给了竞争对手。

（3）优势—威胁（ST）组合

在这种情况下,企业应巧妙地利用自身的优势来对付外部环境中的威胁,其目的是发挥优势而降低威胁。但这并非意味一个强大的企业,必须以其自身的实力来正面回击外部环境中的威胁,合适的策略应当是慎重而有限度地利用企业的优势。

（4）优势—机会（SO）组合

这是一种最理想的组合,任何企业都希望凭借企业的优势和资源来最大限度地利用外部环境所提供的多种发展机会。

复习思考题

1.什么是市场营销环境？它包括哪些内容？
2.市场营销环境有哪些方面的特点？分析营销环境意义何在？
3.宏观营销环境包括哪些因素？微观营销环境包括哪些因素？
4.请用 SWOT 方法剖析一个企业实例。

实训项目

1.实训主题
市场营销策划环境分析。
2.实训内容
设计"××企业现状分析表"。
3.实训组织
（1）教师对企业现状分析表涉及的调查分析项目进行阐释,帮助学生理解。
（2）学生运用所学的知识和方法,对企业现状和竞争状况进行分析,完成企业现状分析表的设计。
（3）教师提供企业现状分析表的设计范例,并对学生设计的企业现状分析表进行点评。
4.实训考核
以学习小组为单元,每小组制作一份企业现状分析表。从企业现状调查的完整性、企业现状和竞争形势分析的正确性、企业现状分析表制作的规范性、企业现状分析方案的准确性等方面进行全面考核。

项目4　STP策划

【教学目的与要求】

1. 理解市场细分、目标市场策略和市场定位的含义。
2. 能够运用市场细分的标准对某一市场进行细分,具备根据产品进行目标市场选择和市场定位的能力。
3. 理解目标市场的策略,领会市场定位策略。

【引导案例】

清扬洗发水的市场细分与市场定位

一、"清扬"品牌介绍

2007年4月27日,国际快速消费品业巨头联合利华公司在北京召开新闻发布会,高调宣布——该公司进入中国市场10年以来推出的第一款新产品、全国首款"男女区分"去屑洗发水"清扬"正式上市。期间,联合利华高层更指出,从2007年开始将凭借"清扬"在全球去屑洗发水领域的专业优势抢占去屑洗发水市场。"如果有人一次又一次对你撒谎,你要做的就是立刻甩了他。"——这是清扬广告片中的广告语,置身当前竞争复杂的市场环境中,清扬离奇、自信的画外之音显得意味深长。一时间,台湾知名艺人小S(徐熙娣)代言的清扬洗发水广告频频出现在各种高端杂志上,占据了全国各大城市户外广告的核心位置,打开电视机——无论央视、卫视及地方电视台,点击进入国内各大门户网站,清扬广告无处不在。

长期以来,在宝洁与联合利华的洗发水大战中,宝洁无论是在品牌影响力、市场规模还是在市场占有率方面,都处于绝对优势。特别是在去屑洗发水市场领域,联合利华一直都没有一个优势品牌足以同宝洁的海飞丝相抗衡。作为联合利华10年来首次推出的新品牌,清扬旨在弥补、提升其在去屑洗发水市场竞争中的不足和短板。

二、"清扬"洗发水的功能定位:去屑

1. "清扬"洗发水面市的市场背景

在联合利华等外国日化公司进入中国市场以前,消费者对洗发水的要求无非是干净、清爽,并无去屑、柔顺、营养等多重要求。经过近20年的发展,中国消费者对洗发水的品牌意识已经被各大公司培养出来。同时,消费者对头发的关注日益增加,为新的洗发水概念进入市场提供了广泛的顾客基础。各洗发水品牌纷纷打出富有新意的定位以获取自己的一席之地,极大地刺激了中国洗发水品牌的繁荣。赛迪顾问公司的研究结果表明:2006年中国洗护发产品市场销售额达220亿元左右,市场上的洗发水品牌超过1 000个,其中,宝洁(中国)有限公司的洗发水市场就占到60%多。中国洗发水市场已经高度集中和垄断。宝洁、联合利华、丝宝集团、拉芳集团占据了80%左右的市场份额;好迪、采乐、蒂花之秀、飘影等二线品牌又抢占了13%;剩下7%左右的市场,则被上千个三线、四线品牌瓜分。更为严峻的是,自2006年开始,中国洗发水市场增长减慢,2007年各洗发水品牌的竞争更是激烈异常。市场的压力和巨大的利润蛋糕使各品牌在定位上各创新招,希望找到刺激消费者购买的新亮点。

2. 去屑洗发水市场现状

就洗发水的功能定位而言,去屑洗发水是洗发水目前最大的细分市场,约占洗发水市场一半的比例。作为一个有着100多亿元的市场,几乎所有的洗发护发品牌都建立了去屑的品种。经过10余年的市场培育和发展演变,海飞丝的"头屑去无踪,秀发更出众"早已深入人心。人们只要一想到去屑,第一个想到的就是海飞丝。另外,风影的"去屑不伤发"的承诺,使之在这个细分市场也拥有了一席之地。专业市场调查资料显示,去屑市场80%的市场份额一直以来都被宝洁系列的海飞丝品牌所占据,而众多本土品牌则蚕食着剩余的20%的市场存量,相比之下,呈现的两极分化现象十分严重。

去屑概念一直是洗发水市场一个重要诉求点,市场竞争激烈。但消费者调查表明,人们对现有产品的去屑效果并不满意。2007年4月2日,中华医学会科学普及部公布最近对5 351人进行的网络调查显示,对于"去头屑"这个日常问题,60%的人对去屑效果不满意。由此可见,消费者对去屑品牌认同的程度并不太理想,市场潜力仍然巨大。

尽管进入中国市场早于宝洁并拥有力士、夏士莲等知名品牌,相对于宝洁巨大的洗发水品牌家族所取得的成绩而言,联合利华的表现差强人意。特别是在去屑市场上,联合利华没有一个像"海飞丝"那样专门的去屑品牌,使其洗发水品牌族在市场覆盖面上产生很大的缺失。所以"清扬"被联合利华寄予厚望,联合利华提出清扬的战略目标和未来愿景是在未来3年内成为中国洗发水去屑市场上的领袖品牌。

3. 清扬去屑新诉求:"维他矿物群"去屑

"清扬"是联合利华进入中国市场十年以来首次推出的新品牌,品牌定位为"专业去屑",联合利华(中国)公司认为专业防治型去屑产品是目前的市场空缺,是当前去屑市场所面临的最大问题,而依托于数十年专业去屑研究经验的联合利华企业,对清扬在中国市场的未来表现充满信心,清扬信心百倍地作出承诺,要带领中国消费者走出20年头皮屑痼疾的困扰。

清扬去屑新诉求是"维他矿物群"去屑。联合利华表示,清扬是法国清扬技术研究的结晶,产品的附加值突破在于"维他矿物群"去屑,联合利华拥有全球专利及临床测试验证,同时为"维他矿物群"进行了商标知识产权注册。联合利华公司表示其一直在为研究适合中国人的去屑产品而努力。在过去 10 年中,联合利华研发中心在中国已为超过 3 000 名消费者进行过临床实验,以便更多地了解中国消费者的头皮状况和问题,从而为中国消费者提供更精纯的去屑产品配方。清扬在进入中国以前,已经在南美、欧洲以及东南亚地区去屑市场成为了当仁不让的第一品牌,并被数亿消费者证实了其在去屑方面的功效。因此,清扬也将是中国市场的最佳去屑产品。

清扬用"科技保健"引导消费者,产品宣传中强调"深入去屑,治标治本",强调专业性。联合利华宣称"清扬"是"消费者信赖的头皮护理专业品牌",其去屑功能是针对头皮护理,并通过广告的方式强化头屑由头皮产生这一少有竞争对手关注的消费者固有心理认知,表明"清扬"对去屑的根本作用,有效地与其他去屑品牌形成品牌区隔。

三、"清扬"洗发水市场细分创新:性别细分

作为一个新品牌,想在品牌林立的中国去屑洗发水市场分一杯羹,必然需要"清扬"在品牌推出之前找出去屑市场的定位空白点。传统洗发水市场细分常常以功能为标准进行,如去屑、营养、柔顺、防脱发、黑发等,或以头发颜色来细分黑头发专用、染发专用等。清扬首次以性别为细分变量,将市场细分为男士用、通用和女士用市场,并选择男士和通用细分市场作为目标市场。虽然只是简单的性别细分,但在洗发水市场上的确存在男性和女性不同市场的不同需求,而这个需求差异一直是厂家所忽略的。清扬的性别细分在情理之中又在意料之外,这一细分市场的创新使消费者耳目一新,市场上刮起了一股强劲的"清扬"风。

思考:

1.清扬洗发水品牌是如何进行市场细分的?

2.清扬洗发水如何选择目标市场?

3.清扬洗发水的市场定位是什么?

任务 1　市场细分策划

4.1.1　目标市场战略

目标市场战略又称 STP 理论,主要包括 3 个方面,即市场细分(Segmenting)、目标市场(Targeting)和市场定位(Positioning),S,T,P 是它们的缩写。市场细分(Market Segmentation)的概念是美国营销学家温德尔·史密斯(Wended Smith)在 1956 年最早提出的,此后,美国

营销学家菲利浦·科特勒进一步发展和完善了温德尔·史密斯的理论并最终形成了成熟的STP 理论:市场细分(Segmentation)、目标市场选择(Targeting)和市场定位(Positioning)。STP 理论是营销战略的核心内容。

STP 理论的根本意义在于选择确定的目标消费者或客户,或称市场定位理论。根据 STP 理论,市场是一个综合体,是多层次、多元化的消费需求集合体,任何企业都无法满足所有的需求,企业应该根据不同需求、购买力等因素把市场分为由相似需求构成的消费群,即若干子市场,这就是市场细分。企业可以根据自身战略和产品情况从子市场中选取有一定规模和发展前景,并且符合公司的目标和能力的细分市场作为公司的目标市场。随后,企业需要将产品定位在目标消费者所偏好的位置上,并通过一系列营销活动向目标消费者传达这一定位信息,让他们注意到品牌,并感知到这就是他们所需要的。他们之间的关系如图 4.1 所示。

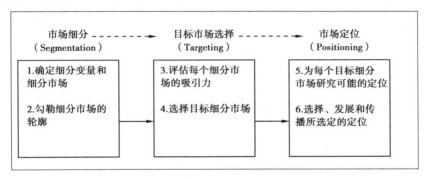

图 4.1　STP 营销的步骤

市场细分就是企业根据消费者需求的差异性和购买行为的差异性,把整个市场区分为若干个由类似需求的顾客群体组成的小市场的过程(活动)。细分的理论基础就是消费需求的差异性和购买行为的差异性,细分的实质是找出具有类似需求的顾客群体,细分的目的是让企业正确地选择目标市场。

企业进行市场细分的目的是通过对顾客需求差异予以定位,来取得较大的经济效益。众所周知,产品的差异化必然导致生产成本和推销费用的相应增长。所以,企业必须在市场细分所得收益与市场细分所增成本之间作出权衡。由此,我们得出有效的细分市场必须具备以下特征:

1)可衡量性

即市场特性的可衡量性,是指各个细分市场的购买力和规模能被衡量的程度。如果细分变数很难衡量的话,就无法界定市场。

2）可赢利性或市场开发的效益性

这是指企业新选定的细分市场容量足以使企业获利。

3）可进入性或可实现性

这是指所选定的细分市场必须与企业自身状况相匹配,企业有优势占领这一市场。可进入性具体表现在信息进入、产品进入和竞争进入。考虑市场的可进入性,实际上是研究其营销活动的可行性。

4）差异性或可区分性

这是指细分市场在观念上能被区别并对不同的营销组合因素和方案有不同的反应。

4.1.2 市场细分的意义

1）有利于选择目标市场和制定市场营销策略

市场细分后的子市场比较具体,比较容易了解消费者的需求,企业可以根据自己经营思想、方针及生产技术和营销力量,确定自己的服务对象,即目标市场。针对较小的目标市场,便于制定特殊的营销策略。同时,在细分的市场上,信息容易了解和反馈,一旦消费者的需求发生变化,企业可以迅速改变营销策略,制定相应的对策,以适应市场需求的变化,提高企业的应变能力和竞争力。

2）有利于发掘市场机会,开拓新市场

通过市场细分,企业可以对每一个细分市场的购买潜力、满足程度、竞争情况等进行分析对比,探索出有利于本企业的市场机会,使企业及时作出投产、制定销售决策或根据本企业的生产技术条件编制新产品开拓计划,进行必要的产品技术储备,掌握产品更新换代的主动权,开拓新市场,以更好地适应市场的需要。

3）有利于集中人力、物力投入目标市场

任何一个企业的资源、人力、物力、资金都是有限的。通过细分市场,选择了适合自己的目标市场,企业可以集中人、财、物及资源,去争取局部市场上的优势,然后再占领自己的目标市场。

4）有利于企业提高经济效益

前面3个方面的作用都能使企业提高经济效益。除此之外,通过市场细分后,企业可以面对自己的目标市场,生产出适销对路的产品,既能够满足市场需要,又可以增加企业的收入。产品适销对路可以加速商品流转,加大生产批量,降低企业的生产销售成本,提高生产工人的劳动熟练程度,提高产品质量,全面提高企业的经济效益。

案例思考

江崎糖业公司市场细分的分析

日本泡泡糖市场年销售额约为 740 亿日元,其中大部分为"劳特"所垄断。可谓江山唯"劳特"独坐,其他企业再想挤进泡泡糖市场谈何容易?但江崎糖业公司对此却毫不畏惧,成立了市场开发班子,专门研究霸主"劳特"产品的不足和短处,寻找市场缝隙。经过周密的调查分析,终于发现"劳特"的 4 点不足:

第一,以成年人为对象的泡泡糖市场正在扩大,而"劳特"却仍旧把重点放在儿童泡泡糖市场上;第二,"劳特"的产品主要是果味型泡泡糖,而现在消费者的需求正在多样化;第三,"劳特"多年来一直生产单调的条板状泡泡糖,缺乏新型式样;第四,"劳特"产品的价格是110 日元,顾客购买时需多掏 10 日元的硬币,往往感到不方便。

通过分析,江崎糖业公司决定以成人泡泡糖市场为目标市场,并制定了相应的市场营销策略。不久便推出功能性泡泡糖四大产品:

司机用泡泡糖,使用了高浓度薄荷和天然牛黄,以强烈的刺激消除司机的困倦;交际用泡泡糖,可清洁口腔,去除口臭;体育用泡泡糖,内含多种维生素,有益于消除疲劳;轻松型泡泡糖,通过添加叶绿素,可以改变人的不良情绪。

同时,精心设计了产品的包装和造型,价格定为 50 日元和 100 日元两种,避免了找零钱的麻烦。功能型泡泡糖问世后,像飓风一样席卷全日本。江崎公司不仅挤进了由"劳特"独霸的泡泡糖市场,而且占领了一定的市场份额,从零猛升到 25%,当年销售额达 175亿日元。

思考:

江崎糖业公司能够占领一定市场份额的原因是什么?

4.1.3　市场细分的标准

市场细分标准指的是以消费者所具有的明显不同的特征为分类的依据。随着市场细分化理论在企业营销中的普遍应用,对市场细分标准的研究也越来越为人们所重视。归纳起来,主要有以下几方面:地理环境因素、人口因素、消费心理和购买行为因素。这些因素有些是相对稳定的,多数则处于动态变化中。具体见表 4.1,市场细分变量。

表4.1 市场细分变量图

细分标准	具体变量
地理环境	国别、城乡、气候、交通、地理位置等
人口因素	年龄、性别、职业、收入、教育程度等
心理因素	个性、兴趣、爱好、生活方式等
购买行为	购买动机、追求利益、使用频率、品牌与商标的信赖程度等

1) 地理环境

按地理环境标准,细分市场就是把市场分为不同的地理区域,如国家、地区、省市、东部、西部、南方、北方、城市、农村、山区、平原、高原、湖区、沙漠等。以地理变量作为市场细分的依据,是因为地理因素影响消费者的需求和反应。各地区由于自然气候、交通通信条件、传统文化、经济发展水平等因素的影响,便形成了不同的消费习惯和偏好,具有不同的需求特点。比如,生活在我国不同区域人们的食物口味就有很大差异,俗话说:"南甜北咸,东辣西酸。"也由此形成了粤菜、川菜、鲁菜等著名菜系。又如,我国不同地区的人洗浴习惯各不相同,由此形成对香皂的要求也不同。

2) 人口因素

人口因素标准细分是按年龄、性别、家庭人数、生命周期、收入、职业、教育、宗教、民族、国籍、社会阶层等人口统计因素,将市场细分为若干消费群体。例如,可以把服装市场按照"性别"这个细分变数分为两个市场:男装市场和女装市场。如果按照"年龄"这个细分变量又可以分出 4 个细分市场:童装市场,青年男、女装市场,中年男、女装市场,老年男、女装市场。

阅读扩展

人口变量市场细分案例

杭州娃哈哈在建厂之初,一无资金,二无设备,三无技术力量。正基于此,娃哈哈强调要找准自己的目标顾客。通过对全国营养液市场的调查分析,他们发现:国内生产的营养液,虽然林林总总已有 38 种,但都属于老少皆宜的全能型产品,没有一种是儿童专用营养液。而这个细分市场有 3 亿消费者,即使是 1/10 也有 3 000 万。中国儿童大多是独生子女,是每个家庭的"掌上明珠"。儿童营养液市场也应该是一个大市场,而这个市场的需求尚未得到开发利用,这是一个大机遇、大空当。于是,他们作出了这样的决策:与其生产第39种全能型营养液,还不如生产第一种儿童专用营养液,即选择儿童专用营养液这个细分市场作为目标市场,并制定了一套营销组合策略。正因为如此,娃哈哈在经营上取得了很大成功。

百事可乐当年之所以能从可口可乐公司几乎独霸的饮料市场夺取近半的市场份额,主要得益于市场细分,发展并开拓了美国"新生代"这一可口可乐没有意识到的市场区域,成为新一代的可口可乐。

英国一家小制漆厂,在投产之前对当地室内装饰用漆市场进行了调查研究,访问了许多潜在消费者,调查分析他们对产品的各种不同需求。然后对市场进行了细分:油漆市场的60%是一个大的普及市场,这个市场对各种油漆产品者有潜在需求,但是,这家制漆厂无力参与这个市场的竞争,因此不予考虑。另外,还有4个细分市场:

1. 没有劳动力的家庭主妇市场。这个市场的消费者群的特点是不懂得室内装饰需要什么油漆,但是要求油漆质量好,并且要求油漆商提供设计,油漆效果美观。

2. 油漆工助手市场。这个市场的顾客需要购买质量较好的油漆。替住户进行室内装饰,他们过去一向从老式金属器具店或木材厂购买油漆。

3. 老油漆技工市场。这些主顾的特点是向来不买已经调好的油漆,而是购买颜料和油料,自己调配油漆。

4. 对价格敏感的青年夫妇市场。这一市场消费者群的特点是收入较低,租赁公寓住户在一定时间内必须粉刷住房,以保护房屋。因此,这些住户购买油漆,不求质量好,只要比白粉刷浆稍好一点就行,但要求价格便宜。

该厂通过研究,根据自己的人力、物力资源条件,决定选择公寓青年夫妇这一细分市场作为目标市场,并制定了一套营销组合战略:

1. 产品——经营少数不同颜色和大小不同包装的油漆(根据顾客喜爱,随时增加、改变或取消颜色品种和装罐大小)。

2. 分销——分销到目标消费者住宅附近的每一个零售店(该市场地区如果出现新的零售店,立即招徕它订购本厂产品)。

3. 价格——保持单一的低廉价格,没有任何特价(不跟随其他市场的油漆厂家调整价格)。

4. 促销——宣传内容以"低价""满意的质量"为号召,以适应目标消费者群的需求(定期变换商店布置和广告稿本,创造新颖形象,并变换使用广告媒体)。

这家油漆厂由于选择了适当的细分市场作为目标市场,制定了相应的营销组合战略,尽管出售的是低档产品,但是适应目标市场的需求,因此取得了很大的成功。

有不少商品,如服装、化妆品等,消费者性别不同,年龄不同,购买的特点也大为不同。

例如,不同年龄的女性对护肤品的选择就有明显差异,就我国而言,欧珀莱、相宜本草等深受年轻女性的青睐;中年女性则认为大宝是适合自己的洁肤护肤品牌,选择玫琳凯、雅思兰黛、玉兰油和欧莱雅的比例也高于青年女性。再者,收入多少、学历高低也直接影响着购买者的购买特点。

3）心理因素

在市场营销活动中,常常出现这种情况,即在人口因素相同的消费者中间,对同一商品的爱好和态度截然不同,这主要是由于心理因素的影响。市场细分的心理因素十分复杂而广泛,涉及消费者一系列的心理活动和心理特征。主要包括消费者的个性、生活方式、社会阶层、动机、价值取向、对商品或服务的感受或偏爱、对商品价格反应的灵敏程度以及对企业促销活动的反应等。下面,我们就其中的部分因素加以说明。

（1）生活方式

生活方式是指个人或集团在消费、工作和娱乐上表现出来的特定的习惯。不同的生活方式往往产生不同的消费需求和购买行为,即使对同一种商品,也会在质量、外观、款式、规格方面产生不同的需求。如今,许多消费者购买商品不仅是为了满足物质方面的需要,更重要的是为了表现他们的生活方式,满足其心理需要,如显示身份、地位、追求时髦等。西方国家的企业十分重视生活方式对企业市场经营的影响,特别是生产经营化妆品、服装、家具、酒类产品的企业更是高度重视。还有一些企业,把追求某种生活方式的消费群当作自己的目标市场,专门为这些消费者生产产品。例如,美国有的服装公司把妇女分成"朴素型""时髦型""有男子气型"3 种类型,分别为她们设计和生产不同式样、颜色的服装。

瑞士帝豪手表(Tag-Heuer)定位于高速运动中精确计时的手表。因此,这家手表商的全球广告口号是"压力之下,毫不屈服",并赞助了澳门汽车大奖赛、澳大利亚帆船大奖赛和香港赛马。但并非所有亚洲国家的消费者都有这种精确与运动的生活方式。这家手表商发现中国的企业家没有其他亚洲人那么爱好体育,感觉到它的国际广告对中国人来说可能太体育化,并且太隐晦了,于是这家手表商为中国制作了专门的广告,淡化了体育感,表达更为直接。

生活方式是一个内涵十分丰富的概念,它与消费者的收入、文化素养、社会地位、价值观念、职业等因素密切相关。因此,运用生活方式这一变量细分市场是非常有趣又非常艰巨的工作,但生活方式细分市场并不是不可捉摸的。例如,麦卡恩·埃里克森曾这样描述英国人的生活方式:艺术界先锋(喜欢变化),傲慢(传统的,非常英国化),变色龙(随大流)和梦游者(满足于未发挥的潜能)。1992 年,广告代理商达西、马休斯、本顿和鲍尔斯出版了《俄罗斯消费者:新视野与营销方法》。它提示了 5 种俄罗斯消费者:商人、哥萨克、学生、企业经理和俄罗斯灵魂。其中,哥萨克的特点是有抱负、独立的和追求地位,驾驶宝马车,抽登喜路香烟和喝人头马;俄罗斯灵魂则是消极的、害怕选择和充满希望,他们驾驶拉达车,抽万宝路香烟,喝斯米诺夫伏特加。

（2）社会阶层

由于不同的社会阶层所处的社会环境不同,成长背景不同,因此,兴趣偏好不同,消费特点不同,对产品或服务的需求也不尽相同。

阅读扩展

美国社会划分为七个阶层

美国著名营销大师菲利普·科特勒将美国社会划分为 7 个阶层:

1. 上上层:继承大财产,具有著名家庭背景的社会名流。

2. 上下层:在职业或生意中具有超凡活力而获得较高收入或财富的人。

3. 中上层:对其"事业前途"极为关注,且获得专门职业者,独立企业家和公司经理等职业的人。

4. 中间层:中等收入的白领和蓝领工人。

5. 劳动阶层:中等收入的蓝领工人和那些过着"劳动阶层生活"的人。

6. 下上层:工资低,生活水平刚处于贫困线上,追求财富但无技能的人。

7. 下下层:贫困潦倒,常常失业,长期靠公众或慈善机构救济的人。

处于不同社会阶层的人,对汽车、服装、家具、娱乐、阅读方面的需求都有较大的差异。

（3）个性

个性是指个人独特的心理特征,这种心理特征使个人与其环境保持相对一致和持久的反应。每个人都有影响其购买行为的独特个性。在区分出不同的个性,并且特定的个性在产品或品牌的选择之间存在很强相关性的前提下,那么个性就可以成为细分市场的心理变数。例如,有些钟表眼镜公司把市场细分为传统型消费者群、新潮型消费者群、节俭型消费者群、活泼型消费者群,等等。

消费者在选择品牌时,会在理性上考虑产品的实用功能,同时在感性上评估品牌表现出的个性。因此,很多企业会赋予品牌以个性,以迎合消费者的个性。如 20 世纪 50 年代末,福特汽车和雪佛莱汽车在促销方面就强调其个性的差异。有不少人认为,购买福特汽车的顾客有独立性、易冲动、有男子汉气概、敏于变革并有自信心;购买雪佛莱汽车的顾客往往保守、节俭、缺乏阳刚之气、恪守中庸之道。

（4）偏好

偏好是指消费者偏向于某一方面的喜好,如有的爱抽烟,有的爱喝酒,有的爱吃辣,有的爱吃甜。又如,一位住在新泽西的 Suite 小姐,就强烈地偏好一家位于曼哈顿的发廊。为了染发,她每 6 周就要来回开上两个小时的车进城,每一趟她至少要花上 90 美元的美发费用及 22 美元的停车费。而就在她住家附近的地方就有更方便、更便宜的发廊。她就是对让头发获得"正确的"染色服务有强烈的偏好,并执着地认为那家曼哈顿的发廊比起其他能提供同样服务的从业者优良。在市场上,消费者对不同品牌的喜爱程度是不同的,有的消费者有特殊偏好,有的消费者有中等程度的偏好,有的消费者没有什么偏好。因此,企业为了维持和扩大经营,就要了解消费者的各种偏好,掌握其需求特征,以便从产品、服务等方面满足他们的需要。

4）购买行为

购买行为细分标准是根据消费者对品牌的了解、态度、使用情况以及其反应而将他们分为不同的群体。许多营销人员认为,购买行为是市场细分的最佳起点。

（1）时机

按消费者购买和使用产品的时机细分市场,这些时机包括结婚、离婚、购房、搬家、拆迁、入学、升学、退休、出差、旅游、节假日等。时机细分有助于提高品牌使用率,提高营销的针对性。如旅行社可以为"五一"黄金周提供专门的旅游服务,文具企业可以为新学期开始提供学习用品。有不少产品,如新郎西服、喜临门酒就是时机细分的产物。

（2）利益

利益细分是根据消费者从品牌产品中追求的不同利益的一种分类方法。美国曾有人运用利益细分法对钟表市场进行研究,发现手表购买者可分为 3 类:大约 23% 侧重价格低廉,46% 侧重耐用性及一般质量,31% 侧重品牌声望。当时,美国各大钟表公司都把注意力集中于第三类细分市场,制造豪华昂贵的手表并通过珠宝店销售。唯有 TIME 公司慧眼独具,选定第一、第二类细分市场作为目标市场,全力推出一种价廉物美的"天美时"牌手表并通过一般钟表店或大型综合商店出售。该公司后来发展成为世界第一流的钟表公司。

运用利益细分法时,还必须确定人们在产品种类中寻求的主要利益,有谁在寻求这些利益,这些利益对他们的重要程度如何,哪些品牌可以提供这些利益,哪些利益还没有得到满足,进而进行针对性的品牌营销策划。美国学者 Haley 曾运用利益细分法对牙膏市场行进细分而获得成功就是一例。他把牙膏需求者寻求的利益分为经济实惠、防治牙病、洁齿美容、口味清爽 4 类。牙膏公司可以根据自己所服务的目标市场的特点,了解竞争者是什么品牌,市场上现有品牌缺少什么利益,从而改进自己现有的产品,或另外再推出新产品,以适应牙膏市场上未满足的利益需要。

（3）使用者状况

许多品牌可以按使用状况将消费者分为曾经使用者、未曾使用者、潜在使用者、初次使用者、偶尔使用者和经常使用者等类型,针对不同使用群体应采用不同的营销策略和方法。市场占有率高的品牌特别重视将潜在使用者转变为实际使用者,如领导型品牌,一些小企业则只能以经常使用者为服务对象。

（4）品牌忠诚度

消费者的忠诚是企业最宝贵的财富。美国商业研究报告指出:多次光顾的顾客比初次登门者,可为企业多带来 20% ~ 85% 的利润;固定客户数目每增长 5% ,企业的利润则增加25% 。根据消费者的品牌忠诚度,可以将消费者分为 4 种类型:专一忠诚者、潜在忠诚者、迟钝忠诚者和缺乏忠诚者。

①专一忠诚者。这 4 个类型中最高的一层,是构成顾客群体的最重要的部分。例如,瑞士万用刀的爱好者,他们会不断地告诉他们的朋友和邻居这种刀的好处、用途以及他们每天、每个星期、每个月的使用频率。这些专一的忠诚者会成为品牌的免费宣传者,并不断地向别人推荐。对任何企业而言,这都是他们最欢迎的顾客类型。

②潜在忠诚者。顾客高度偏好与低度重复购买的结合,意味着潜在忠诚。例如,美国有一个标准的中国食物迷,而且她的住家附近就有一家她很喜欢的中国餐馆。但她的先生却对中国食物不感兴趣,所以她只是偶尔光顾这家中国餐馆。如果该餐馆了解潜在忠诚者的这些情况,就可以采取一些应对的策略。比如,该餐馆可以考虑增加一些美式餐点,以吸引像她先生这样顽固的顾客。

③迟钝忠诚者。顾客低度偏好与高度重复购买的结合,便形成了迟钝忠诚。这类顾客的购买原因不是因为偏好,而是"因为我们经常用它"或"因为它方便"。大多数经常购买产品的顾客都属于这种类型。比如,有人总在一条街上购买日常用品,在另一条街上的干洗店干洗衣物,至于修鞋子,则是就近到自己住家的隔壁。如果能积极争取这类客户,提高产品或服务质量,形成自己的特色,这类顾客就可能会由迟钝的忠诚度转变为高度的忠诚度。

④缺乏忠诚者。由于不同的原因,某些顾客就是不会对某些品牌产生忠诚。一般来说,企业应避免将目标针对缺乏忠诚的顾客,因为他们永远不会成为真诚的顾客,他们对企业的发展只有很少的贡献。

（5）使用率

可以根据品牌的轻度、中度和重度等使用者情况来细分市场。品牌重度使用者一般在市场上所占比例不大,但他们的消费量在全部消费量中所占的比例却相当高。美国一家公司发现,美国啤酒的 80% 是被 50% 的顾客消费掉的,另外一半顾客的消耗量只占消耗总量的 12% 。因此,啤酒公司宁愿吸引重度饮用啤酒者,而放弃轻度饮用啤酒者,并把重度饮用啤酒者作目标市场。公司还进一步了解到大量喝啤酒的人多是工人,年龄在 25 ~ 50 岁,喜欢观看体育节目,每天看电视的时间有 3 ~ 5 小时。很显然,根据这些信息,企业可以大大改进其在定价、广告传播等方面的策略。

（6）态度

消费者对品牌的态度通常可以分为 5 种,即热爱、肯定、冷淡、拒绝和敌意。态度是人们生活方式的一种体现,态度决定着成败,也决定着品牌定位。企业可以通过调查、分析,针对不同态度的顾客采取不同的营销对策。例如,对抱有拒绝和敌意态度者,就不必浪费时间去改变他们的态度;对冷淡者则应设法去争取他们。

4.1.4　市场细分步骤

1）选定市场范围

（1）选定产品的市场需求范围

确定经营范围——确定产品市场范围,即潜在的顾客群体（产品的市场范围应以市场的需求而不是产品特性来定,并且产品市场范围应尽可能的全面）。

（2）确定市场细分变量

①列举潜在顾客的基本需求。公司的市场营销专家们通过"头脑风暴法",从地理、人口、行为和心理等几个方面的变量出发,大致估算一下潜在的顾客有哪些基本的需求（包括刚开始出现或将要出现的消费需求,这里把行为也作为需求来分析）。

②分析潜在顾客的各自需求。

A. 对所列举的需求进行总结分类。

B. 按照不同变量对顾客进行分类。

C. 设计调查问卷。

D. 进行市场调查。

E. 对问卷进行统计分析。

③抽掉潜在顾客的共同要求。

2）形成细分市场

公司找到差异性需求之后,把差异性需求相对应的顾客细分变量和利益细分变量作为市场细分变量,确定了所有的细分变量以后,选择合适的细分方法,然后将市场划分为不同的群体或子市场,并结合各分市场的顾客特点赋予每一子市场一定的名称,在分析中形成一个简明的、容易识别和表述的概念。

运用调查数据或经验判断,重新按对顾客购买行为影响程度大小对变量进行降序排列,从而找出最合适的变量。

3)放弃较小或无利可图的细分市场

排除重复细分市场。首先,弄清非重复细分市场的属性:所提供的产品或服务用途不相同;产品和服务在每一个细分市场中的比例以及一切相对价值应各不相同;所提供的产品或服务不会取得相同的利益。

4)合并较小且与其他需求相似的细分市场

拆分内部需求差异较大的细分市场。应注意:在能取得经济效益的细分中,拥有顾客数量的最低界限是什么? 企业能够控制的细分市场数量是多少? 其限度主要由企业自身的综合实力强弱来决定。

5)初评细分市场规模

市场规模分析方法有以下 3 个:

(1)分析预测法

①确定产品的潜在购买者和使用者。有需求、有使用产品的必要资源和有支付能力的顾客,或运用反向提问:谁是不合格的潜在顾客? 可来自调查数据、商业数据。

②确定第一步界定的每个潜在购买群体中有多少人。

③估计购买率或使用率。据调查或其他研究所获得的平均购买率来确定,或据假设前提潜在使用频率等于重度使用者的使用频率来确定。市场潜力就等于步骤 2 和步骤 3 的乘积,即潜在顾客数乘以潜在使用频率。企业需要预测各个不同城市、地区的市场潜量。

(2)市场因素组合法

要求辨别在每一个市场上的所有潜在购买者,并且对他们潜在的购买量进行估计。

(3)多因素指数法

$$Bi = 0.5Yi + 0.3Ri + 0.2Pi$$

式中　Bi——地区 i 的购买力占全国总购买力的百分比;

　　　Yi——地区 i 的个人可支配收入占全国的百分比;

　　　Ri——地区 i 的零售销货额占全国的百分比;

　　　Pi——地区 i 的居住人口占全国的百分比。

权数要加到每一个变量之上,还需要指定一些其他权数,制造商还应该为一些额外因素调整市场规模。

6)制定相应的营销策略

调查、分析、评估各细分市场,最终确定可进入的细分市场,并制定相应的营销策略。例如,一家航空公司对从未乘过飞机的人很感兴趣(细分标准是顾客的体验),而从未乘过飞机的人又可以细分为害怕飞机的人,对乘飞机无所谓的人以及对乘飞机持肯定态度的人(细分标准是态度)。在持肯定态度的人中,又包括高收入有能力乘飞机的人(细分标准是收入能力)。于是,这家航空公司就把力量集中在开拓那些对乘飞机持肯定态度,只是还没有乘过飞机的高收入群体。通过对这些人进行量身定制、精准营销取得了很好的效果。

任务2 目标市场选择策划

4.2.1 目标市场选择模式

目标市场就是企业决定要进入的市场。目标市场选择是指估计每个细分市场的吸引力程度,并选择进入一个或多个细分市场。

企业在对整体市场进行细分之后,要对各细分市场进行评估,然后根据细分市场的市场潜力、竞争状况、本企业资源条件等多种因素决定把哪一个或哪几个细分市场作为目标市场。一般而言,企业目标市场的选择通常有 5 种模式供参考。如图 4.2 所示。

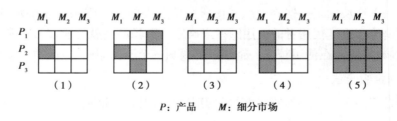

P:产品　　M:细分市场

图 4.2　目标市场选择模式

1)市场集中化

企业选择一个细分市场,集中力量为之服务,见图 4.2(1)。较小的企业一般专门填补市场的某一部分。集中营销使企业深刻了解该细分市场的需求特点,采用针对的产品、价格、渠道和促销策略,从而获得强有力的市场地位和良好的声誉。但同时隐含较大的经营风险。

2）有选择的专门化

企业选择几个细分市场,每一个对企业的目标和资源利用都有一定的吸引力。见图 4.2(2),但各细分市场彼此之间很少或根本没有任何联系。这种策略能分散企业经营风险,即使其中某个细分市场失去了吸引力,企业还能在其他细分市场盈利。

3）产品专门化

企业集中生产一种产品,并向所有顾客销售这种产品。见图 4.2(3)。例如,服装厂商向青年、中年和老年消费者销售高档服装,企业为不同的顾客提供不同种类的高档服装产品和服务,而不生产消费者需要的其他档次的服装。这样,企业在高档服装产品方面树立很高的声誉,一旦出现其他品牌的替代品或消费者流行的偏好转移,企业将面临巨大的威胁。

4）市场专门化

企业专门服务于某一特定顾客群,尽力满足他们的各种需求,见图 4.2(4)。例如,企业专门为老年消费者提供各种档次的服装。企业专门为这个顾客群服务,能建立良好的声誉。但一旦这个顾客群的需求潜量和特点发生突然变化,企业要承担较大风险。

5）完全市场覆盖

企业试图用各种产品满足各种顾客群体的需求,即以所有的细分市场作为目标市场,见图 4.2(5)。例如,上例中的服装厂商为不同年龄层次的顾客提供各种档次的服装。一般只有实力强大的大企业才能采用这种策略。例如,IBM 公司在计算机市场,可口可乐公司在饮料市场开发众多的产品,满足各种消费需求。

4.2.2　目标市场策略

1）无差异市场营销策略

无差异营销策略是指企业将产品的整个市场视为一个目标市场,用单一的营销策略开拓市场,即用一种产品和一套营销方案吸引尽可能多的购买者。无差异营销策略只考虑消费者或用户在需求上的共同点,而不关心他们在需求上的差异性。可口可乐公司在 20 世纪 60 年代以前曾以单一口味的品种、统一的价格和瓶装、同一广告主题将产品面向所有顾客,就是采取的这种策略。

无差异营销的理论基础是成本的经济性。生产单一产品,可以减少生产与储运成本;无差异的广告宣传和其他促销活动可以节省促销费用;不搞市场细分,可以减少企业在市场调研、产品开发、制定各种营销组合方案等方面的营销投入。这种策略对于需求广泛、市场同质性高且能大量生产、大量销售的产品比较合适。

对于大多数产品,无差异市场营销策略并不一定合适。首先,消费者需求客观上千差万别并不断变化,一种产品长期为所有消费者和用户所接受非常罕见。其次,当众多企业如法炮制,都采用这一策略时,会造成市场竞争异常激烈,同时在一些小的细分市场上消费者需求得不到满足,这对企业和消费者都是不利的。再次,易受到竞争企业的攻击。当其他企业针对不同细分市场提供更有特色的产品和服务时,采用无差异策略的企业可能会发现自己的市场正在遭到蚕食但又无法有效地予以反击。正是由于这些原因,世界上一些曾经长期实行无差异营销策略的大企业最后也被迫改弦更张,转而实行差异性营销策略。被视为实行无差异营销典范的可口可乐公司,面对百事可乐、七喜等企业的强劲攻势,也不得不改变原来策略:一方面向非可乐饮料市场进军;另一方面,针对顾客的不同需要推出多种类型的新可乐。

2)差异性市场营销策略

差异性市场营销策略是将整体市场划分为若干细分市场,针对每一细分市场制定一套独立的营销方案。比如,服装生产企业针对不同性别、不同收入水平的消费者推出不同品牌、不同价格的产品,并采用不同的广告主题来宣传这些产品,就是采用的差异性营销策略。

差异性营销策略的优点是:小批量,多品种,生产机动灵活、针对性强,使消费者需求更好地得到满足,由此促进产品销售。另外,由于企业是在多个细分市场上经营,在一定程度上可以减少经营风险。一旦企业在几个细分市场上获得成功,有助于提高企业的形象及提高市场占有率。

差异性营销策略的不足之处主要体现在两个方面:一是增加营销成本。由于产品品种多,管理和存货成本将增加。由于公司必须针对不同的细分市场发展独立的营销计划,会增加企业在市场调研、促销和渠道管理等方面的营销成本。二是可能使企业的资源配置不能有效集中,顾此失彼,甚至在企业内部出现彼此争夺资源的现象,使拳头产品难以形成优势。

3)集中性市场营销策略

实行差异性营销策略和无差异营销策略,企业均是以整体市场作为营销目标,试图满足所有消费者在某一方面的需要。集中性营销策略则是集中力量进入一个或少数几个细分市场,实行专业化生产和销售。实行这一策略,企业不是追求在一个大市场角逐,而是力求在一个或几个子市场占有较大份额。例如,生产空调器的企业不是生产各种型号和款式、面向不同顾客和用户的空调机,而是专门生产安装在汽车内的空调机。又如,汽车轮胎制造企业只生产用于换胎业务的轮胎,均采用此策略。

集中性营销策略的指导思想是:与其四处出击收效甚微,不如突破一点取得成功。这一策略特别适合于资源力量有限的中小企业。中小企业由于受财力、技术等方面因素制约,在整体市场可能无力与大企业抗衡,但如果集中资源优势在大企业尚未顾及或尚未建立绝对优势。

4.2.3　影响目标市场战略选择的因素

1)企业规模和原材料供应

如果企业规模较大,技术力量和设备能力较强,资金雄厚,原材料供应条件好,则可采用差别营销策略或无差别营销策略。我国许多大型企业,基本上采用这两种策略。

反之,规模小、实力差、资源缺乏的一般企业宜采用集中市场营销策略。我国医药工业的整体水平相对落后,即使是国内一流的大型医药企业也难以与国外大医药公司相抗衡。采用集中营销策略,重点开发一些新剂型和国际市场紧缺品种,利用劳动力优势,建立自己的相对品种优势,不失为一条积极参与国际竞争,提高医药工业整体水平的捷径。

2)产品特性

对于具有不同特性的产品,应采取不同的策略。

对于同质性商品,虽然原材料和加工不同而使产品质量存在差别,但这些差别并不明显,只要价格适宜,消费者一般无特别的选择,无过分的要求,因此可以采用无差别营销策略。

而异质性商品,如药品的剂型、晶型、复方等对其疗效影响很大,特别是滋补类药品其成分、配方、含量差别很大,价格也有显著差别,消费者对产品的质量、价格、包装等,常常要反复评价比较,然后决定是否购买,这类产品就必须采用差别营销策略。

3)市场特性

当消费者对产品的需求欲望、偏爱等较为接近,购买数量和使用频率大致相同,对销售渠道或促销方式也没有大的差异,就显示出市场的类似性,可以采用无差别营销策略。

如果各消费者群体的需求、偏好相差甚远,则必须采用差别营销策略或集中营销策略,使不同消费者群体的需求得到更好的满足。

4）产品寿命周期

产品所处的寿命周期不同,采用的营销策略也是不同的。

若产品处于介绍期和成长期,通常采用无差别营销策略,去探测市场需求和潜在顾客。当产品进入成熟期或衰退期,无差别营销策略就完全无效,须采用差别营销策略,才能延长成熟期,开拓市场,维持和扩大销售量,或者采用集中营销策略来实现上述目的。

5）竞争企业的营销策略

企业生存在竞争的市场环境中,对营销策略的选用也要受到竞争者的制约。竞争者采用了差别营销策略,如本企业采用无差别营销策略,往往无法有效地参与竞争,很难占有有利的地位,除非企业本身有极强的实力和较大的市场占有率。如果竞争者采用的是无差别营销策略,则无论企业本身的实力大于或小于对方,采用差别营销策略,特别是采用集中营销策略,都是有利可图、有优势可占的。

总之,选择适合于本企业的目标市场营销策略,是一项复杂的、随时间变化的、有高度艺术性的工作。

企业本身的内部环境,如研究开发能力、技术力量、设备能力、产品的组合、资金是在逐步变化的,影响企业的外部环境因素也是千变万化的。

企业要不断通过市场调查和预测,掌握和分析这些变化的趋势,与竞争者各项条件之对比,扬长避短,把握时机,采用恰当的、灵活的策略,去争取较大的利益。

任务3　市场定位策划

4.3.1　市场定位概念

市场定位(Marketing Positioning):市场定位也称"营销定位",是市场营销工作者用以在目标市场(此处目标市场是指该市场上的客户和潜在客户)的心目中塑造产品、品牌或组织的形象或个性(Identity)的营销技术。企业根据竞争者现有产品在市场上所处的位置,针对消费者或用户对该产品某种特征或属性的重视程度,强有力地塑造出本企业产品与众不同的、给人印象鲜明的个性或形象,并把这种形象生动地传递给顾客,从而使该产品在市场上确定适当的位置。简而言之,就是在目标客户心目中树立产品独特的形象。

4.3.2　市场定位原则

各个企业经营的产品不同,面对的顾客也不同,所处的竞争环境也不同,因此,市场定位所依据的原则也不同。总的来讲,市场定位所依据的原则有以下 4 点:

1）根据具体的产品特点定位

构成产品内在特色的许多因素都可以作为市场定位所依据的原则。比如,所含成分、材料、质量、价格等。"七喜"汽水的定位是"非可乐",强调它是不含咖啡因的饮料,与可乐类饮料不同。"泰宁诺"止痛药的定位是"非阿司匹林的止痛药",显示药物成分与以往的止痛药有本质的差异。一件仿皮皮衣与一件真正的水貂皮衣的市场定位自然不会一样。同样,不锈钢餐具若与纯银餐具定位相同,也是难以令人置信的。

2）根据特定的使用场合及用途定位

为老产品找到一种新用途,是为该产品创造新的市场定位的好方法。小苏打曾一度被广泛地用做家庭的刷牙剂、除臭剂和烘焙配料,已有不少的新产品代替了小苏打的上述一些功能。有家公司把小苏打当作调味汁和卤肉的配料,还有一家公司发现它可以作为冬季流行性感冒患者的饮料。我国曾有一家生产"曲奇饼干"的厂家最初将其产品定位为家庭休闲食品,后来又发现不少顾客购买是为了馈赠,又将其定位为礼品。

案例思考

脑白金——成功定位中国礼品市场

在中国,如果谁提到"今年过节不收礼",随便一个人都能跟你说"收礼只收脑白金"。脑白金已经成为中国礼品市场的一个代表。

睡眠问题一直是困扰中老年人的难题,因失眠而睡眠不足的人比比皆是。有资料统计,国内至少有 70% 的妇女存在睡眠不足的问题,90% 的老年人经常睡不好觉。"睡眠"市场如此之大,然而,在红桃 K 携"补血"、三株口服液携"调理肠胃"概念创造中国保健品市场高峰之后,在保健品行业信誉跌入谷底之时,脑白金单靠一个"睡眠"概念不可能迅速崛起。

作为单一品种的保健品,脑白金以极短的时间迅速启动市场,并登上中国保健品行业"盟主"的宝座,引领我国保健品行业长达 5 年之久,其成功的最主要因素在于找到了"送礼"的轴心概念。

中国是礼仪之邦,礼品市场非常大。脑白金的成功,关键在于定位于庞大的礼品市场,而且先入为主地得益于"定位第一"法则,第一个把自己明确定位为"礼品"——以礼品定位引领消费潮流。

思考：

脑白金是如何寻找市场需求缺口，进行产品定位的？

3）根据顾客得到的利益定位

产品提供给顾客的利益是顾客最能切实体验到的，也可以用作定位的依据。1975年，美国米勒（Miller）。推出了一种低热量的"Lite"牌啤酒，将其定位为喝了不会发胖的啤酒，迎合了那些经常饮用啤酒而又担心发胖的人的需要。

4）根据使用者类型定位

企业常常试图将其产品指向某一类特定的使用者，以便根据这些顾客的看法塑造恰当的形象。

美国米勒啤酒公司曾将其原来唯一的品牌"高生"啤酒定位于"啤酒中的香槟"，吸引了许多不常饮用啤酒的高收入妇女。后来发现，占30%的狂饮者大约消费了啤酒销量的80%，于是，该公司在广告中展示石油工人钻井成功后狂欢的镜头，还有年轻人在沙滩上冲刺后开怀畅饮的镜头，塑造了一个"精力充沛的形象"。在广告中提出"有空就喝米勒"，从而成功占领啤酒狂饮者市场达10年之久。

事实上，许多企业进行市场定位依据的原则往往不止一个，而是多个原则同时使用。因为要体现企业及其产品的形象，市场定位必须是多维度的、多侧面的。

案例思考

从2013年成立3年来，Roseonly品牌花店销售增长率每年均超过100%，就在前几个月，号称实现单月销售额破千万、净利润过百万，单单在2016年情人节销售额就近1亿元。

Roseonly一开始就定位高端走奢侈路线，并且一出场就颇为与众不同，自创立之日起就打营销牌：一生只送一个人的购买规则。意思是，买他家的玫瑰是注册制，通过线上注册，需要同时提供邮箱、手机号及指定唯一收礼人，而一旦注册成功终身不能更改。凭借这个营销概念，Roseonly与普通花店拉开了距离，加上创始人蒲易充分调动圈内人脉，搜狗CEO王小川、新希望集团创始人刘永好女儿刘畅、世纪佳缘创始人龚海燕等名人在微博、微信卖力吆喝，近年来，但凡明星求婚、结婚、情人节……总是看到它的身影，不仅李小璐、杨幂、昆凌、林志颖等明星都在微博上晒过Roseonly的花，而且作为吴奇隆和刘诗诗婚礼场地布置用花以及新娘手中捧花出现，靠着明星效应赚足了眼球。

在线上销售火热后，Roseonly将眼光瞄准线下，在北京三里屯太古里开出第一家实体店,目前已在全国各大高端购物中心开设 25 家门店。Roseonly 按照奢侈品牌定位规划未来发展,目标是覆盖一线城市,并向主力二三线城市渗透。

"一生只爱一个人",恐怕是每个女生最希望听到的一句承诺,任何女性都希望对方送自己的礼物是独一无二的,这辈子只送给过自己一个人。所以很多女性都希望男生送自己这样唯一的礼物,收到礼物后还发微博晒幸福,这无疑也是在帮 Roseonly 进行推广和第二次传播。

瞄准金字塔端 1% 高端人群

除了靠着"一生只送一个人"的口号,分分钟俘获了少女们的心,Roseonly 的产品定位一开始就已经非常鲜明,定位高端、奢侈品牌。

Roseonly 自称其玫瑰来自离天堂最近最完美的玫瑰种植地厄瓜多尔,欧洲皇室结婚用的玫瑰花,俄罗斯巨富或者好莱坞明星用的玫瑰花大部分都来自厄瓜多尔。Roseonly 甄选厄瓜多尔玫瑰中最优质的 1%,拥有 21 天的超长花期、150 厘米的挺拔花枝以及如心脏般大小的花蕾。

在 Roseonly 的产品中,玫瑰花主要分为鲜花和永生花两类,价格在 399～3 999 元不等。Roseonly 的高端定位以及"一生只送一个人"的规定,看似将大部分消费者拒之门外,但是这也体现定位更加精准。

在高端商场与大牌比邻

Roseonly 高端奢侈的定位从其线下门店选址也可见一斑。

2013 年 9 月,Roseonly 在北京三里屯太古里开了第一家线下花店,之后新门店先后落户成都 IFS、上海嘉里中心、天津恒隆广场、深圳万象城、广州太古汇、杭州银泰城等这些大牌云集的一线购物中心,选邻居、做形象丝毫不马虎。

Roseonly 选择在高端购物中心开门店,而且和大牌比邻,要付出超高的租金等运营成本。即便如此,它仍然选择在高端购物中心的一线位置,欲打造奢侈品形象的策略一目了然。

思考:

Roseonly 是如何进行市场定位的?

4.3.3　市场定位战略

1)避强定位

这种策略是企业避免与强有力的竞争对手发生直接竞争,而将自己的产品定位于另一市场的区域内,使自己的产品在某些特征或属性方面与强势对手有明显的区别。这种策略可以使自己迅速在市场上站稳脚跟,并在消费者心中树立起一定形象。由于这种做法风险较小,成功率较高,因此常被多数企业所采用。

2）迎头定位

这种策略是企业根据自身的实力,为占据较佳的市场位置,不惜与市场上占支配地位、实力最强或较强的竞争对手发生正面竞争,从而使自己的产品进入与对手相同的市场位置。由于竞争对手强大,这一竞争过程往往相当引人注目,企业及其产品能较快地为消费者了解,达到树立市场形象的目的。这种策略可能引发激烈的市场竞争,具有较大的风险。因此,企业必须知己知彼,了解市场容量,正确判定凭自己的资源和能力是不是能比竞争者做得更好,或者能不能平分秋色。

3）重新定位

这种策略是企业对销路少、市场反应差的产品进行二次定位。初次定位后,如果由于顾客的需求偏好发生转移,市场对本企业产品的需求减少,或者由于新的竞争者进入市场,选择与本企业相近的市场位置,这时,企业就需要对其产品进行重新定位。一般来说,重新定位是企业摆脱经营困境,寻求新的活力的有效途径。此外,企业如果发现新的产品市场范围,也可以进行重新定位。

4.3.4 市场定位的步骤

市场定位的关键是企业要设法在自己的产品上找出比竞争者更具有竞争优势的特性。竞争优势一般有两种基本类型:一是价格竞争优势,就是在同样的条件下比竞争者定出更低的价格,这就要求企业采取一切努力来降低单位成本;二是偏好竞争优势,即能提供确定的特色来满足顾客的特定偏好,这就要求企业采取一切努力在产品特色上下工夫。因此,企业市场定位的全过程可以通过以下3大步骤来完成:

1）识别潜在竞争优势

这一步骤的中心任务是要回答以下3个问题:

①竞争对手的产品定位如何?

②目标市场上顾客欲望满足程度如何以及确实还需要什么?

③针对竞争者的市场定位和潜在顾客真正需要的利益要求企业应该且能够做什么?

要回答这3个问题,企业市场营销人员必须通过一切调研手段,系统地设计、搜索、分析并报告有关上述问题的资料和研究结果。

通过回答上述 3 个问题,企业就可以从中把握和确定自己的潜在竞争优势在哪里。

2)核心竞争优势定位

竞争优势表明企业能够胜过竞争对手的能力。这种能力既可以是现有的,也可以是潜在的。选择竞争优势实际上就是一个企业与竞争者各方面实力相比较的过程,比较的指标应是一个完整的体系,只有这样,才能准确地选择相对竞争优势。通常的方法是:分析、比较企业与竞争者在经营管理、技术开发、采购、生产、市场营销、财务和产品 7 个方面究竟哪些是强项,哪些是弱项。借此选出最适合本企业的优势项目,以初步确定企业在目标市场上所处的位置。

3)战略制定

这一步骤的主要任务是企业要通过一系列的宣传促销活动,将其独特的竞争优势准确地传播给潜在顾客,在顾客心目中留下深刻印象。

首先应使目标顾客了解、知道、熟悉、认同、喜欢和偏爱本企业的市场定位,在顾客心目中建立与该定位一致的形象。

其次,企业通过各种努力强化目标顾客形象,保持目标顾客的了解,稳定目标顾客的态度和加深目标顾客的感情来巩固与市场一致的形象。

最后,企业应注意目标顾客对其市场定位理解出现的偏差或由于企业市场定位宣传上的失误而造成的目标顾客模糊、混乱和误会,及时纠正与市场定位不一致的形象。企业的产品在市场上定位即使很恰当,但在下列情况下,还应考虑重新定位:

①竞争者推出的新产品定位于本企业产品附近,侵占了本企业产品的部分市场,使本企业产品的市场占有率下降。

②消费者的需求或偏好发生了变化,使本企业产品销售量骤减。

重新定位是指企业为已经在某市场销售的产品重新确定某种形象,以改变消费者原有的认识,争取有利的市场地位的活动。如某日化厂生产婴儿洗发剂,以强调该洗发剂不刺激眼睛来吸引有婴儿的家庭。但随着出生率的下降,销售量减少,为了增加销售,该企业将产品重新定位,强调使用该洗发剂能使头发松软有光泽,以吸引更多、更广泛的购买者。重新定位对于企业适应市场环境、调整市场营销战略是必不可少的,可以视为企业的战略转移。重新定位可能导致产品的名称、价格、包装和品牌的更改,也可能导致产品用途和功能上的变动,企业必须考虑定位转移的成本和新定位的收益问题。

复习思考题

1. 举例说明市场细分的作用。
2. 细分消费者市场主要依据哪些标准?
3. 影响目标市场选择的因素有哪些?
4. 企业应怎样进行市场定位?

实训项目

1. 实训主题

模拟一家熟悉或者虚拟企业或者品牌,分析 STP 策略。

2. 实训内容

任务 1:《市场细分表》设计与分析。

任务 2:描绘细分市场结构。

任务 3:评估细分市场的吸引力。

任务 4:选择目标细分市场。

任务 5:案例分析《沃尔玛和家乐福在华市场定位的比较分析》。

沃尔玛和家乐福在华市场定位的比较分析

一、沃尔玛公司市场定位战略的分析

沃尔玛(Wal-Mart)是一家成立于 1962 年的美国跨国零售集团。从 2001 年至今,沃尔玛连续占据世界 500 强第一的位置,沃尔玛百货有限公司由美国零售业的传奇人物山姆·沃尔顿先生于 1962 年在阿肯色州成立。经过 50 多年的发展,沃尔玛公司已经成为世界最大的私人雇主和连锁零售商,多次荣登《财富》杂志世界 500 强榜首及当选最具价值品牌。2016 财政年度(2015 年 2 月 1 日至 2016 年 1 月 31 日)的营业收入达到近 4 821 亿美元,全球员工总数约 230 万名。截至 2016 年 11 月 30 日,沃尔玛已经在中国 19 个省、2 个自治区以及包含 4 个直辖市在内的 187 个城市开设了 435 家商场、8 家干仓配送中心和 11 家鲜食配送中心。

1. 找位——确定目标顾客

沃尔玛经营的每一种零售业态都有自己的目标顾客群。目前,沃尔玛在中国经营多种业态和品牌,包括购物广场、山姆会员商店等。这几种零售业态的目标顾客虽有一定的差异,但都有一个共同的消费特征:注重节俭。

2. 选位——确定市场定位点

沃尔玛公司对自身的定位点的认知在于价格属性,即每日低价在沃尔玛开业的第一家店铺的牌匾两旁就分别写有"每天低价"和"满意服务"的标语。长期以来,沃尔玛一直倡导"每日低价"和"为顾客节省每一分钱"的经营理念。

每天低价定位点的选择有三大好处:一是通过薄利多销控制供应商;二是通过稳定价格而非频繁的促销获得可观的利润;三是通过诚实价格赢得顾客的信任。

对沃尔玛公司的定位点进行具体分析,就会发现:沃尔玛店铺的属性定位是天天低价,利益定位是为顾客节省每一分钱,价值定位是做家庭好管家(但这是隐性的,沃尔玛的广告诉求没有强调这一价值定位)。这一定位点的选择是与目标顾客的购买心理和竞争对手的状况相吻合的。从目标顾客方面看,关注的是购买的节俭;从竞争对手来看,常用的方法或是降低商品和服务价值,或是间歇性打折。天天低价是最难做到的而且也是最有效的定位点。

3. 到位——实现定位战略

沃尔玛确定了天天低价和为顾客节省每一分钱的定位后,在保证营销组合各要素达到行业平均水平(也不超过,超过就会增加成本了)的前提下,保证向顾客提供稳定的低价格产品和服务。在产品管理方面,一是在全球范围内直接采购最便宜的产品,仅20世纪80年代早期实行的取消中间商制度就使采购价格降低2%~6%;二是通过中央采购使便宜的产品更便宜,取得大批量低价格的优势;三是通过信息管理技术降低物流成本,在20世纪90年代初统一配送的商品比率高达85%,配送成本仅占销售额的2%左右。在服务方面,一是在不增加工资的前提下提高人员素质,因此在美国频繁遭到工会部门的抗议;二是在不增加费用的基础上改善服务质量,用企业文化的塑造和效益分享制度代替服务设施的增加。

除了天天低价受到消费者追逐之外,沃尔玛在服务方面也受到消费者的偏爱,优质服务成为沃尔玛的第二大优势,打破了"高价高服务,低价低服务"的行业惯例。

同时,沃尔玛在产品、沟通、便利和环境方面也得到了消费者的认可和接受,达到了行业平均水平。

在产品方面,为保证质量,他们直接向厂商进货,并要求厂商只提供自己最好的10种产品即可,沃尔玛则用4个标准(提高沃尔玛已有商品质量,降低沃尔玛价格水平,增加沃尔玛的价值,丰富沃尔玛商品品种)对其进行评价,然后才能进店。在沟通方面,用店内广告的方式与顾客进行沟通。在便利方面,选址坚持3个原则:商店可视性强、停车容易、进出方便。在店铺环境方面,做到了简洁明快、低成本。

二、家乐福公司市场定位战略的分析

成立于1959年的法国家乐福集团是大型综合超市概念的创始者,是欧洲第一,全球第二的跨国零售企业,在全球 30 多个国家运营近 1 万家零售商店,旗下经营多种业态:大型综合超市、超市、折扣店、便利店以及会员制量贩店,为顾客提供种类齐全的低价产品和全方位服务。2012 年,家乐福集团在《财富》500 强企业中排名第 39 位。家乐福于 1995 年进入中国大陆市场,在北京建立了第一家门店。截至 2013 年年底,家乐福在中国 73 个城市开设了236 家大型综合超市,拥有员工 6 万多人。家乐福秉承"本土化战略",与本地企业共同投资成立合资公司,中方占股达到 30% ~ 45%,并与 2 万多个本地供应商建立了良好的合作关系。经过 18 年的本土化发展,家乐福培养了大批本土人才。目前,家乐福 99% 以上的员工、97% 的店长是中国人,其所销售的产品 99% 是中国产品。

1. 找位——确定目标市场

家乐福大型超级市场的目标顾客锁定为大中城市的中产阶级家庭。家乐福公司在进入中国所作的分析报告中指出,中国今天高收入阶层的消费结构类似于法国的 20 世纪 60 年代,中国最大的消费群体是新生的中产阶级,人数约为 1.5 亿,年收入在 1 500 ~ 3 000 美元,容易接受新产品,这是家乐福发展的顾客基础。家乐福大型超市的目标顾客大多为注重商品和服务价值的家庭主妇,她们不仅关注价格,而且还关注性能价格比。

2. 选位——确定市场定位点

家乐福公司自己制定的形象宣传口号是"开心购物家乐福",确定的经营理念是:一次购足、超低售价、货品新鲜、自选购物和免费停车。这 5 个理念中真正有比较优势的是超低价格和货品新鲜的集合,其他因素是大型超市的共同特征。由此可见,家乐福的定位点是为让顾客获得更大价值。

我们对家乐福的定位点进行具体分析,就会发现:家乐福大型超市的属性定位是超低价格,利益定位是使顾客获得更多的价值,价值定位于开心购物。这一定位点的选择是与目标顾客的购买心理和竞争对手的状况相吻合的。从目标顾客方面看,关注的是购买的价值,这可以从两个方面实现:一是增加产品价值;二是降低价格。从竞争对手来看,或是采取增加价值的办法,或是采取间歇性打折的方法。

但是,家乐福是双管齐下:一方面提供超低价格;一方面提供丰富和新鲜的商品,提高性能价格比。

3. 到位——实现定位战略

家乐福全球统一的五大经营方针是:一次购足、超低价格、免费停车、自助式服务、新鲜和品质,它的广告定位语是"开心购物家乐福",可见商品的丰富性、高质量性和环境舒适性的重要。一些购物者表示不是因为价格低廉,而是因为商品丰富和环境舒适才来家乐福的。家乐福经营 2 万多种商品,在中国一般是两层设置,一层为日用非食品,一层为食品和生鲜品。与相同业态的竞争对手相比,家乐福的食品管理安全性高,表现在卫生管理和保质期管理等方面,商品丰富程度和购物环境也是比较好的。在上海零售市场上,顾客反映家乐福的性能价格比大大高于竞争对手。

同时,家乐福在服务、沟通和便利方面也得到了消费者的认可和接受,达到了行业平均水平。它推行了行业内普遍实施的免费停车服务、超过定额的送货服务和 15 日内无条件退货服务等,但是交款排队等候时间较长。在沟通方面,采取较为亲和的直邮信函广告和店头促销的方式,店铺位置都选择了顾客容易到达的地方,店内商品布局利于顾客寻找和挑选,能够基本满足顾客的需要。

任务 6:选择和分析市场定位。

3.实训组织

以策划团队为单位完成实训任务。

4.实训考核

市场细分表设计、评估市场、选择目标市场、选择和分析定位等多方面进行指标考核。

项目5　营销战略策划

【教学目的与要求】

1. 了解竞争对手的目标和战略,掌握分析竞争对手优劣势的内容。熟悉一般竞争战略的 3 种形式,掌握成本领先战略、差异化竞争战略、集中性竞争战略的优势、劣势及适用条件。

2. 掌握企业形象策划体系的主要内容,了解企业形象策划的一般规则和应用规则,了解企业形象系统的企业经营理念与精神文化。

3. 了解品牌的概念,掌握品牌的命名规则和品牌标志的设计要点。

【引导案例】

女性香烟市场

女性吸烟的心理因素形形色色,归纳起来,主要有以下 3 个方面:第一,寻求男女平等,争取社会地位;第二,展示个人风采,树立前卫形象;第三,缓解工作压力,释放紧张情绪。欧美的烟草企业一直围绕这 3 个方面向女性消费者开展营销活动,成效卓著。

一、点燃"自由火炬"

20 世纪之前,欧美的妇女一般不吸烟,吸烟的女性总是与堕落、放纵、淫荡联系在一起。早在 17 世纪,荷兰的画家就在他们的作品中描绘过吸烟的妓女。19 世纪的维多利亚女王时代,香烟是色情摄影作品中的常用道具。到了 20 世纪初,女烟民开始增加,女性吸烟渐渐被社会认可,主要原因有两点:第一,卷烟制造技术的发展,使机制卷烟替代了手工卷烟,香烟变得越来越卫生、便宜、易用,对女性消费者有很强的吸引力。第二,随着第一次世界大战的爆发,女权主义运动开始萌芽,妇女不再甘心做男人的附属品和家庭的牺牲品。不少妇女尝试从事一直是男人在做的工作,而且开始穿长裤、剪短发、抽香烟。

面对新兴的女性香烟市场,美国烟草公司的总裁希尔(Hill)先生激动地说:"这好比在我们自家的院子里挖到了一个金矿。"为了开采这个金矿,各大烟草公司费尽心机,开展了大量的营销活动。他们紧紧抓住妇女社会经济地位的变化趋向,极力宣扬女性吸烟不是见不得人的事,而是妇女解放的象征,他们将香烟喻为"自由火炬",为女权主义运动推波助澜。1929年,美国烟草公司聘请几名年轻女郎在纽约街头的复活节游行队伍里公开吸"好彩"(Lucky Strike)牌香烟,以此号召妇女对抗不平等的社会地位。菲利普·莫里斯公司的"维珍妮"(Virginia Slims)牌女士香烟的宣传口号从1968年的"宝贝,你辛苦了",到20世纪90年代中期的"这是女人的事",再到后来的"找到你的声音",都巧妙地将吸烟与妇女的自由和解放联系在一起。

"自由火炬"的概念一直为烟草企业使用,特别是在那些经历巨大社会变革的国家。1975年佛朗哥独裁统治结束后的西班牙,Kim牌香烟针对女性消费者的口号是"真自我",而West牌香烟的广告则对从事男性职业的妇女赞美有加。在"自由火炬"的指引之下,西班牙妇女的吸烟率从1978年的17%上升到1997年的27%。在东欧的前社会主义国家,烟草企业更是将香烟当成西方自由的象征向女性消费者进行传播。West牌香烟的口号是"尝试西方的滋味"。Kim牌香烟在匈牙利的传播主旨是"女士优先"。在一则广告中,West牌香烟还号召妇女捍卫她们的"吸烟权"。"维珍妮"牌女士香烟在日本宣扬"做回自己",而在中国香港地区的口号是"走自己的路"。

二、别吃糖了,抽"好彩"吧

1920年代的美国,妇女追求短发、短裙和苗条的身材。美国烟草公司抓住这个时尚潮流,紧紧地将他们的产品与苗条身材联系在一起。他们将旗下的"好彩"牌香烟定位成可以帮助妇女减肥,并在广告中号召女士们:"别吃糖了,抽好彩吧!"这一招真灵,"好彩"香烟的销量在广告发布的第一年就翻了三番。在这方面,菲莫公司做得更绝。他们将旗下的"维珍妮"牌女士香烟设计成细细的、长长的、白白的,为了是让女性消费者产生联想,希望自己的身体也能像"维珍妮"香烟一样苗条。

三、巡回讲座

欧美烟草企业还常常将女性吸烟定位成时尚的、新潮的、有个性的、交际需要的、有女人味的。为了让女性消费者能够在交际活动中自信地抽烟,菲利普·莫里斯公司甚至举办巡回讲座,专门教授妇女吸烟的指法与姿势。

四、准确定位

针对女性消费者,欧美烟草企业除了将传播主题放在独立、时尚、减肥、成熟以外,还对女性香烟市场进行细分,然后准确聚焦自己的消费群体。1990年,雷诺公司推出Dakota牌女士香烟,将其消费群体定位于18～24岁的"有男子气"的女子,这类女子没接受过大学教育,社会地位较低,她们大多从事体力劳动,工作压力大,吸烟率也最高。

五、国内的女性香烟市场

在加入WTO的今天,国内烟草行业的竞争日趋白热化。各烟草企业为抢占市场,争夺客户,在营销传播方面不惜投入巨额资金,巩固或扩大其市场份额。然而,在女性香烟市场方面的竞争,却显得相对平静。目前,由于女性吸烟率远远低于男性,国内烟草企业生产的专供女烟民消费的女士香烟品牌还很少。然而,这块"市场真空"十分有必要尽快填补,原因有三:第一,世界主要烟草生产与消费国女性吸烟率为美国20%,法国28%,英国22%,德国15%,巴西18%,日本13%,而中国仅为5.6%。正因为我国女性吸烟率低,所以存在较大的增长空间。第二,随着经济的不断发展,女性地位的不断提高,我国女性吸烟的人数正在不断上升。第三,竞争的日益激烈,使工作压力增大、生活节奏加快,职业女性常常选择吸烟作为缓解压力、释放紧张情绪的方式。世界卫生组织总干事格罗·布伦特兰说,欧美烟草企业正把亚洲妇女定为香烟市场的新目标。在国际烟草巨头的利爪伸向中国之前,国内烟草厂商应该行动起来,吸取欧美烟草企业的营销策略,积极开拓女性香烟市场,培育中国的女士香烟名牌。

任务1　市场竞争战略策划

　　竞争是市场经济的基本特征之一,任何企业都无法回避。优胜劣汰是自然的法则,也是市场的法则,是推动市场经济运行的强制力量,它迫使企业不断研究市场、开发新产品、改进生产技术、更新设备、降低经营成本、提高经营效率和管理水平,获取最佳效益并推动社会进步。企业要在市场上获得成功,仅仅了解顾客是不够的,还必须认真分析竞争者的优势和劣势、战略和策略,明确自己在竞争中的地位,制定适合企业的市场竞争战略,才能在竞争中求得生存和发展。

5.1.1　分析竞争对手

1)识别竞争对手

　　表面上看,识别竞争对手是一项非常简单的工作,如"可口可乐"知道"百事可乐"是其竞争对手。但是在识别竞争对手时,很多企业会患上"竞争者近视症",只注意到最接近的、提供价格相当的相同产品或服务给消费者的竞争对手,而忽视潜在的竞争对手。其实,企业的竞争范围非常广泛,可以从不同的角度来识别竞争对手。

　　(1)从行业的角度识别竞争对手

　　许多企业以行业竞争观点识别其竞争对手。行业是由一组提供一种或一类密切替代产品的相互竞争的企业组成,如汽车行业、石油行业等。

①决定行业结构的因素主要包括以下 6 个：

A. 销售商数量及产品差异程度。描述一个行业的出发点就是要确定有多少销售商在销售同类产品以及产品是否同质或是高度差异的。这两个特点产生了 5 种行业结构类型：完全垄断、完全寡头垄断、不完全寡头垄断、垄断竞争和完全竞争。如索尼公司发明随身听，开始是完全垄断，但很快有少数几家公司进入该市场，该行业就转化为完全寡头垄断。随着更多的竞争者提供各种型号的随身听，行业结构进入不完全寡头垄断和垄断竞争。当需求的增长慢慢下降时，某些竞争者退出该行业，市场又转变为一种垄断。

B. 进入障碍。各个行业能否容易进入的差别很大，如开设一家服装店比较容易，但是进入石油行业就相当困难。主要的障碍包括缺乏足够的资本、未实现规模经济、无专利和许可证、原料供应不充分、难以找到愿意合作的分销商、产品的市场信誉不易建立等。其中一些障碍是行业本身固有的，另外一些障碍是先期进入并已垄断市场的企业单独或联合设置的，以维护其市场地位和利益。即使企业进入了某一行业，当它要进入行业中某些更具吸引力的细分市场时，也会遇到进入障碍。

C. 退出与收缩障碍。企业都希望能够随意退出对它没有吸引力的行业，并将人力、财力和物力转向更有吸引力的行业。但实际上，它们也会遇到退出障碍，主要有对顾客、债权人或雇员的法律和道义上的义务，政府限制，过分专业化或设备陈旧造成的资产利用价值低，高度的纵向一体化等。即使某些企业不完全退出该行业，只是缩小经营规模，也会遇到收缩障碍。

D. 成本结构。每个行业都有驱动其战略行为的成本组合。例如，轧钢厂需要高的制造和原材料成本，而化妆品需要高的分销和促销成本。企业应把注意力放在其最大成本上，并从战略上来减少这些成本。因此，拥有最现代化工厂的钢铁公司比其他钢铁公司有更多的优势。

E. 纵向一体化的程度。在许多行业，企业实行后向或前向一体化容易取得竞争优势。

然而，纵向一体化也有某些缺点。例如，在价值链的部分环节和缺少灵活性的情况下，维持成本高，会提高企业在行业中的投资，提高退出壁垒，从而增加商业风险，有时甚至还会使企业不能将资源调往更有价值的地方等。

阅读扩展

雅戈尔公司经过 20 多年的发展，积极向服装产业的上下游拓展：不仅向商业、零售、连锁方向发展，组建庞大的分销网络，而且还向上游的纺织面料进军，建立自己的纺织面料城。它采用纵向一体化战略投巨资打造一条纺织、服装和分销零售网络的厚实商业链条，成为中国具有较强实力的服装企业。

F. 全球经营。一些行业适宜地方性经营，如理发、浴室、歌舞厅、照相馆；而另一些行业则适宜全球性经营,如石油、飞机、发动机、照相机、电器。全球性行业的公司,如果想要实现规模经济和赶上最先进的技术,就必须开展以全球为基础的竞争。

②竞争对手类型。从行业角度看,企业的竞争对手主要有以下3种:

A. 现有厂商。现有厂商是指本行业内现有的与企业生产同样产品的其他厂家,这些厂家是企业的直接竞争者。如九阳公司、美的集团、步步高等公司都生产豆浆机。

B. 潜在加入者。当某一行业前景乐观、有利可图时,会引来新的竞争企业,使该行业增加新的生产能力,并要求重新瓜分市场份额和主要资源。另外,某些多元化经营的大型企业还经常利用其资源优势从一个行业侵入另一个行业。新企业的加入,将可能导致产品价格下降,利润减少。如当年九阳豆浆机风靡全国,诱发了投资者跟进效仿热潮,全国各地如雨后春笋般新生了100多家豆浆机生产企业。

C. 替代品厂商。与某一产品具有相同功能,能满足同一需求的不同性质的其他产品,属于替代品。随着科学技术的发展,替代品将越来越多,某一行业的所有企业都将面临与生产替代品的其他行业的企业进行竞争。

(2)从市场的角度识别竞争对手

另外一些企业不是以行业竞争观点去识别竞争对手,而是遵循市场竞争观点。即企业把所有那些力求满足相同顾客需要,或服务于同一顾客群的企业,甚至那些满足消费者不同需求的企业都看成是竞争对手。从市场角度看,企业的竞争对手主要有以下几类:

①品牌竞争者。企业把同一行业中以相似的价格向相同的顾客提供类似产品或服务的其他企业称为品牌竞争者。

阅读扩展

家用汽车市场中,夏利、一汽大众、长安、长城等厂家之间就互为品牌竞争者。品牌竞争者之间的产品相互替代性较高,因此竞争非常激烈,各企业均以培养顾客品牌忠诚度作为争夺顾客的重要手段。

②行业竞争者。企业把提供同种或同类产品,但规格、型号、款式不同的企业称为行业竞争者。所有同行业的企业之间存在彼此争夺市场的竞争关系。如高清电视与液晶电视的厂家、家用空调与中央空调的厂家、生产高档汽车与生产中档汽车的厂家之间的关系。

③需要竞争者。提供不同种类的产品,但满足和实现消费者同种需要的企业称为需要竞争者。如航空公司、铁路客运、长途客运汽车公司都可以满足旅客外出旅行的需要,当飞机票价下降时,乘火车、坐汽车的旅客就可能减少,相互之间争夺满足消费者的同一需要。

④消费竞争者。提供不同产品,满足消费者的不同愿望,但目标消费者相同的企业称为

消费竞争者。如很多消费者收入水平提高后，可以把钱用于旅游，也可用于购买笔记本电脑、摄像机，或是购置汽车、房产，因此这些企业之间存在相互争夺消费者购买力的竞争关系。

2）了解竞争对手的目标

在识别了主要竞争对手之后，企业经营者接着应回答的问题是：每个竞争对手在市场上寻求什么？什么是竞争对手行动的动力？最初经营者推测，竞争者的最终目标是追逐利润最大化。但是这种假设过于简单。每个企业对长期利润和短期利润的重视程度不同，对利润满意水平的看法也不同。如有的企业追求利润"满足"目标而不是"最大利润"。尽管有时通过一些其他的战略可能使他们取得更多利润，但它们有自己的利润目标，只要达到既定目标就满足了。

在利润目标的背后，竞争对手的目标是一系列目标的组合，对这些目标竞争对手各有侧重。所以，企业应该了解竞争对手的获利能力、市场占有率、现金流量、成本降低、技术领先、服务领先等目标组合，判断他们对不同竞争行为的反应。如一个追求低成本领先的竞争者对于他的竞争对手因技术性突破而使成本降低所做出的反应，比对同一位竞争对手增加广告宣传所做出的反应强烈得多。

企业必须密切观察和分析竞争对手目标及其行为的变化，为企业的竞争行为提供方向。如果发现竞争对手开拓了一个新的细分市场，这对企业来说可能是一个发展机遇；如果发现竞争对手试图打入自己的市场时，意味着企业将面临新的竞争与挑战。

3）知晓竞争对手的战略

了解竞争对手的竞争战略对企业制定竞争战略具有十分重要的意义。竞争对手之间可能采取类似的战略，也可能采取各不相同的战略。竞争对手采取的战略越是相似，市场的竞争程度就越激烈。

根据竞争对手采取的主要战略不同，可以把竞争对手划分为不同的战略群体。

（1）同一战略群体

同一战略群体指采取类似竞争战略的企业，如某些豪华百货公司采取的是面向高档市场的高价战略。由于同一战略群体采用的战略类似，因此彼此间的竞争非常激烈。

（2）不同战略群体

不同战略群体指采取不同竞争战略的企业。如豪华百货公司采取高价战略，而一些连锁商店采取的则是面向工薪阶层的低价战略，它们分属于不同的战略群体。在不同的战略群体之间也存在着竞争。表现为：企业具有相同的目标市场，相互间存在争夺市场的竞争；

战略差异的不明确性,使顾客混淆了企业间的差别;企业战略的多元化,使不同战略群体企业的战略发生了交叉;企业可能改变或扩展自己的战略,加入另一战略群体的行列。

区别战略群体有利于认识以下 3 个问题:同一战略群体内的竞争最为激烈;不同战略群体之间存在现实或潜在的竞争;不同战略群体的进入与流动障碍不同。

4)分析竞争对手的优劣势

在市场竞争中,企业需要分析竞争对手的优势与劣势,并在此基础上有针对性地制定正确的市场竞争战略,利用竞争对手的劣势来争取市场竞争的优势,从而实现企业的营销目标。

(1)竞争对手优劣势分析的内容

获取有关竞争对手的信息是一项非常困难的工作。企业一般通过市场调研的方式来获取竞争对手的优劣势,也可以借助于某些二手资料来进行了解。竞争对手的优势与劣势通常体现在以下 8 个方面:

①产品。竞争企业产品在细分市场顾客心目中的地位;产品的适销性;产品系列的宽度与深度等。

②销售渠道。竞争企业销售渠道的广度与深度;销售渠道关系网的效率与实力;销售渠道的服务能力等。

③市场营销。竞争企业在产品、价格、促销和分销等营销组合各方面要素的水平;市场调研与新产品开发的能力;销售队伍的培训与技能等。

④生产与经营。竞争企业的生产规模与生产成本水平;设施、设备、技术的先进性与灵活性;生产能力的扩张;质量控制、成本控制;区位优势;原材料的来源和成本、纵向组合能力等。

⑤研究与开发能力。竞争企业内部在产品、工艺、仿制等方面所具有的研究与开发能力;研究与开发人员所具备的素质与技能等。

⑥资金实力。竞争企业的资金结构;现金流量;短期和长期的贷款能力;获取新增权益的能力;财务比率;财务管理能力等。

⑦组织。竞争企业组织成员价值观的一致性与目标的明确性;组织结构与信息传递的有效性;组织对环境变化的适应性与反应程度等。

⑧综合管理能力。竞争企业领导的素质与激励能力;协调沟通能力;管理决策的灵活性、适应性、前瞻性等。

（2）分析竞争对手优劣势的基本步骤

分析竞争对手可分为 3 步：

①收集竞争对手的情报信息。主要收集有关竞争对手最新的关键数据，如销售量、市场份额、心理份额、情感份额、投资收益、现金流量、生产能力、成本及综合管理能力等。

②分析评价。根据所收集的信息综合评估竞争对手的优势与劣势。

③定点超越。即找出竞争对手在管理和营销方面的最好做法作为标准，然后加以模仿、组合和改进，并力争超过标杆者。如施乐公司向美国运通公司学习账单处理技术，向卡明斯工程公司学习生产计划技术，向比恩公司学习仓库整理，因为比恩公司仓库整理速度比施乐公司快 3 倍。

5）判断竞争对手的反应模式

对竞争对手的目标、战略及其优势与劣势的判断，还不足以解释其可能采取的行动和对其他企业的削价，还应加强促销或推出新产品等活动的反应模式。因此，企业经营者还要了解竞争对手的经营哲学、内在文化、主导信念和心理状态，预测竞争对手对竞争行为的反应。竞争中常见的反应模式有以下 4 种：

（1）从容型竞争者

竞争者对某些特定的攻击行为没有迅速反应或强烈反应。竞争者缺少反应的原因有：认为顾客忠诚度高，不会转移购买；对自己的竞争实力过于自信，认为该攻击行为不会产生大的效果；对其他企业的行动缺乏观察力，反应迟钝；缺乏作出反应所必需的资金等。企业一定要弄清楚竞争者从容不迫的原因。

（2）选择型竞争者

竞争者只对某些特定的攻击作出反应，而对其他的攻击无动于衷。例如，大多数竞争者对降价总是反应敏锐，力求在第一时间采取措施进行攻击，而对广告费用的增加、改善服务、强化促销等措施则不做反应，认为这些构不成威胁。了解主要竞争者在哪些方面作出反应可以为企业提供可靠的攻击类型。

（3）凶狠型竞争者

竞争者对所有的攻击行为都做出迅速而强烈的反应。这种攻击措施往往是全面的、致命的，甚至是不计后果的，不达目的绝不罢休。这种强烈反应型竞争者往往是市场上的领导者，具有某些竞争优势，一般企业轻易不敢或不愿挑战其在市场上的权威，尽量避免与其进行正面交锋。

（4）随机型竞争者

有些竞争者对竞争攻击的反应具有随机性,有无反应和反应强弱无法根据其以往的情况加以预测。许多小公司都是随机型竞争者,当他们发现能承受这种竞争时,就站在前沿竞争;而当竞争成本太高时,他们就躲到后面不作出任何反应。

5.1.2　制定市场竞争战略

1）选择一般竞争战略

一般竞争战略是由美国哈佛商学院著名的战略管理学家迈克尔·波特提出的。迈克尔·波特是商业管理界公认的"竞争战略之父",是现代伟大的商业思想家之一。他的3部经典著作《竞争战略》《竞争优势》《国家竞争优势》不仅为他奠定了商界泰斗的地位,更是企业制定战略的指路灯,在《竞争战略》一书中,他提出一般竞争战略的3种基本形式。

（1）成本领先战略

成本领先战略又称低成本竞争战略,是指通过有效途径,使企业的全部成本低于竞争对手的成本,以获得同行业平均水平以上的利润。20世纪70年代,随着经验曲线概念与学习曲线效应的普及,这种战略已逐步成为企业共同采用的战略。

实现成本领先战略需要有一整套具体政策,即要有高效率的设备,积极降低经验成本、紧缩成本和控制间接费用以及降低研究开发、服务、销售、广告等方面的成本。要达到这些目的,必须在成本控制上进行大量的管理工作,即不能忽视质量、服务以及其他一些领域工作,尤其要重视与竞争对手有关的低成本的任务。

成本领先战略的适用条件:成本领先战略有一定的适用范围,当具备以下条件时,采用成本领先战略才会更有效力。

①现有竞争企业之间的价格竞争非常激烈,价格需求弹性大。

②企业所处行业的产品基本上是标准化,从而使价格竞争决定企业的市场地位。

③实现产品差异化的途径很少。

④多数客户以相同的方式使用产品。

⑤用户从一个销售商转换到另一个销售商时,转换成本为零,因此倾向于购买价格最优惠的产品。

企业实施成本领先战略,除具备上述外部条件外,企业本身还必须具备以下资源:持续的资本投资和获得资本的途径;生产加工的工艺技能;认真的劳动监督;设计容易制造的产品;低成本的分销系统;培养技术人员等。

企业实现成本领先战略的途径主要有:

①采用先进设备实现产品大批量生产。企业必须具备先进的生产设备,才能高效率地进行生产,生产产量越大,单位平均成本越低。同时,随着规模的扩大,有形成本及无形成本也会降低。因此,产品大批量生产是实现成本领先的重要途径。

②采取各种措施进行成本控制。企业可以通过以下途径进行成本控制:降低研发、生产、营销等环节的成本;加强与供应商的合作关系,降低原材料等采购成本;提高经营管理水平;提高设备利用率和产品合格率;降低库存率;控制费用开支等。

阅读扩展

美国沃尔玛连锁店公司是美国最大的也是世界上最大的连锁零售商。1962 年沃尔玛的创始人山姆·沃尔顿在美国阿肯色州的罗杰成立了第一家沃尔玛门店,1990 年沃尔玛成为全美第一大零售企业,2002 年沃尔玛全球营业收入高达 2 198 112 亿美元,荣登世界 500 强的冠军宝座。沃尔玛每十年上一个新台阶,最终在其第一家沃尔玛门店成立 40 年后,坐上了令世界无数企业仰慕的头把交椅。沃尔玛能够取得今日的成就,其中一个重要原因就是成功地实施了成本领先战略。沃尔玛把节约开支的经营理念作为实施成本领先战略的先决条件,将其物流循环链条作为实施成本领先战略的载体,利用发达的高科信息处理系统作为成本领先实施的基本保障。即在采购、存货、销售和运输等各个商品流通环节想尽一切办法降低成本,使其流通成本降至行业最低,商品价格保持在最低价格线上,然后利用成本优势打开市场,扩大市场份额,最终取得同等市场条件下的平均水平以上的利润,成为零售行业成本领先战略的经营典范。

(2)差异化竞争战略

差异化竞争战略是指为使企业产品与竞争对手的产品有明显的区别,形成与众不同的特点而采取的战略。如奔驰的做工精细,宝马的驾驶性能,日本车的节油等。

①差异化竞争战略的优势。差异化竞争战略的优势主要体现在以下 3 个方面:

A. 避开价格竞争。企业实行差异化战略,容易形成顾客对其特色的偏好和忠诚,由此可以降低对产品价格的敏感性,使企业避开价格竞争,在特定领域形成独家经营的市场,比其他同类企业处于更有利的地位。

B. 形成进入障碍。企业实行差异化战略,如产品独特的功能、专有的销售渠道和分销方式等,很难被其他竞争对手模仿,从而形成强有力的进入障碍,抵御其他竞争对手的攻击。

C. 增强对付供应者和顾客的议价能力。顾客对企业的忠诚度一旦确立,就不会更多地转换其他品牌,顾客的议价能力被大大减弱。同时,企业一旦在行业中确立独占地位,也会使某些供应商很难在市场上寻找到其他更好的交易对象,供应商的议价能力也被大大削弱。

②差异化竞争战略的劣势。差异化竞争战略的劣势主要有以下4点：

A. 成本高。企业要想保持产品的差异化，需要进行广泛的研究开发、产品设计、使用高质量原料等工作，这些工作的进行往往以高成本为代价。

B. 并非所有的顾客都愿意或能够支付产品差异所形成的较高价格。同时，顾客对差异化所支付的额外费用是有支付极限的，如果超过这一极限，顾客就有可能会转向购买低成本低价格企业的产品。

C. 有时要放弃获得较高市场占有率的目标，因为差异化的排他性与高市场占有率是矛盾的。

D. 没有技术壁垒的差异，容易被竞争对手"克隆"，从而使这种差异消失，因差异可能带来的巨额利润也就消失。

③差异化竞争战略的适用条件。

差异化战略有一定的适用范围，当具备以下条件时，采用此战略才会更有效力：

A. 有多种途径使产品或服务差异化，并且这种差异化被顾客认为是有价值的。

B. 消费者对产品的需求不同。

C. 采用差异化战略的竞争对手不多。

D. 具有很强的研究开发能力。

E. 企业具有以其产品质量或技术领先的声望。

F. 具有很强的市场营销能力。

企业实施差异化战略，除具备上述外部条件外，企业本身还必具备以下资源：企业研究开发、生产、营销等职能部门之间能够密切协作；要具备能吸引高级研究人员、创造性人才和高技能职员的物质、设施等。

④实现差异化的途径。实现差异化的途径多种多样，如产品设计、品牌形象、技术特性、销售网络、用户服务等。

产品差异化战略是从产品质量、款式等方面实现差异，寻求产品与众不同的特征。

A. 服务差异化战略是从服务内容、服务渠道和服务形象等方面实现差异，寻求服务与众不同的特征。

B. 人事差异化战略是指通过聘用和培训比竞争者更为优秀的人员以获取差别优势。

C. 形象差异化战略，即企业实施品牌战略和企业识别系统战略而产生的差异。

（3）集中性竞争战略

集中性竞争战略是指企业把经营的重点目标放在某一特定顾客群，或某种产品系列的一个细分区域，或某一地区市场，来建立企业的竞争优势及其市场地位。

该策略不谋求在全行业中达到目标，而追求在一个比较狭窄的市场上取得其地位和利润。

①集中性竞争战略的优势。集中性竞争战略的优势主要有以下 3 点：

A. 便于企业集中全部力量和资源,更好地服务于某一特定的战略目标。

B. 将目标集中于特定的部分市场,便于企业更好地熟悉产品的市场、顾客以及同行业竞争对手等各方面的情况,全面把握市场,获取竞争优势。

C. 由于生产高度专业化,在制造、科研等方面可以实现规模效益。

②集中性竞争战略的劣势。集中性竞争战略也有其自身的劣势,主要表现在以下几个方面：

A. 由于企业将全部力量和资源都投入了一种产品或服务或一个特定市场,当顾客偏好发生变化,技术出现创新或出现新的替代品时,导致市场结构性变化,此时,集中战略的优势也将随之消失。

B. 该行业的其他竞争对手采取了更优于企业的集中化战略,打入企业选定的目标市场,对企业构成威胁。

C. 在过度细分的市场上,因为市场容量很小,目标集中企业是没有明显的好处的。

③集中性竞争战略的适用条件:集中性竞争战略也有一定的适用范围,当具备以下条件时,采用此战略才会更有效力：

A. 具有完全不同需求的顾客群,这些顾客或有不同的需求,或以不同的方式使用产品。

B. 在相同的目标细分市场中,其他竞争对手不打算实行重点集中战略。

C. 企业资源有限,不允许其追求广泛的细分市场。

D. 行业中各细分市场在规模、成长率、收利能力等方面存在很大差异,致使某些细分市场比其他市场更有吸引力。

2）选择处于不同地位的企业竞争战略

著名营销专家菲利普·科特勒认为企业在进入市场以前就有一个明确的定位思想,确定自己在市场上占据何种位置,然后根据企业的竞争目标选择相应的战略战术。他根据企业在市场中的竞争地位,把企业分为 4 种类型:市场领导者、市场挑战者、市场追随者和市场补缺者。

（1）市场领导者的竞争战略

市场领导者是指在相关产品的市场上,市场占有率最高的企业。大多数产业都有一家企业是市场领导者,它在价格变动、新产品开发、分销渠道和促销力量等方面处于主导地位。如美国汽车市场的通用公司、日用化工市场的宝洁公司、电脑软件市场的微软公司、软饮料市场的可口可乐公司、剃须刀产业的吉列公司、小家电市场的九阳公司等,都是市场领导者。

市场领导者既是市场竞争的先导者,也是其他企业挑战、效仿或回避的对象。市场领导者为了维护自己的优势,保住自己的领先地位,通常采用以下 3 种竞争战略:

①扩大总需求战略。扩大总需求战略属于发展战略类型。市场领导者把拓展市场总需求列为营销战略重要之一的根本原因在于:当市场总需求得到扩大时,市场领导者必然是最大的受益者。市场领导者可以通过以下途径扩大市场需求。

A.开发新用户。开发新用户是扩大市场总规模最简便的途径。主要策略有以下几种:

a.市场渗透策略。就是在现有产品和现有市场的基础上,努力增加销售,以维持和提高市场占有率。

b.新市场策略。就是针对未使用产品的群体用户,说服他们购买使用产品。

c.地理扩展战略。即将产品销售到国外或其他地区市场去。

阅读扩展

2004 年,北京现代在市场竞争非常激烈的情况下,挺进政府用车及出租车市场,使得当年前 10 个月的销量达到 11.09 万辆,同比增长 162%,轿车销售排名超过上海通用和广州本田,排在一汽大众和上海大众之后,位列第三名。

B.寻找新用途。可以通过发现现有产品的新用途,并推广这些新用途来扩大市场对产品的需求。

阅读扩展

杜邦公司的尼龙就是这方面的典范。每当尼龙进入产品生命周期的成熟阶段,杜邦公司就会发现新用途:尼龙首先是用作降落伞的合成纤维;然后是用作女袜的纤维;接着成为男女衬衫的主要原料;再后又成为汽车轮胎、沙发椅套和地毯的原料。每项新用途都使产品开始了一个新的生命周期。这一切都归功于该公司为发现新用途而不断进行的研究和开发计划。

C.增加使用量。促使消费者扩大产品的使用量也是扩大产品需求的一种重要手段。可以通过提高产品的使用频率,增加每次使用量,增加使用场所等途径来扩大需求。如宝洁公司劝告用户,在使用海飞丝洗发精洗发时,每次将使用量增加一倍,效果更佳。

②保持现有市场份额战略。市场领导者在努力扩大市场规模的同时,必须时刻注意保护自己的市场份额不受侵犯。可供选择的战略有以下 6 种:

A.阵地防御。阵地防御就是在现有阵地周围建立防线。这是一种静态的保守的防御,是防御的基本形式。如美国的福特汽车公司和克莱斯勒汽车公司都曾由于采取过这种做法而先后从顶峰跌下来。

B. 侧翼防御。侧翼防御是指市场领导者除保卫自己的阵地外,还应建立某些辅助性的基地作防御基地,防止对手乘虚而入,或必要时作为反攻基地。这就要求企业填补相关产品和服务的空白,不让进攻者有机可乘。

阅读扩展

20 世纪 80 年代中期,当 IBM 公司在美国连续丢失个人计算机市场和计算机软件市场份额后,对行业或组织市场的用户所使用的小型计算机加强了营销力度,率先采用改良机型、降低产品销售价格的办法来顶住日本和原西德几家计算机公司在这一细分市场上的进攻。

C. 以攻为守。这是一种"先发制人"式的防御,即在竞争对手尚未进攻之前,主动攻击。具体做法是:当竞争对手的市场占有率达到某一高度时,就对它发动攻击;或是对市场上全部竞争对手进行攻击,使人人自危;或者企业对自己的技术或品牌声誉有充分自信,足以承受某些进攻的话,也可以沉着应战,不轻易发动进攻。美国亨氏公司对汉斯公司在番茄酱市场上的进攻置之不理,结果是汉斯公司得不偿失,以败阵告终。

D. 反击防御。当市场领导者遭到竞争对手进攻时,向竞争对手作出的反击。如正面反攻、侧翼反攻,或发动钳形攻势,切断进攻者的后路等。

阅读扩展

美国西北航空公司最有利的航线明尼波里斯至亚特兰大航线受到另一家航空公司降价和促销进攻时,西北航空公司采取的报复手段是将明尼波里斯至芝加哥航线的票价降低。由于这条航线是对方的主要收入来源,结果迫使进攻者不得不停止进攻。

E. 运动防御。这种防御要求市场领导者不仅要防御目前的阵地,而且还要扩展到新的市场阵地,作为未来防御和进攻的中心。可以通过市场扩大化和市场多元化两种方式实现市场扩展。

阅读扩展

美国施乐公司为保持其复印机产品市场的领先地位,从 1994 年开始,积极开发计算机复印技术和相应软件,并重新定义本公司是"文件处理公司"而不再是"文件复制公司",以防止随着计算机技术对办公商业文件处理领域的渗入而使公司市场地位被削弱。

F. 收缩防御。收缩防御是指企业根据自己的资源状况和市场的发展前景,有计划地放弃某些疲软市场或业务,而把企业的资源集中于更具有发展前景的市场或业务的策略。

（2）市场挑战者的竞争战略

市场挑战者是指那些相对于市场领导者来说在行业中处于第二位及以后位次的企业，如软饮料市场的百事可乐公司等。市场挑战者可以采取两种竞争战略：一是向市场领导者发起进攻；二是固守已有的市场地位。如果企业选择挑战战略，必须确定自己的策略目标和挑战对象，然后选择适当的进攻策略。

①确定战略目标和竞争对手。市场挑战者的战略目标多数是提高市场占有率和盈利水平。挑战者在明确战略目标后，要明确主要竞争对手是谁，以便选择适合的竞争战略。一般有以下 3 种选择：

A. 攻击市场领导者。这是一种具有高回报高风险的策略。挑战者要认真研究自身的竞争优势，如成本优势或创新优势，制定相关策略阻止市场领导者的报复，并找到市场领导者的弱点和失误作为自己的攻击目标，以夺取市场的领导地位。

阅读扩展

20 世纪 80 年代，"七喜"汽水重新定位为"不含咖啡因的非可乐"，此举痛击了可口可乐与百事可乐，使七喜汽水一跃成为仅次于可口可乐与百事可乐之后的美国饮料业的第三品牌，打响了赢得可乐的进攻战。

B. 攻击与自身实力相当者。挑战的难度较攻击市场领导者要小得多，而且容易成功。可以选择对手经营不善的产品或项目作为攻击对象，夺取它们的市场份额，壮大自己的市场。

C. 攻击实力较弱者。市场挑战者也可将一些经营不善、财务困难的企业作为攻击的对象，夺取这些企业的市场份额，提高自身实力和扩大市场占有率，甚至兼并这些企业本身。

阅读扩展

百事公司从 1977 年开始，进军快餐业，先后将肯德基食品公司、必胜客、意大利比萨饼和特柯贝尔墨西哥餐厅收归麾下，百事可乐兼并它们之前，都只是一些忽冷忽热的餐馆，仅仅在自己狭小的市场内略有优势。

②进攻战略。市场挑战者可采取以下进攻战略：

A. 正面进攻。市场挑战者集中优势力量向竞争对手发动正面进攻，即进攻竞争对手的强项而不是弱项，其胜负取决于谁的实力更强，谁的耐力更持久。因此，挑战者必须在产品、广告、价格等主要方面领先于竞争对手。

阅读扩展

　　20 世纪 70 年代,百事可乐公司向可口可乐发起全面进攻,被世人称为"百事可乐的挑战"。1975 年,百事可乐在杜拉斯进行了品尝实验,将百事可乐和可口可乐都去掉商标,分别以字母 M 和 Q 做上暗记,结果表明,百事可乐比可口可乐更受欢迎。随后,百事可乐公司对此大肆宣扬。在广告中表现,可口可乐的忠实主顾选择标有字母 M 的百事可乐,而标有 Q 的可口可乐却无人问津,广告宣传完全达到了百事可乐公司所预期的目的,销售量猛增,与可口可乐的差距缩小为 2∶3。

　　B. 侧翼进攻。当市场挑战者难以采取正面进攻或是采取正面进攻风险太大时,可以集中优势力量向竞争对手的弱势进攻。具体可采取两种策略:一是在某一地理范围内寻找竞争对手力量薄弱的地区发动进攻;二是寻找竞争对手尚未服务的细分市场迅速填补空白。

阅读扩展

　　美国微软公司的比尔·盖茨,就是利用了各大型电脑公司 DOS 操作系统互不兼容的特点,创造出通用性很好的个人计算机 DOS 操作系统而发展起来的。

　　C. 包围进攻。这是一种全方位、大规模的进攻策略,市场挑战者同时从竞争对手的正面、侧翼、后方几条战线上展开进攻。该战略要求具有的条件:一是竞争对手留有多处市场空白;二是挑战者具有比竞争对手更大的资源优势,并确信能够打败对手。

阅读扩展

　　日本的索尼公司在向原由美国几大公司控制的世界电视机市场进攻时,采用了此类做法,即提供的产品品种比任何一个美国公司提供的产品品种都齐全,使当时这些老牌大公司节节败退。

　　D. 迂回进攻。这是一种间接的进攻策略,市场挑战者避开竞争对手的现有阵地,进攻对手尚未涉足的业务领域和市场。具体办法有 3 种:一是实现产品多元化;二是实现市场多元化;三是实现产品创新化。

阅读扩展

　　日本富士胶卷公司对美国柯达公司的进攻就是采取迂回攻略。富士深知自己没有向柯达公司直接挑战的实力,因此,它竭力避开与柯达的任何直接对抗。富士最初通过销售适用于柯达标准相机的胶卷,获得了一个狭窄而又有利可图的市场。在富士的地理市场发展方面,它致力于开发柯达力量相对较弱的发展中国家的胶卷市场,以扩大销量和改善营销技巧,准备将来向柯达直接挑战。

E. 游击进攻。这种进攻策略主要适用于规模较小实力较弱的企业。游击进攻的目的是以小型的间断性进攻骚扰对方,使其士气衰落,并最终获得长久性的立足点。

阅读扩展

在美国,高露洁常常在宝洁公司的阴影下艰苦奋斗。在强力洗衣粉方面,宝洁公司的汰渍几乎以 5∶1 的比例胜过高露洁公司的份额;在洗涤液中,宝洁几乎有两倍于高露洁的份额;在肥皂上,高露洁也是落在后边。当戴维·福斯特在 1971 年担任了主要领导人时,当时高露洁有着 13 亿美元的销售额。到 1979 年,福斯特已经把该公司转变成一个销售额达 43 亿美元的跨行业联合大公司,但仍无法向宝洁公司发起挑战。福斯特的实际成就就是认识到了任何同宝洁公司的正面交战都是徒劳无益的。"他们在商店的数量上处于 3∶1 的优势,"福斯特说,"并且在研究人员上,他们也是三个对我们一个。"福斯特的战略很简单——增加高露洁在国外销售的领先地位,在国内实行多样化,进入宝洁公司未进入的市场,绕道进攻宝洁公司。在纺织和医院产品、化妆品、各种运动用品和食品上,它开展了一系列的获胜战略,结果是:1971 年高露洁的业务有半数与宝洁相比是处于劣势的,而到了 1976 年,它 3/4 的营业额,或者是在与宝洁公司竞争中顺利获得的,或者是在宝洁公司全然不经营的产品中获得的。

(3)市场追随者的竞争战略

市场追随者是指那些在市场上处于次要地位、安于次要地位的,在"共处"的状态下求得尽可能多的收益的企业。这种"自觉共处"在资本密集且产品同质的行业是很普遍的现象,但这不等于说市场追随者就无所谓战略。常见的追随者的竞争战略有以下 3 种:

①紧密跟随。这种战略是在各个细分市场和产品、价格、广告、促销等营销组合战略方面,尽可能仿效领导者,不进行任何创新。这种跟随者有时好像是挑战者,但它不会侵犯领导者的地位,有时甚至被看成是依赖市场领导者而生存的寄生者。

②距离跟随。这种策略是在主要方面,如目标市场、产品质量、价格水平、分销渠道、促销方式等方面追随领导者,但仍与领导者保持若干差异。这种追随者可以通过兼并小企业使自己发展壮大。

③选择跟随。这种策略是在某些方面追随领导者,而在另外一些方面则发挥自己的独特性,但不进行直接的竞争。这类跟随者之中有些可能发展成为挑战者。

(4)市场补缺者的竞争战略

市场补缺者是指精心服务于市场的某些细小部分,而不与主要的企业竞争,只是通过专业化经营来占据有利的市场位置的企业。这种有利的市场位置在西方称为"利基"。

①选择补缺基点。市场补缺者应寻找到一个或多个安全的、有利可图的补缺基点。理想的补缺基点具有如下特征:足够的市场潜力和购买力,对主要竞争者不具有吸引力,企业具备占有理想补缺基点所需的资源和能力,企业的信誉足以对抗竞争者。

②主要竞争战略。专业化市场营销是补缺战略的关键,可供选择的方案有以下几种:

A.最终用户专业化。专门致力于对某类最终用户服务,如一些较小的计算机软件公司专门提供防病毒软件,成为"防病毒专家"。

B.垂直层面专业化。专门致力于对营销链的某个环节提供产品或服务,如专业化的清洗公司。

C.顾客规模专业化。专门致力于某一种规模的客户,如某些小型装修公司,专门承接家庭用户的住房装修业务。

D.特定顾客专业化。只对一个或几个主要客户服务,如美国有些企业专门为通用汽车公司供货。

E.地理区域专业化。专为国内外某一地区或地点服务,这些地理区域往往具有交通不便的特点,为大企业不愿经营。

F.产品或产品线专业化。专门生产一种产品或一大类产品,如美国的绿箭公司专门生产口香糖一种产品,现已发展成为一家世界著名的跨国公司。

G.服务专业化。专门为市场提供一项或有限的几项服务,如近年来我国城市中出现的许多"家政服务公司""家教服务中心"等。

H.分销渠道专业化。专门服务于某一类分销渠道,如专门为航空公司的旅客提供食品。

任务 2　企业形象策划

5.2.1　CIS 策划的主要内容

企业形象简称 CIS 或 CI,是 Corporate Identity System 的缩写,译为"企业识别系统"。所谓企业识别即一个企业区别与其他企业的标志和特征,是企业在社会公众心目中占据的特定位置和确立的独特形象。

CIS 策划是企业的整体策划,包括 MIS,BIS,VIS 3 个子系统。MIS 是指理念识别系统(Mind Identity System),BIS 是指行为识别系统(Behavior Identity System),VIS 是指视觉识别系统(Vision Identity System)。CIS 策划流程如图 5.1 所示。

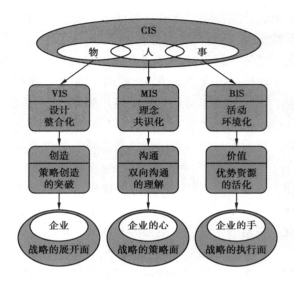

图5.1　CIS策划流程

5.2.2　CIS策划设计

1）MI——理念识别策划

CIS策划开始于MI。MI是BI和VI的基础,即BI和VI都是在MI的基础上设计与实施的。MI策划主要包括企业理念的开发、企业理念的定位和企业理念的实施等内容。企业理念识别系统策划流程如图5.2所示。

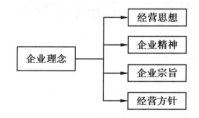

图5.2　企业理念识别系统策划流程

企业理念的开发包含4大步骤:检讨调研报告、激发理念创意、比较筛选创意、构筑创意内涵。

（1）理念识别的定位

理念识别主要有如下类型:目标导向型、团结创新型、产品质量与技术开发型、市场营销型、优质服务型。

①目标导向型。用精练、概括的用语提纲挈领地反映企业追求的精神境界和经营战略目标。它们的目标十分广泛。例如,宝山钢铁(集团)公司的"创造新的文明",美国劳斯公司的"为人类创造最佳环境"。

②团结创新型。用简洁、精练、概括的用语反映企业团结奋斗的优良传统以及拼搏、开拓、创新的团体精神和群体意识。它的主要目标是企业的内部公众。例如,上海大众汽车有限公司的"十年创业,十年树人,十年奉献",日本住友银行的"保持传统更有创新"。

③产品质量与技术开发型。用简洁、精练、概括的用语突出强调企业名牌产品的质量,或强调尖端技术的开发意识,以此来代表企业精神,展示企业形象,有效传达企业对社会的贡献。例如,上海英雄股份有限公司的"至尊英雄""卓越风范,赶超一流",日本卡西欧欧公司的"开发就是经营"。

④市场营销型。它的目标是企业的外部公众,强调市场的覆盖和开拓,争创最佳的经济效益。例如,美国麦当劳公司的"顾客永远是最重要的,服务是无价的,公司是大家的",施乐伯进货公司的"价廉物美"。

⑤优质服务型。它的主要目标也是企业的外部公众,它着重强调的是"顾客是上帝"。

(2)企业理念的应用

企业理念主要用于标语、口号、广告、企业歌曲。

①标语、口号。标语用于横幅、墙壁、标牌上,陈列起来或四处张贴使员工随时可见,形成一种舆论气氛和精神氛围。口号是用生动有力、简洁明了的句子,呼之于口,使之激动人心,一呼百应。标语和口号表达方式可以是比喻式、故事式、品名式和人名式等。例如:

美国电话电报公司:"普及的服务。"

美国德尔塔航空公司:"亲如一家。"

中国台湾资通电脑:"积极热诚,前瞻未来。"

②广告。企业理念一般比较稳定,而广告语可以根据不同时期、不同地域、不同环境灵活改变。例如:

孔府家酒:"叫人想家。"

雀巢咖啡:"味道好极了。"

③企业歌曲。优秀的企业歌曲能够激发人们团结、奋进、向上的激情。例如:美国 IBM 公司每个月唱《前进 IBM》,日本声宝公司每天早晨齐唱《声宝企业颂》,松下公司每天要唱《松下之歌》。

2）BI——行为识别策划

BI,行为识别策划,包括企业内部的行为识别和企业外部的行为识别。行为识别系统策划流程如图5.3所示。

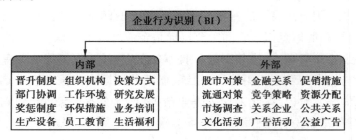

图5.3　企业行为识别系统策划流程

（1）内部的行为识别

进一步规范企业内部行为,这是CI设计的关键内容,包括员工选聘、员工考评、员工实训、员工激励、员工行为、领导行为和内部沟通等。

（2）外部的行为识别

企业外部的识别行为,主要包括广告行为、推销行为、推广行为、公共关系等。

阅读扩展

金利来的文化经商

金利来在全国各地的专卖店、专柜完全是按照"文化经商"理念设计的,包括它"勤、俭、诚、信"的经营理念和"爱国家、爱公司、爱家庭、爱自己"的员工行为规范。金利来参与赞助申奥活动,捐助教育、扶贫等各项社会公益活动,取之社会、反哺社会的企业行为,都充分展示了这个企业的高文化素质、高档次产品品位,让消费者从购买和使用金利来产品的过程中,享受到一种超越使用价值的文化的精神层面的东西,这就是金利来产品和品牌的高附加值。

3）VI——视觉识别策划

在企业的视觉识别系统中。包含两类要素:基本要素和应用要素。企业的视觉识别系统策划流程如图5.4所示。

VI的基本构成要素不仅单独予以应用,而且通过标准组合整体地构成企业识别标志应用于企业生产经营过程中,从语义名称、形象感染、色彩冲击3个方面传播企业视觉识别形象。

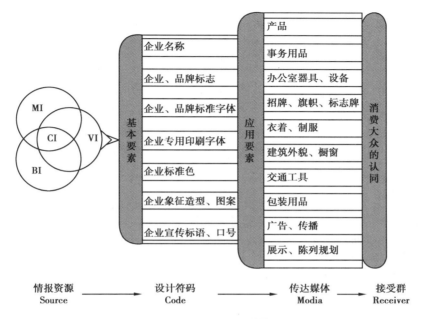

图5.4 企业视觉识别系统策划流程

（1）企业名称

企业定名的要诀在于：

①简。越单纯、越明快的名称，越易于和消费者进行信息交流，易于刺激消费者的遐想，如IBM公司亦将其全称的缩写用于企业形象的塑造。

②特。强调特殊性独一无二。

③新。名称响亮新奇，标新立异。

④亮。取名节奏感强，响亮有气势。

⑤巧。巧妙利用联想的心理现象，使企业名称能给人以好的、吉利的、优美的、高雅的等多个方面的提示和联想，较好地反映出企业的品位，在市场竞争中给消费者好的印象。如"娃哈哈"这个名称，使人自然地联想起天真活泼的孩子，反映出企业的本质和促进少年儿童身心健康的企业宗旨。

（2）标志设计

企业在标志的设计中必须注意以下几点：简洁鲜明，富有感染力。把握一个"美"字，使符号的形式符合人们对美的共同感知，在保持相对稳定性的同时，也应具有时代精神，作必要的调整修改。世界各地企业标志设计的发展趋势，总的特点是出现了"感性凌驾理性"的发展新趋势。

阅读扩展

保洁标志的形成

美国宝洁公司(P&G)的标志就是经多次修订,才形成现在的由星星、月亮构成的圆形图案,透出浪漫、神秘的气息。可口可乐公司在 20 世纪 70 年代新的 CIS 设计中,在标准字下添加了一条白色浪线,成为新标志的点睛之笔,和原有的流利而有韵味的字母相配,和谐而更富激情。

（3）标准字设计

所谓标准字,是指一个企业在各种场合下使用各种宣传内容(包括广告、标志、名称以及各种媒体)都要使用统一的字体。确定标准字的原则在于:

①集中表现企业理念。

②体现企业的统一性和独立性,通过标准字加以统一和规范,给人以独特完整的形象。

③给人一种可靠和稳定的感觉。

（4）企业标准色

在视觉识别中,标准色占有十分重要的位置,确定标准色时要体现商品的特性并能感染公众。比如,日常食品的标志是红色,能够引起食欲的颜色有中桃色、红色、橙色、茶色、不鲜明的黄色、温暖的黄色、明亮的绿色,统称为"食欲色",纯红色不但能引发食欲,还能给人以"好滋味"的联想。一般来说,亮度越高的颜色越缺乏魅力,影响人们对"好滋味"的联想。绿色比较容易给人好感。暗黄绿色近似于纯而明亮的色,很能引人注目。珍珠、项链等宝石类习惯装在黑色的盒子里,因为蓝、紫、浓黑色能衬托出"白"色的质地,可以强调对比色的运用。从顾客角度分析,喜欢红色的顾客是性格内向的人;对黄颜色有兴趣的顾客爱动脑筋;衷情蓝绿色的人有极强的判断力;喜欢蓝色的顾客很会控制自己的感情;倾向于橙色的顾客大多是乐天派。

任务 3　品牌策划

5.3.1　品牌概述

1）品牌的含义

品牌通常由文字、标记、符号、图案和颜色等要素或这些要素的组合构成,是用来识别某个销售者或某群销售者的产品或服务,并使之与竞争对手的产品或服务区别开来的商业名称及标志。

品牌中可以用文字表达的部分称为品牌名称,也称品名。品牌标志是品牌中以符号、图案或颜色等形式显示出来的部分,是一个可以被识别、辨认但不能用语言称谓的部分,也称品标。

阅读扩展

2016 年 10 月,广西南宁一小哥韦某失恋后录视频:"蓝瘦,香菇",本来今天高高兴兴,你为什莫要说这种话? 蓝瘦,香菇。在这里,第一次为一个女孩子这么香菇,蓝瘦。你为什莫要说这种话,丢我一个人在这里?

结果,无意中走红网络,其"蓝瘦香菇"的成名语句瞬间引爆互联网的众多角落。甚至,这个因音似"难受想哭"而走红的网络热词在短短几天后,于 10 月 13 日在深圳市福田区注册成功。自此,一家名为深圳蓝瘦香菇某某公司正式成立。

2)品牌的命名

一般来说,品牌的命名应掌握以下几点:
①简短明了,易读易记。
②暗喻功能,启发联想。
③个性突出,风格独特。

阅读扩展

简短明了,易读易记的品牌的命名如可口可乐、SONY、3M 等。有暗喻功能,启发联想的品牌的命名,如"红豆"则象征纯洁的爱情,"雪碧"则会联想到清凉爽洁等。个性突出,风格独特的品牌的命名,如"万宝路"森林、骏马、牛仔的粗犷个性;"IBM"理性、尖端、成熟的蓝色巨人个性;"麦当劳"快乐、善良、高效的热情个性;"长虹"产业报国、志为民族昌盛的责任个性;"喜之郎"温馨、浪漫、活泼的可爱个性。

3)品牌标志的设计

品牌标志是商品的象征,是产品信息的外在表现。品牌标识设计有以下 4 条原则:
(1)独特醒目,便于识别
造型独特,有鲜明的特点,可反映企业和产品的特色,易于消费者识别。
(2)简洁明了,易于记忆
要让消费者对品牌留下印象,简洁明了的标识符合人们记忆规律和特点,而且简明的标识可以超越国家民族语言文化的限制,便于大众理解和记忆。

(3)具有广泛的文化适应力及长久生命力

品牌标识要经得住时间的考验,又能在不同的文化环境下使用。

(4)品牌的设计要适应商品流通的国际化

除了具备易记、易认的特点外,还要注意西方发达国家的品牌设计流行趋势,从原始的标志性符号转向繁复的绘画图案,再趋向现代单纯简明的几何图案,从具体形象转为文字或抽象几何图案。

5.3.2 品牌策略设计

随着国民经济迅速、持续、稳定的发展,消费者的消费观念也发生了巨大的变化,现在消费者强调的是自我和个性需求的消费理念。消费者需求的改变使得市场日益转向多样化、个性化、细分化和复杂化,企业间的竞争也由规模实力竞争、质量竞争、技术竞争逐步转向销售手段竞争、服务竞争和品牌竞争。中国,这个庞大的消费市场已逐步从"商品消费"时代进入"品牌消费"时代。以往坐在家里收钱,把产品直接往消费者手里送的现实状况已经一去不复返了,在"品牌消费"时代,企业能否培育出自有品牌,并塑造成知名品牌,将决定一个企业在市场上的竞争力,加强品牌规划管理与运营已成为时代的要求,成为企业现代化和成熟程度的重要标志。品牌这个名词将是这个时代的象征,将成为企业间竞争的重要手段,也将成为消费者的时尚消费理念。纵观发达国家企业塑造品牌之历程,均经历规划培育品牌、发展与塑造品牌、经营管理品牌的3个阶段。

1)品牌形象设计

对品牌设计的具体策划,也就是所谓的"包装"。品牌设计包含了以下因素:

①品牌名称。
②品牌的人文、历史、时尚意义。
③品牌联想。
④品牌视觉形象。
⑤品牌听觉形象。
⑥品牌的语言形象。
⑦品牌的品质指数。
⑧品牌的亲和力等因素。

在品牌设计阶段,企业必须充分研究市场,研究消费者,发现市场的盲点以及消费者心中潜在的需求点,发现竞争品牌的空白市场、空缺定位——从这里出发,品牌的设计就不会成为无源之水。如果在这些方面都无法找到依据,品牌的设计仅仅停留在盲目、臆想阶段,缺乏理由,缺乏理直气壮的核心价值,这是新品牌设计的大忌。具体的策划出来后,新品牌的形象、定位、卖点、价值以及和消费者沟通的方式,以详尽的市场执行策略表现出来,形成一套完整的品牌推广策略文本,并作为今后品牌管理的执行样板。

2)品牌的规划与塑造

(1)塑造品牌的途径

①目标性,即拟定的市场与消费群体。通过导入 CIS,树立产品包装设计理念,强化产品形象设计、品牌性格设计。也就是说,一个企业的品牌战略推广过程,是一个规划、计划与策划的过程。同时,品牌的规划、计划与策划必须针对消费者、竞争者及其品牌、产品,要切实避免硬碰硬的对抗。具体而言,就是对消费者的分析不能仅停留在数据分析阶段,必须加强与消费者的共鸣性与互动性;对竞争对手的分析必须有"区隔观念",即审视自己企业的优劣态势,给自己的品牌赋予独特的内涵。

②避免品牌仅仅表达固定的产品属性,必须使其具有较强的延伸能力。因为固定的产品属性只能产生短期的、易于仿效的品牌优势。

③远景与诉求必须贴近人的心理需求,培育自有品牌,最终目标是塑造强势品牌。只有定位高远,才能成为强势品牌,而强势品牌不仅要表达产品功能,而且要有情感诉求点(能帮助消费者表达自己的情感)。纵观中外强势品牌,其生命力都在于打动人心上。心理学研究认为,人对环境的性质的认识往往有"成见效应",不加分析地用最初期的印象来判断、推论其品质,呈现出一种成见,如果第一印象好,则所有与此有关的事都好。因此,确立品牌的起点要高,标准要高。例如,诺基亚手机强调"科技以人为本",吉利剃须刀则宣称自己是"获得得体修面的唯一方法",海尔强调"真诚到永远"。管理大师简杜克认为,检验一个公司是否真正理解品牌,就是看其所树立的品牌是否具有人性化特征,是否具有特定的用户群体以及象征物。

④品牌推广措施必须具有可操作性。品牌要获得消费者认同乃至依赖,必先让自己的员工与合作者(包括上下游供应商)认同。如果公司内部对品牌的理解不统一,那就谈不上创建和塑造品牌,品牌发展与延伸也将成空谈。世界上不少知名企业为了加强员工的认同度,不仅在战略上进行缜密规划,而且还制定了许多可操作的规章条例,以便企业内外参照与了解,如联合利华、立顿茶公司等都有精心制作的品牌手册(基本上涵盖了有关品牌的所有问题),公司的职员若有疑问就可以在手册中找到答案。美孚公司等则采用定期对员工进行品牌内涵考试的方式,以促进员工全面理解自有品牌的内涵,提高对品牌的认知度。

⑤品牌的标识要简单明快、通俗易记。总之,品牌形象识别系统在技术设计上要具科学

性、前瞻性、包容性、系统性。

（2）建立品牌的三要素

实施品牌战略的最终目标是创立名牌，即创立著名商标和驰名商标。一个名牌的创立，均要走过产品和商标相互作用和相互统一的过程。品牌的核心是具有能让消费者满意的产品质量，因此建立品牌必须做到以下三要素：

①严格的质量管理体系。生产出消费者"用得放心"的产品，这是企业品牌创立与管理的最基础的工作。

②依靠企业自身具备一定的技术实力与较强的经营管理能力，即具有不断地开发产品的实力，能满足消费者日益变化的需求和社会变迁，才能保持品牌的价值增量与企业成长，保持旺盛的品牌生命力。

③靠优质的售前、售中、售后服务。服务的好坏直接影响消费者对品牌的评价与认同度。建立品牌，必须以客户价值的增量为基点，优质高效的服务是品牌生命力的重要保障。

3）品牌的管理

企业创出品牌后，并不能高枕无忧，出于生存与发展的需要，还需要对品牌进行行之有效的管理。品牌管理应遵循一惯性、差别性、全面性等基本原则。它内含品牌产品力管理、品牌市场力管理、品牌形象力管理和品牌组织力管理等内容。

怎样才能做好品牌管理工作？著名的品牌管理企业奥美广告公司认为管理品牌有如下十大步骤：

①了解产业环境，确认自己的强弱点，决定"核心"生意。

②形成企业的长远发展目标及可操作的价值观（文化）。

③建立完整的企业识别，并形成维护管理系统。

④确认品牌与消费者的关系，进行品牌定位。

⑤确定品牌策略及品牌识别。

⑥明确品牌责任归属，建立品牌机构，组织运作品牌。

⑦整合营销传播计划及执行，确保品牌与消费者的每一个接触点都能传达有效的信息。

⑧直接接触消费者，持续记录，建立品牌档案，不断培养消费者的品牌忠诚度——品牌跟踪与诊断。

⑨建立评估系统，跟踪品牌资产——品牌评估。

⑩持续一致地投资品牌，不轻易改变。

品牌管理的目的在于：通过细分市场找到自己的独特性，建立自己的品牌优势，并获取利润。品牌能够在市场上脱颖而出，企业必须更新观念，避免只重媒体宣传、促销等短期行为,而要重视品牌的延伸性管理。管理不力,不利于企业树立统一形象、易造成视觉差错。企业在注重培育自己品牌的同时,更应注意保护好自己辛苦创立的品牌。我们许多知名企业就曾因品牌保护不力,出现商标、品牌被别人抢先注册,如云南"红塔山"商标在菲律宾被抢注、北京"同仁堂"在日本被抢注;域名(包括企业名称、商标、注册地点等)也被人抢注,如"五粮液"在加拿大被抢注、"康佳"在美国被抢注、"科龙"在新加坡被抢注等。企业辛辛苦苦创立的知名品牌,因保护不力而被人抢注、被人无偿使用或必须向抢注者支付大量金钱,给企业造成很大的经济损失。

品牌管理是建立、维护、巩固品牌的全过程,是一个有效监管控制其与消费者之间的关系的全方位管理过程,只有通过品牌管理才能实现品牌远景,最终确立品牌的竞争优势。

4)品牌的运营

品牌实质上代表着企业对消费者的一贯性承诺。美国著名质量管理专家米兰博士认为,"质量是品牌打开市场大门的钥匙,是品牌运营的核心所在。"据联合国工业计划署不完全统计,现在全世界有 8.5 万多个名牌,其中 90% 是发达国家和地区的,国际市场上销售额 30 亿美元的大公司有 1 000 余家,日本、美国各占 1/3,总数达 662 家。这些世界知名品牌,是与其商品质量联系在一起的。日本第二次世界大战后设立了戴明质量奖,有的国家将 ISO、IEC 标准加上本国编号直接作为本国国家质量标准,这些都为发达国家和地区"品牌誉满天下"创造了必不可少的条件,也为其品牌之路夯实基础。同时,品牌的生命力在于创新,品牌运营必须植根于创新,以创新提升品牌,使品牌更具吸引力与感召力,永葆品牌之生命力。随着企业间的竞争由产品力竞争转向销售力竞争与形象力竞争,品牌运营已从简单的广告投放转向科学管理与运营。

(1)品牌运营的基准

品牌定位是品牌运营的基准。当今市场上消费者需求越来越趋于个性化的特征已不可逆转地到来,品牌的科学定位成为品牌能否保持健康旺盛生命力的前提与基础。也就是说,品牌必须具有鲜明的个性,与竞争品牌有质的区别,必须具有独特的差异性优势。如麦当劳的品牌定位是有价值、好时光,海尔的品牌定位是真诚、信赖,麦斯威尔咖啡的品牌定位是分享。品牌定位的确定,就是品牌运营的基准,只有定位准确,才能使企业活动保有一致性,才能使得品牌资产得以有效地积累。同时,消费者才有机会随时随地自然地把自己的相关需求与品牌联系在一起,起到"过滤竞争品牌""先入为主"的效果。

(2)品牌运营的目标

品牌蓝图规划是品牌运营的目标。品牌定位的确立使得品牌运营有了基准,但品牌的运营必须有既定发展的方向,即品牌蓝图与品牌发展的愿景。企业要使消费者与品牌之间建立起独特的关系,就必须给消费者一个具体、真实的"图像"。为此,品牌运营的策略必须根据品牌蓝图来制定,即要率先进行品牌蓝图的描绘,找出品牌与消费者之间相连的最佳利益共同点。在这方面,现代企业大多借助于广告推广,因为广告就是不断地描绘品牌蓝图并期望在消费者心目中建立品牌蓝图。基于此,许多企业寻求广告投入的产出比(影响力)最大化而采取外包(交给专业化品牌宣传推介公司运营)。

（3）品牌运营要持久

品牌战略需要打持久战,需要经过几代人的努力,我们只有视质量为生命,以创新求发展,才能创品牌、创名牌。只有以提高品牌知名度、可信度为管理、运营的切入点,并以完善品牌美誉度为指数,以提高品牌忠诚度为目标,扎扎实实培育品牌,才能使品牌健康稳步地发展,发挥它超值的魅力。

复习思考题

1. 从行业的角度分析竞争对手,竞争对手有哪些类型?
2. 分析竞争对手的优劣与劣势的内容有哪些?
3. 一般竞争战略有哪些类型? 其优势与劣势各是什么?
4. 市场领导者的竞争战略有哪些?

案例分析

方太厨具的竞争战略

1998 年开始,方太就坐上了吸油烟机行业的第二把交椅,而且一坐就是 5 年。自 1996年以来,方太厨具从国内 200 多家吸油烟机行业最后一名跃至第二名,已经连续在市场上刮起了 4 股方太旋风,连续 4 年保持市场增长率第一,经济增长率第一。而方太董事长茅理翔却说:"方太不争第一,甘当老二。"甘当老二,这是一种策略。为什么甘当第二? 这还与方太的市场定位有关。很简单,方太的市场定位是中高档,从市场占有率来说,中高档是永远当不了第一的,方太可以争第一品牌,但不可以争第一销量。

明确战略定位,才能当好老二。从 1998 年开始,方太就坐上了吸油烟机行业的第二把交椅,这在中国的企业界也是很少见的。这靠的是方太的法宝:"不做松散的大蛋糕,宁做坚硬的金刚钻。"具体来说,就是方太的三大战略定位:行业定位——专业化,市场定位——中高档,质量定位——出精品。方太的三大定位是赢得市场的三大法宝,是矢志不渝的企业

"基本国策",永远不能丢。这三大战略定位是方太六年高速发展的经验结晶,也是方太未来发展的战略方针。

思考:

1. 方太采取的是什么竞争战略?
2. 请说出方太采取这种战略成功的原因。

百姓装饰的形象策划

2008 年,大众设计公司在接手湖北百姓装饰股份有限公司的品牌识别设计后,马上展开了市场调查。在调查过程中,我们发现了一些有价值的问题:

① 随着人们收入的提高和居住面积的扩大,家庭装修市场潜力巨大。

② 由于街头装修游击队的装修质量无法保证,必将被正规的装修公司所取代。

③ 大多数消费者真正需要的是舒适、实在的家庭装修,而不一定是豪华、奢侈的代名词。

调研完成,策略发想的源点就变得非常清晰,那就是百姓的形象要具有"亲和力",它在更深的层面上是服务业而不是建筑业。"旧时王谢堂前燕,飞入寻常百姓家",一句唐诗启发了我们的灵感。百姓装饰的视觉识别就是以一只简洁抽象的燕子形象作为标志,统一百姓所有的店面设计和广告形象,准确传达家庭装修"以家为本,亲和温馨"的主题。百姓装饰新的形象推出后,识别率很高,迅速在武汉家庭装饰市场上扩大了影响,使百姓装饰成为消费者家庭装修的首选品牌。

思考:

1. 百姓装饰视觉识别成功的主要原因是什么?
2. 市场调查对视觉识别策划有何意义?

王老吉凉茶

王老吉凉茶是中国著名凉茶,于清朝道光年间(约 1830 年)由广东鹤山人王泽邦所创。王泽邦本以务农为生,当时地方瘟疫流行,他偕同妻儿上山避瘟疫,途中巧遇一道士传授药方,王泽邦依照药方煮茶,帮助百姓治病。清文宗咸丰二年,王泽邦被册封为太医令,翌年在广州市十三行路靖远街开设了"王老吉凉茶铺",专营水碗凉茶。之后林则徐任钦差大臣,初到广东,且查禁鸦片时操劳过度,加上水土不服,患上感冒等症。他的随从听闻十三行的王老吉有解暑治感良方,为林则徐求药,后诸症状皆痊愈,林则徐登门答谢王老吉,又问王老吉以何种药治病,当他得知王老吉不过以平价草药来医治,林则徐有感而发,提议王老吉将药方制成凉茶,让人们随到随饮,防病保健。王老吉如林则徐所言,卖起凉茶来。林则徐为鼓励王老吉,特地送来雕有"王老吉"三个金字的大铜葫芦壶,因配方合乎药理,价钱公道,远近闻名。

王老吉这个老字号,在"中华老字号品牌价值百强榜"中排行第五,品牌价值22.44亿元人民币,由两家企业共同使用,包括执掌内地市场的广州王老吉,掌中国香港地区及海外市场的中国香港王老吉国际。中国香港王老吉与广州王老吉本属一家,百年前才分两路,直至1956年,药号亦正式分成两支,内地商标注册归广州王老吉,推出绿色纸包装凉茶。1997年王老吉并入广州药业。2001年3月25日广州市政府在政府广场举行《广州历史文化名城保护条例》施行两周年活动日暨广州市第一批"老字号"授匾仪式。广州市副市长李卓彬向首批27家"老字号"包括王老吉授匾。

中国香港支线在20世纪40年代由第四代传人王豫康开设多达6间分店,现在第五代传人王健仪拥有中国香港地及海外的商标注册权。由于铺租高昂,中国香港也有位于元朗区的天水围颂富商场一间门市铺。另外,天水围天耀商场及屯门良景商场亦有分店。

思考:

1. 王老吉采用的是哪种竞争战略策划?
2. 请说出王老吉采取这种战略成功的原因。

实训项目

一、实训主题

制定××企业的市场竞争战略。

二、实训目的

通过调查分析市场,确定模拟企业的主要竞争对手,并分析主要竞争对手的情况,确定模拟企业在市场中的地位,并根据市场地位制定合适模拟企业的竞争战略。

三、实训内容

1. 组建模拟企业

全班分若干小组组建模拟企业,企业的经营范围由小组成员共同决定,如电器生产企业、贸易公司等。

2. 资料收集

收集竞争对手的资料:

(1)了解竞争对手的获利能力、市场占有率、现金流量、成本降低、技术领先等目标组合。

(2)从竞争对手的产品、销售渠道、市场营销、生产与经营、研究与开发能力、资金实力、组织、综合管理能力等方面,分析竞争对手的优势与劣势。

(3)判断主要竞争对手的反应模式。

(4)根据以上资料,确定主要竞争对手,并确立模拟企业在市场竞争中的位置。

3. 制定市场竞争战略

根据模拟企业在市场竞争中的地位,选择适合企业的竞争战略。

4. 撰写调查分析报告

根据上述评析交流的结果,要求每个小组撰写分析研究报告。分析报告应包括以下主要内容:

(1)企业主要竞争对手的目标、战略、优势与劣势、反应模式。

(2)模拟企业的市场竞争战略。

(3)对企业实施的市场竞争战略进行分析评价。

四、实训组织

本项实训活动组织分两个阶段进行。

1. 组建企业阶段

(1)由教师担任项目总指导,组建若干企业。

(2)各模拟企业推选一位总经理负责企业的全面工作。

2. 收集资料,制定战略阶段

(1)由教师担任研讨活动总指导,另聘副指导若干人。

(2)以模拟企业为单位进行研讨。

(3)各模拟企业就所调查的内容开展研讨。

(4)每组推举 1 人进行全班交流发言。

五、实训考核

学生完成实训后应填写实训报告。

项目6 产品策划

【教学目的与要求】

1. 理解整体产品的概念。
2. 熟悉产品生命周期的特征。
3. 理解产品包装概念。
4. 能运用产品生命周期策划的方法和运用产品包装策划的方法。
5. 熟悉新产品开发程序。
6. 能制定新产品上市策划方案。

【引导案例】

周大福——产品策略演绎成功经典

周大福创立于1929年,后辗转迁移并正式在香港成立,历经60余年的风雨历程,于20世纪90年代开始进军内地市场,在短短几年时间里,在内地发展分行数目就近200家,围绕时尚、新潮等消费心理,周大福推出了适合中国国情5款系列产品组合,成为内地珠宝饰品领域里跃出的一匹"黑马"。

1."绝泽"珍珠系列

所有的美丽都离不开水,珍珠正是水的化身,水的结晶,是品格高贵的象征。"绝泽"珍珠系列将颗颗富有灵性与生命力的珍珠置于流畅、唯美的线条之中,增添了女性的清新风格,含蓄却耀目,是热爱自然、追求意境的女性之首选。

2."绝色"红蓝宝石系列

绝色红蓝宝石系列将性感魅惑、甜蜜动人与浪漫鲜明、前卫个性的元素完美结合,将女性妩媚动人的气质演绎到极致,打造出了一款款古典浪漫又兼具现代时尚气息的饰物,是摩登女郎心中之至爱。

3."水中花"系列

铂金"水中花"系列的设计概念源于"铂金如水",主打吊坠和指环,以女性"心湖中的涟漪"为主题,设计时尚优雅,将清雅与灿烂完美协调,灵巧地勾勒出盛放的花儿在平静心湖中泛起的丝丝涟漪,就像"水中花"般含蓄,但却是心湖中真实而恒久的灿烂回忆!其清新、高雅的格调,让人浮想联翩。

4.“迪士尼公主”首饰系列

“迪士尼公主”首饰系列设计主要以6个深受欢迎的迪士尼童话公主故事为主题,整个系列均围绕着公主的华丽、优雅及纯洁等特质设计而成,包括钻石系列、18K金、铂金及纯银系列。其中,钻石系列中更首推限量版“公主钻石首饰”,增添一份尊贵非凡的气派,给首饰增添了灵性与神秘。

5.“惹火”系列

“惹火”单颗美钻系列吊坠和戒指,借助层次空间与柔美线条的完美结合,诠释极度的女性化风潮,在动感与和谐中,运用奇妙的层次空间令钻石展现无与伦比的折射光芒,而撩人的曲线更是喻义了无限舒展的女性魅力,让新潮的女性叹为观止。

此外,周大福开创了金饰制造新工艺的先河,率先推出的999.9‰纯金饰品已经成为香港的黄金成色标准与典范。在75周年纪念庆典之际,周大福还隆重推出“绝配”组合,该组合可以随意变换不同戴法,成为市场追逐的新宠。

在激烈的市场竞争中,消费者是企业赖以生存的基础,企业只有勇于创新,生产并提供深受消费者青睐的产品,最大化地占领市场,才能在市场竞争中得以生存和发展。周大福品牌产品的成功,得益于其全面而彰显个性的产品策略,准确的产品定位与市场细分,使其拥有了最大化的消费群,而其不断创新、与时俱进的研发风格,使其品牌含金量不断积淀,并焕发出恒久的个性张扬魅力。

任务1　产品组合策划

6.1.1　产品的概念

产品是指能够提供给市场以满足需要和欲望的任何东西,包括有形物品和无形服务。消费需求不断地扩展和变化使产品的内涵和外延不断扩大。从内涵看,产品从有形实物产品扩大到服务、人员、地点、组织和观念。从外延上看,产品从核心产品、有形产品向期望产品、附加产品和潜在产品拓展。从整体上对产品进行研究,提出整体产品的概念,如图6.1所示。

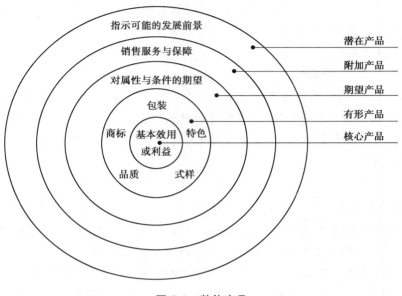

图 6.1　整体产品

1）核心产品

核心产品是指整体产品向顾客提供的基本效用或利益。例如,购买洗衣机可以使消费者省时、省力、快速地清洁衣物和其他物品。因此,企业在设计和开发新产品时,应考虑如何使产品的基本效用或利益最大化以满足顾客的需求。

2）有形产品

核心产品借以实现的形式,即向市场提供的实体和服务的形象。如果有形产品是实体品,则它在市场上通常表现为产品质量水平、外观特色、式样、品牌名称和包装等。产品的基本效用必须通过某些具体的形式才能得以实现。市场营销者应首先着眼于顾客购买产品时所追求的利益,以求更完美地满足顾客需要,从这一点出发再去寻求利益得以实现的形式,进行产品设计。

3）期望产品

期望产品是指购买者购买某种产品通常所希望和默认的一组产品属性和条件。一般情况下,顾客在购买某种产品时,往往会根据以往的消费经验和企业的营销宣传,对所欲购买的产品形成一种期望,如对于旅店的客人,期望的是干净的床、香皂、毛巾、热水、电话和相对安静的环境等。顾客所得到的,是购买产品所希望得到的,也是企业在提供产品时应该提供给顾客的。对顾客来讲,在得到这些产品的基本属性时,并没有太多的喜悦和形成偏好,但是如果顾客没有得到这些,就会非常不满意,因为顾客没有得到他应该得到的东西,即顾客所期望的一整套产品属性和条件。

4)附加产品

顾客购买有形产品时所获得的全部附加服务和利益,包括提供信贷、免费送货、质量保证、安装和售后服务等。附加产品的概念来源于对市场需要的深入认识。因为购买者的目的是为了满足某种需要,因此,他们希望得到与满足该项需要有关的一切。

5)潜在产品

潜在产品是指一个产品最终可能实现的全部附加部分和新增加的功能。许多企业通过对现有产品的附加与扩展,不断提供潜在产品,所给予顾客的就不仅仅是满意,而且使顾客在获得这些新功能的时候,感到喜悦。所以,潜在产品指出了产品可能的演变,也使顾客对于产品的期望越来越高。潜在产品要求企业不断寻求满足顾客的新方法,不断将潜在产品变成现实的产品,这样才能使顾客得到更多的意外惊喜,更好地满足顾客的需要。

案例思考

一位农民工模样的人用自行车载着鲜奶,在高校运动场的路边摆卖,旁边用包装硬纸板树了一个牌子"新鲜牛奶,送货上门"。他站在那里已有很长一段时间了,用近乎乞求的表情望着过路的每一个人。而每一次,他都失望了。

思考:

他的牛奶为啥卖不出去?

6.1.2 产品组合策划

1)产品组合的相关基本概念

（1）产品组合

产品组合是指一个企业在一定时期内生产经营的各种不同产品的全部产品线、产品项目的组合,反映了企业全部产品的结构。产品组合不恰当,可能造成产品的滞销积压,甚至引起企业亏损。

（2）产品线

产品线是指同一产品种类中具有密切关系的一组产品。他们以类似的方式起作用，或通过相同的销售网点销售，或满足消费者相同的需要。例如，对于一个家电生产企业来说，其可以分为电视机生产线、电冰箱生产线、洗衣机生产线等。

（3）产品项目

产品项目是指一类产品中品牌、规格、式样、价格不同的每一个具体产品。

（4）产品组合的宽度

产品组合的宽度指产品组合所包含产品线的数量。

（5）产品组合的深度

产品组合的深度是指每个产品所包含花色、式样、规格的数量。产品线深度是指每个产品线内品种规格的数量，产品线内的产品品种越多，产品线深度越深，否则就越浅。举例说明产品线、产品线宽度与产品线深度的关系，如表6.1所示。

表6.1　产品线、产品线宽度与产品线深度的关系

	产品线1	产品线2	产品线3	产品线4
产品线深度	液态奶	冷饮	奶粉	其他
	酸奶	雪糕	儿童奶粉	奶片
	纯牛奶	冰淇淋	中老年奶粉	乳酪
		奶昔	孕妇奶粉	

产品线宽度

（6）产品组合的长度

产品组合的长度是指产品组合中所包含产品项目的总和。

（7）产品组合的关联性

产品组合的关联性是指一个企业的各个产品线在最终使用、生产条件、分销渠道和其他方面相互关联的程度。

一般情况下，企业增加产品组合宽度，有利于扩大经营范围，发挥企业特长，提高经济效益，分散经营风险。增加产品组合的深度，可占领更多的细分市场，满足消费者广泛的需求和爱好，吸引更多的消费者。增加产品组合的长度，可以满足消费者不同的需求，增加企业

经济效益。而增加产品组合关联性,则可以使企业在某一特定领域内加强竞争力和获得良好声誉。

2)产品组合策划的基本思路

产品组合策划是企业根据自身条件及消费者需求,对现有产品线或产品项目进行分析、评估、筛选,通过调整产品组合的广度(宽度)、长度、深度和关联度,促使企业产品组合达到最佳状态的过程,要求各种产品项目之间质的组合和量的比例,既能适应市场需要,又能使企业盈利最大化。企业在调整和优化产品组合时,可以视情况不同选择以下产品组合策略:

(1)拓展产品组合

企业可以充分利用资源,发展优势,分散企业的市场风险,增强竞争力。其渠道主要是扩大产品组合的宽度、加深产品组合的深度,即增加一条和多条生产线,拓宽产品经营领域和在原生产线的基础上增加新的产品项目。若企业现有的产品线销售和利润下降时,应及时扩大产品组合宽度,增加生产线。若企业需要进军更多的细分市场,满足更多不同需求的消费者,可以选择加深产品组合的深度,增加新的产品项目。实行这一策略的主要特点是:降低企业的市场风险或平衡风险,但企业的投入将增加,成本提高,利润可能减少。

(2)缩减产品组合

与拓展产品组合策略相反,企业为了减少不必要的投资,降低成本,增加利润,必须发展一些获利较多的产品线和产品项目。缩减产品组合主要有两种途径:一是减少产品线的数量,即剔除获利很小甚至无利可图的产品线,使企业集中资源在优势产品线的生产上;二是减少产品项目数,即剔除盈利能力差的产品,集中资源用于提高产品质量,降低消耗,提高分销、促销的力度,同时,减少资金占用,加快资金周转。该策略的主要特点是集中企业优势发展利好产品,降低成本,但增加了企业的市场风险。

(3)产品延伸策略

每个企业的产品都有自己的市场定位。例如,"奥迪"轿车定位于高档车,"桑塔纳"轿车定位于中档车,而"夏利"轿车则定位于低档车。产品延伸策略就是企业根据市场的需求,全部或部分改变产品的市场定位。

①向上延伸策略。即在原有产品线内增加高档产品项目。早期日本公司在产品延伸时大多采取向上延伸的方式,即从低档品到中档品再到高档品。例如,率先打入美国市场的本田摩托车,就将其产品线从低于 125 CC 延伸到 1 000 CC。雅马哈摩托车紧随其后,陆续推

出了 500 CC,600 CC,700 CC 的摩托车,还推出了一种三缸、四冲程,轴驱动摩托车,从而在大型越野摩托车市场展开了强有力的竞争。之所以这样做,是因为高档产品市场有着较大的市场增长率和较高的利润,而且,企业具备了相应的技术设备和营销能力。但这一策略也存在一定的风险。消费者不相信,经销商不愿意经营。

②向下延伸策略。即在原有产品线内增加低档产品项目。采取这种方案可以给企业带来 3 点好处:一是可以使企业获得更大的市场占有率;二是企业可以充分利用产品设计、生产工艺、促销宣传、分销渠道等方面的现有条件,使得从高档产品市场进入中低档产品市场的成本较低;三是短期内可获得较明显的经济利益。例如,海尔公司在生产高档冰箱、空调产品占领市场的同时,把产品线向下延伸,生产电风扇。其产品刚进入市场,就受到消费者的欢迎。向下延伸使用不当也容易损害原有高档品牌的声誉。

③双向延伸策略。即定位于中档产品市场的企业向产品的上下两个方向延伸。它是指经营中档产品的企业在取得竞争优势后,在原有产品线中同时增加高档和低档产品,扩大产品阵容。这种策略在一定条件下有助于加强企业的市场地位,特别适合新兴行业中的企业采用。20 世纪 70 年代后期,日本精工钟表公司一方面推出了"脉冲星"牌系列的低价表,向下渗透低档产品市场;另一方面,为打入高价和豪华型手表市场,又推出了售价高达 5 000 美元的超薄型手表,通过"两面夹攻"取得成功。1985 年 9 月,中国台湾地区某出版公司取得了金庸 14 部 36 册小说的出版权,当时,市场上已有 25 开平装版的《金庸作品集》,而且盗版情况严重。为了打击盗版,该公司决定利用定价来对付盗版行为,暂时放弃平装版,而改印典藏版与袖珍版。典藏版采用 25 开,纸张较考究,而且限量发行,强调它的收藏价值,同时采用高价定位,比平装版价格高出 65% 左右。同时,发行低价的袖珍版,将原来平装版的一册改为袖珍的两册,而且两本袖珍版的价格比一本平装版价格低 35% 左右。该公司采用这种老产品营销延伸策略,将材料、性能和价格相结合,不仅有效打击了盗版行为,而且开创了典藏版和袖珍版的市场。

④产品线现代化。产品线现代化策略是强调把科学技术应用于生产经营过程,并不断改进产品线使之符合现代顾客需求发展的潮流。如果产品组合宽度、广度和长度适宜,但生产方式落后,或者产品跟不上现代顾客需求发展的潮流,就会影响企业的生产和市场营销效率,此时就必须实施产品线现代化策略。

当企业决定实施产品线现代化策略之后,所面临的问题是以渐近方式还是以快速方式实现产品线的技术改造?逐步实现产品线的现代化改造,可以节省资金,但也容易被竞争者模仿。快速实现产品线的现代化改造,可以快速产生市场效果,并对竞争者产生威胁,但需要在较短时间内投入大量资金。因此,企业应结合自身情况,选择适当方式优化生产线。

案例思考

早年,美国的"派克"钢笔质优价贵,是身份和体面的标志,许多社会上层人物都喜欢带一支派克笔。1982年,新总经理上任后,把派克品牌用于每支售价仅3美元的低档笔上,结果,派克公司非但没有顺利打入低档笔市场,反而丧失了一部分高档笔的市场。其市场占有率大幅下降,销售额只及其竞争对手克罗斯公司的一半。

思考:

1. 产品线延伸策略包括哪几种?
2. 派克新任总经理采取的是哪种产品线延伸策略? 这种策略会使企业面临什么风险?
3. 派克调整其产品组合的策略为什么失败?

任务2 产品包装策划

6.2.1 包装的含义

包装是指产品的容器或外部的包装物。绝大多数产品都需要包装,随着包装新材料的出现和包装技术的提高,包装已经成为一种专门的技术,形成了一门新的学科和独立的行业。现代营销过程中的包装已经远远超出作为容器保护产品的作用,而成为促进和扩大产品销售的重要因素之一。产品包装一般分为以下3个层次:

1)内包装

内包装,又称销售包装,它是产品的直接容器或包装物,随同商品一起卖给顾客,如香烟的小纸盒、啤酒瓶、墨水瓶等。

2)中层包装

中层包装用来保护内包装和促进销售。

3)外包装

外包装,也称运输包装或储运包装,它是为了便于储存、搬运和辨认产品的包装,如装运酒的纸板箱。

此外,附在产品包装上的标签也是包装的组成部分,用来说明产品名称、成分、用法、质量标准、生产厂家、使用有效期、生产日期等与买方利益有关的信息。

6.2.2 包装的作用

1)保护商品的作用

它是指保护被包装的商品,防止风险和损坏,诸如渗漏、浪费、损耗、散落、掺杂、收缩和变色等。产品从生产出来到使用之前这段时间,保护措施是很重要的,包装如果不能保护好里面的物品,这种包装就是一种失败。

2)提供经营和消费的方便

制造者、营销者和顾客要把产品从一个地方搬到另一个地方,因此,包装要为他们提供这种便利。牙膏或钉子放在纸盒内可以很容易在库房里搬动,而散装的酱菜和洗衣粉,已被现在的独立包装所取代,这样,消费者采购后回家使用时非常方便。

3)便于识别商品

包装上必须注明产品型号、数量、品牌及制造厂家或零售商的名称。包装既能帮助库房管理人员准确地找到产品,也能帮助消费者找到自己想买的东西。

4)促进商品的销售

一方面,精美的包装有助于提高顾客的购买兴趣。在商店里,包装吸引着顾客的注意力,并能把他的注意力转化为购买兴趣。尤其在超级市场中,大部分购买者是即兴购买,短时间内要浏览许多商品项目。因此,作为商品外观的包装就执行着许多推销任务。这就要求包装能吸引顾客的注意力,说明产品特色,给消费者以信心,形成一个有利的总体印象。所以,有人认为"每个包装箱都是一幅广告牌""包装是 5 秒钟广告"。

另一方面,良好的包装有助于消费者迅速识别出是哪家公司或哪一品牌,有助于树立公司和产品的形象,起到促销作用。例如,金宝汤料公司估计平均每个购买者 1 年中看到它的熟悉的红与白标志颜色 76 次,这等于创造了价值 2 600 万美元的广告费。

案例思考

山姆森玻璃瓶——一个价值 600 万美元的玻璃瓶

说起可口可乐的玻璃瓶包装,至今仍为人们所称道。1898 年鲁特玻璃公司一位年轻的工人亚历山大·山姆森在同女友约会中,发现女友穿着一套筒型连衣裙,显得臀部突出,腰部和腿部纤细,非常好看。

约会结束后,他突发灵感,根据女友穿着这套裙子的形象设计出一个玻璃瓶。经过反复修改,亚历山大·山姆森不仅将瓶子设计得非常美观,很像一位亭亭玉立的少女,他还把瓶子的容量设计成刚好一杯水大小。瓶子试制出来之后,获得大众交口称赞。有经营意识的亚历山大·山姆森立即到专利局申请专利。当时,可口可乐的决策者坎德勒在市场上看到了亚历山大·山姆森设计的玻璃瓶后,认为非常适合作为可口可乐的包装。于是他主动向亚历山大·山姆森提出购买这个瓶子的专利。经过一番讨价还价,最后可口可乐公司以600万美元的天价买下此专利。

要知道,在100多年前,600万美元可是一项巨大的投资。然而实践证明,可口可乐公司这一决策是非常成功的。亚历山大·山姆森设计的瓶子不仅美观,而且使用非常安全,易握,不易滑落。更令人叫绝的是,其瓶型的中下部是扭纹型的,如同少女所穿的条纹裙子。而瓶子的中段则圆满丰硕,如同少女的臀部。此外,由于瓶子的结构是中大下小,当它盛装可口可乐时,给人的感觉是分量很多的。采用亚历山大·山姆森设计的玻璃瓶作为可口可乐的包装以后,可口可乐的销量飞速增长,在两年的时间内,销量翻了一番。从此,采用山姆森玻璃瓶作为包装的可口可乐开始畅销美国,并迅速风靡世界。600万美元的投入,为可口可乐公司带来了数以亿计的回报。

思考:

从以上案例得到什么启示?

6.2.3　产品的包装要素

包装是产品策划的重要组成部分,通常是指产品的容器或包装物及其设计装潢。包装要素包括如下几部分内容:

1)包装形状

产品的包装形状主要取决于产品的物理性能,如固体、液体,其包装形状各不相同。包装外形应能够美化商品,使产品对用户有吸引力,方便运输、装卸和携带等。

2)包装的大小

产品包装的尺寸主要受目标顾客的购买习惯、购买力大小以及产品的有效期等因素的影响,应力求让消费者使用方便、经济。

3）包装构造

包装构造要求突出产品鲜明的特色，使产品在外在包装和内在性能上完美地统一起来，给用户留下深刻的印象。

4）包装材料

包装材料要求能充分地保护产品，如防潮、防震、隔热等；有利于促销，开启方便，便于经销、储存和陈列等；节约包装费用，降低售价。

5）包装的文字说明、配图、色调、品牌与标签

根据不同产品的特点，文字说明既要严谨，又要简明扼要。文字说明主要包括产品的名称、数量、规格、成分、产地、用途、使用与保养方法等，以及图片和色调的使用。有些商品应标明注意事项、副作用等，借以增加顾客对该商品的信任感。

阅读扩展

包装增加产品附加值

不少产品都有"简装版"和"精装版"，它们的区别不仅在于包装的不同，还有色彩的不同。精美色彩对产品附加值的影响：要增加附加值，常常会使用彩度高、明度高以及对比强烈的色彩来表现，如金、银色比较华丽，黑、红色的组合给人大气的感觉。当然也有不少食品的包装走清新、淡雅路线，同样看起来高档、精美，这就要靠色彩的和谐搭配来体现了。

色彩的尺寸和重量感对产品附加值的影响：黑色、红色、橙色给人以重的感觉，绿色、蓝色给人以轻的感觉，蓝色物体趋于比同样大小和同一距离的红色物体显得小而远，同理，黑色包装往往比同形的白色包装显得小而重。所以，笨重的商品采取浅色包装，会使人觉得轻巧、大方；分量轻的商品采用浓重颜色的包装，给人以庄重结实的感觉。在包装设计中，尺寸和重量可能与经济价值联系在一起。这种潜意识反映很重要。因为这种色彩和尺寸的错觉可以影响到客户的购买决断。

何为过度包装？

过度包装，是指商品超出制度的包装功能需求，包装孔隙率、包装层数、包装成本超过必要程度的包装。一种商品是否过度包装可以从包装孔隙率、包装层数、包装成本和销售价格

比4个要素进行判断。国家对于具体产品的包装有规定,如月饼包装,在孔隙率方面规定为60%,包装与产品之间的空隙超过这一规定即违规不得出售,而化妆品的孔隙率为50%。

《中华人民共和国标准化法实施条例》第三十三条规定,生产不符合强制性标准的产品的,对生产者责令停止生产、没收产品、监督销毁或者做必要的技术处理,处以该批次产品货值金额20%至50%的罚款,对有关责任者处以5 000元以下的罚款。

6.2.4　包装的策略

1)类似包装策略

类似包装策略是指企业生产经营的所有产品在包装外形上都采取相同或相近的图案、色彩等共同的特征,使消费者通过类似的包装联想起这些商品是同一企业的产品,具有同样的质量水平。类似包装策略不仅可以节省包装设计成本,树立企业的形象,扩大企业的影响,而且还可以充分利用企业已经拥有的良好声誉,消除消费者对新产品的不信任感,进而有利于带动新产品的销售。它适用于质量水平相近的产品,但由于类似包装策略容易对优质产品产生不良影响,因此,对于大多属不同种类、不同档次的产品一般不宜采用这种包装策略。

2)配合包装策略

配合包装策略是企业将几种有关联性的产品组合在同一包装物内的做法。这种策略能够节约交易时间,便于消费者购买、携带与使用,有利于扩大产品销售,还能够在将新旧产品组合在一起时,使新产品顺利进入市场。

3)等级包装策略

对于同一种产品采用不同等级的包装,以适应不同的购买力水平,或者按产品的质量等级不同,采用不同的包装,如优质产品采用高档包装,一般产品采用普通包装。

4)复用包装策略

包装内产品使用完以后,包装物本身可以回收再利用或被顾客用做其他用途,如啤酒瓶可回收重复利用,装糖果的盒子可用作饭盒。复用包装策略的目的在于通过给顾客额外的利益,扩大销售。

5)分类包装策略

分类包装策略是根据消费者购买目的的不同,对同一产品采用不同的包装。例如,购买商品用做礼品赠送亲友,则可精致包装;若购买者自己使用,则简单包装。这种包装策略的优点与等级包装策略相同。

6)附赠品包装策略

在包装物内附赠物品或奖券。这种策略是利用顾客的好奇心获取额外利益的心理,吸引其购买和重复购买,以扩大销量。对儿童用品、玩具及食品等采取这种策略较为适宜。

7)改变包装策略

当某产品销量不畅或长期使用一种包装时,企业可以改变包装设计、包装材料,通过使用新的包装,使顾客产生新鲜感,达到扩大销路的目的。

8)绿色包装策略

绿色包装又称为生态包装,是指包装材料可以重复使用或可再生、再循环,包装废物容易处理以及对生态环境有益的包装。采用这种包装策略易于被消费者认同,有利于环境保护以及与国际接轨,从而产生促销效果。

阅读扩展

消费者在选购啤酒时,除了质量和口感外,包装也是一个重要的考虑因素,因为包装能从一方面体现出品牌的整体形象。世界畅销啤酒品牌——百威对于这一点谙熟于心。为了保证每一箱、每一瓶、每一罐百威啤酒都拥有从内到外的卓越品质,"啤酒之王"百威始终通过不断改良的优质包装来进一步提升其品牌形象。

百威啤酒长期以来注重产品包装的创新,并以其在包装上所体现出来的丰富创意闻名于世。百威(武汉)国际啤酒有限公司秉承了这一传统,不断在包装上推陈出新,为中国消费者提供更多选择:1997 年的压花玻璃小瓶装百威,1999 年的大口盖拉环罐装百威,2000 年的 4 罐便携装百威,以及后来面世的 700 mL 装百威和最新推出的 500 mL 装,百威在包装上的每一个创新都为中国消费者带来了惊喜。其中,700 mL 装和 500 mL 装更是针对中国的啤酒市场特别推出,充分显示了百威对中国消费者的高度重视。

除整体包装外,百威对包装的各个细节也不断进行着完善和创新。1998 年,百威推出可显示啤酒最佳饮用温度的温度感应锡箔标签;2000 年初百威对标签进行重新设计,全新的标签在金色叶片的衬托下更显高贵;2000 年 12 月,百威又对瓶身标签的文字进行了修改,以方便消费者阅读。所有这些对包装细节的精益求精无不体现出百威对产品质量的不懈追求。

在酒瓶的选择上,自1997年中国啤酒瓶国家标准要求使用"B"瓶(即啤酒专用瓶)包装以来,百威就一直严格遵照执行。此外,百威不使用回收瓶,并为百威专用酒瓶制定了非常严格的检测标准。全新的玻璃瓶无异物、无油污、无杂质,干净卫生,充分保证了百威啤酒的纯正口味和新鲜程度。在每次使用前,百威还要对所有啤酒瓶进行抗内压力检测,以最大限度地减少瓶爆现象。百威的瓶盖垫全部从美国和德国进口,并经过特别密封和风味测试,确保无任何异味后方投入使用。

百威的与众不同还体现在其对高强度耐压纸箱的使用。同一啤酒商使用塑料箱外包装不同,百威从1998年起就开始使用高强度耐压纸箱外包装。这种保护力强、高质量的多重包装保证了百威啤酒瓶不会裸露在外,避免啤酒口味因阳光的直射而被破坏,从而确保了百威啤酒的新鲜程度。这样,消费者品尝到的百威啤酒就和它出厂时的口感一样清澈、清醇、清爽。

此外,对所有为其生产易拉罐和啤酒瓶的供应商,百威一律实行严格的资格审核,包括厂房及生产工艺技术、抽样检测产品,甚至于对每个原材料进行审核等。即使是在对方获准成为百威的供应商后,百威仍保持对他们实行严格的管理措施。

优质的包装与卓越的品质紧密相连,体现了百威不懈进取、精益求精的企业精神。正是这种对每一个细节追求完美的工作态度,成就了百威在中国啤酒市场上的领先外资品牌地位。百威还将继续努力,在包装上不断改良和创新,将更高品质的百威啤酒奉献给广大的中国消费者。

任务3　产品生命周期策略策划

6.3.1　产品生命周期的基本概念

产品生命周期是指某产品从进入市场到被淘汰出厂的全部过程。它指的是产品的市场寿命,而不是使用寿命。产品生命周期由需求与技术的生命周期决定。企业开展市场营销活动的思维视角不是从产品开始,而是从需求出发的。任何产品都只是作为满足特定需要或解决问题的特定方式而存在。

由图6.2可见,典型的产品市场生命周期包括4个阶段,即导入期、成长期、成熟期和衰退期。其生命周期表现为一条"S"形的曲线。

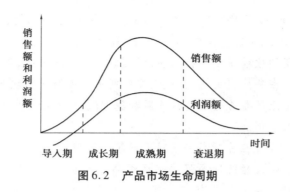

图6.2　产品市场生命周期

6.3.2　产品各期的策略策划

1）产品导入期的策划

产品导入期策划的基本思路是突出一个"快"字,即尽可能快地进入和占领市场,在尽可能短的时间内实现由投入期向成长期转轨。这个时期的策略策划有以下几种:

（1）快速掠取策略

快速掠取策略,即以高价格和高促销费用推出新产品。实行高价格是为了在每一单位销售额中获取最大的利润。高促销费用是为了引起目标市场的注意,加快市场渗透。成功地实施这一策略,可以在短时期内赚取较高的利润,尽快收回新产品开发投资。实施该策略的市场条件:市场上有较大的需求潜力;目标顾客具有求新的心理,急于购买新产品,并愿意为此付出高价;企业面临潜在竞争者的威胁,需要及早树立品牌形象。

阅读扩展

以1945年美国雷诺公司经营圆珠笔为例,当时临近第二次世界大战后第一个圣诞节,许多人希望能买到一种新颖别致的商品作为圣诞礼物。雷诺公司看准了这一时机,不惜重金从阿根廷引进了当时美国还没有的圆珠笔生产技术,并在很短的时间内生产出产品。

在制定价格时,他们进行了认真的研究分析,考虑到这种产品在美国首次出现,无竞争对手,战后市场物资供应缺乏,购买者求新好奇,追求礼物新颖等因素,决定采取快速掠取战略,以远高于成本的价格每支10美元卖给零售商。当时每支笔的生产成本仅为0.50美元。零售商以每支20美元的价格出售,产品在美国风靡一时,雷诺公司获得了巨额利润。由于圆珠笔的生产技术比较简单,所以很快招来了大量的竞争者,产品价格迅速下降,零售价降为每支0.70美元,生产成本降为每支0.10美元。

（2）缓慢掠取策略

缓慢掠取策略，即以高价格和低促销费用将新产品推入市场。高价格和低促销费用结合可以使企业获得更多利润。实施该策略的市场条件：市场规模相对较小，竞争威胁不大；市场上大多数用户对该产品没有过多的疑虑；适当的高价能为市场所接受。

（3）快速渗透策略

快速渗透策略，即以低价格和高促销费用将新产品推入市场，其目的在于先发制人，以最快的速度打入市场，该策略可以给企业带来最快的市场渗透率和最高的市场占有率。实施这一策略的市场条件：产品容量很大；潜在消费者对产品不了解，且对价格十分敏感；潜在竞争比较激烈；产品的单位制造成本可随生产规模和销售量的扩大而迅速下降。

阅读扩展

康师傅进入方便面行业，在产品导入市场时采用了正确、有效的营销模式，其模式的核心是产品创新、广告突破。当时内地的方便面市场呈现两极化：一极是国内厂家生产的廉价面，几毛钱一袋，但质量很差；另一极是进口面，质量很好，但价格贵，五六元钱一碗，普通人根本消费不起。面对这种市场情况，康师傅认为：如果有一种方便面物美价廉，一定很有市场。康师傅经过上万次的口味测试和调查发现：内地人口味偏重，而且比较偏爱牛肉，于是决定把"红烧牛肉面"作为主打产品。考虑到内地消费者的消费能力，最后把售价定在1.98元人民币。

与此同时，康师傅的广告宣传也全面铺开。1992年，当国内企业还没有很强的广告意识，康师傅的年广告支出就达到了3 000万元。为了将一句"好味道是吃出来的"的广告词铺满大江南北，康师傅在20世纪90年代中后期，每年的广告投入从不低于1亿元。包装漂亮、广告凶猛的康师傅一经推出便立即打响，并掀起一阵抢购狂潮。

（4）缓慢渗透策略

缓慢渗透策略，即以低价格和低促销费用推出新产品。低价是为了促使市场迅速地接受新产品，低促销费用则可以实现更多的利润。企业坚信该市场需求价格弹性较高，而促销弹性较小。实施这一策略的市场条件是市场容量较大；潜在顾客易于或已经了解此项新产品且对价格十分敏感；有相当多的潜在竞争者准备加入竞争行列。

2）产品成长期的策划

进入成长期，消费者对产品已经熟悉，早期采用者也加入购买行列，销售量迅速地增长，成本逐步降低，企业的利润快速上升。这个时期竞争比较激烈。此阶段营销策划主要强调一个"好"字，即不断提高产品质量，改进服务，树立良好的企业及品牌形象，抓住难得的市场

机会,扩大市场占有率。可以采取以下策略:

(1)改进产品

集中力量提高产品质量,增加花色品种。

(2)开辟新市场

不断细分市场,吸引更多的消费者,扩大市场份额。

(3)密集分销

利用尽可能多的分销渠道销售商品,扩大商业网点。在扩大产品规模的基础上,适当降低价格。

(4)建立品牌形象

通过促销,从让消费者了解产品过渡到树立品牌形象。

3)产品成熟期的策划

成熟期是产品迅速普及阶段。这一阶段表现为"两高一低",即生产量和销售量很高,但销售增长幅度变慢,利润开始下降,市场竞争异常激烈。这一时期策划主要突出一个"改"字,主要有如下几种策略:

(1)市场改良策略

市场改良策略,也称市场多元化策略,即企业发现产品的新用途或改变推销方式等,以使产品销售量得以扩大。采取这种策略可以从以下几个方面考虑:

①寻求新的细分市场,把产品引入尚未使用过这种产品的市场,重点是发现产品的新用途,应用于其他领域,使产品的成长期延长。

②寻求能够刺激消费者、增加购买的方法。

③市场重新定位,寻求有潜在需求的新顾客。

(2)产品改良策略

产品改良策略也称为"产品再推出",是指以产品自身的改变来满足顾客的不同需要,吸引有不同需求的顾客。具体包括品质改良、特性改良、式样改良、附加产品改良等。

(3)营销组合改良策略

营销组合改良策略是指通过改变定价、销售渠道及促销方式来延长产品成熟期。

阅读扩展

尼龙袜的销售曲线日趋平坦后,杜邦公司便潜力研究,发现那时女人已趋于"露腿",青年妇女对于穿袜子的"社交需要"的感觉也日渐淡薄。由于这些发现,杜邦管理部门认为要使销售曲线回升,有一个直接的方法,就是重复强调社交必须穿袜子。这种方法显然颇为困难,宣传的成本也很高,不过它却能在现有的使用者之间,促使她们时常穿着袜子,达到延长产品生命周期的目的。

对杜邦来说,这种策略主要是要使妇女更普遍地购买尼龙丝袜。首先,杜邦公司推出一种淡色的丝袜,当作时髦标致的装饰。让大家普遍购买使用后,杜邦又推出一些带有花样的高级丝袜,取代以前那种花色单调的丝袜,妇女受花样的吸引,纷纷换旧购新,货色的换新变化,使人觉得年年都有新花样可以买,可以穿。

此外,让人们接受少女穿尼龙丝袜也是一种正当的需要,从而增加少女这一阶层的顾客。此时,杜邦公司采用了广告、公共关系等手段来进行这种宣传,打开少女市场。

4）产品衰退期的策划

在产品衰退期,策划重点突出一个"转"字,应积极开发新产品来取代老产品。具体策略有以下几种:

（1）立即放弃策略

立即放弃策略,即立即放弃衰退产品,经营可替代的新产品。

（2）维持策略

维持策略,即保持原有的细分市场和营销组合策略,把销售维持在一个低水平上,待到适当的时机,便停止经营,退出市场。

（3）榨取策略

榨取策略,即大大降低销售费用,如将广告费用削减为零,大幅度精简推销人员等。虽然销售量有可能迅速下降,但是可以增加眼前的利润。

讨论与思考

国内某知名啤酒集团针对啤酒消费者对啤酒口味需求日益趋于柔和、淡爽的特点,积极利用公司的人才、市场、技术、品牌优势,进行小麦啤酒研究。2000 年,利用其专利科技成果开发出具有国内领先水平的 J 牌小麦啤酒。这种产品泡沫更加洁白细腻、口味更加淡爽柔和,更加迎合啤酒消费者的口味需求,一经上市就在低迷的啤酒市场上掀起一场规模宏大的 J 牌小麦啤酒消费的概念消费热潮。

一、J 牌小麦啤酒的基本情况

J 牌啤酒公司当初认为,J 牌小麦啤酒作为一个概念产品和高新产品,要想很快获得大份额的市场,迅速取得市场优势,就必须对产品进行一个准确的定位。J 集团把小麦啤酒定位于零售价 2 元/瓶的中档产品,包装为销往城市市场的 500 mL 专利异型瓶装和销往农村、乡镇市场的 630 mL 普通瓶装两种。合理的价位、精美的包装、全新的口味、高密度的宣传使 J 牌小麦啤酒在 2000 年 5 月上市后,迅速风靡本省及周边市场,并且远销到江苏、吉林、河北等外省市场,当年销量超过 10 万吨,成为 J 集团一个新的经济增长点。由于上市初期准确的市场定位,J 牌小麦啤酒迅速从诞生期过渡到高速成长期。

高涨的市场需求和可观的利润回报使竞争者也随之发现了这座金矿,本省的一些中小啤酒企业不顾自身的生产能力,纷纷上马生产小麦啤酒。一时间市场上出现了五六个品牌的小麦啤酒,而且基本上都是外包装抄袭 J 牌小麦啤酒,酒体仍然是普通啤酒,口感较差,但凭借 1 元左右的超低价格,在农村及乡镇市场迅速铺开,这很快造成小麦啤酒市场竞争秩序严重混乱,J 牌小麦啤酒的形象遭到严重损害,市场份额也严重下滑,形势非常严峻。J 牌小麦啤酒因此从高速成长期,一部分市场迅速进入了成熟期,销量止步不前,而一部分市场由于杂牌小麦啤酒低劣质量的严重影响,消费者对小麦啤酒不再信任,J 牌小麦啤酒销量也急剧下滑,产品提前进入了衰退期。

二、J 牌小麦啤酒的战略抉择

面对严峻的市场形势,是依据波士顿理论选择维持策略,尽量延长产品的成熟期和衰退期最后被市场自然淘汰,还是选择放弃小麦啤酒市场策略,开发新产品投放其他的目标市场?决策者经过冷静的思考和深入的市场调查后认为:小麦啤酒是一个技术壁垒非常强的高新产品,竞争对手在短期内很难掌握此项技术,也就无法缩短与 J 牌小麦啤酒之间的质量差异。小麦啤酒的口味迎合了当今啤酒消费者的流行口味,整个市场有较强的成长性,市场前景是非常广阔的。所以,选择维持与放弃策略都是一种退缩和逃避,失去自己投入巨大的心血打下的市场实在可惜,而且,研发新产品开发其他的目标市场,研发和市场投入成本很高,市场风险很大,如果积极采取有效措施,调整营销策略,提升 J 牌小麦啤酒的品牌形象和活力,使其获得新生,重新退回到成长期或直接过渡到新一轮的生命周期,自己将重新成为小麦啤酒的市场引领者。

事实上,通过该公司准确的市场判断和快速有效的资源整合,J 牌小麦啤酒化险为夷,重新夺回了失去的市场,J 牌小麦啤酒重新焕发出强大的生命活力,重新进入高速成长期,开始了新一轮的生命周期循环。

思考:

1. 分析 J 牌小麦啤酒的优势与劣势。
2. 如果你是公司的决策人,你会采取哪些具体措施来延长 J 牌小麦啤酒的生命周期?

任务 4 新产品开发策划

有人说:"在 IT 类产品市场上,18 个月产品技术翻一番,产品价格降一半。"更有人说:"昨天某款手机上市,今天该手机降价。"这些都说明现代社会科学技术发展越来越快,产品生命周期也在迅速缩短,因此新产品的开发就成为企业市场竞争力的基本标志。企业的生存和发展与新产品开发有着密切的联系。根据一家美国咨询公司对美国国内 700 多家公司所做的调查,进入 2010 年以后,这些公司的利润总额的 3/5 来自新产品的销售利润,而在 20 世纪 50 年代,新产品开发所带来的利润仅占公司利润的 1/5。这说明,现代社会竞争日趋激烈,使新产品开发成为必要,而高科技的日新月异又为新产品开发提供了可能。

6.4.1 新产品的分类

现代市场营销观念下的新产品概念是指凡是在产品整体概念中的任何一个部分有所创新、改革和改变,是能够给消费者带来新的利益和满足的产品,都是新产品。按产品研究、开发过程划分,新产品可分为以下 6 种:

1)全新产品

全新产品是指应用新原理、新技术、新材料制造出前所未有,能满足消费者的一种新需求的产品。例如,1867—1960 年,全球公认的新产品有真空管、打字机、电子计算机等。它占新产品的比例为 10% 左右。

2)改进型产品

改进型产品指在原有产品的基础上进行改进,使产品在结构、品质、功能、款式、花色及包装上具有新的特点和新的突破的产品。改进产品有利于提高原有产品的质量或使产品多样化,满足消费者对产品的更高要求,或者满足不同消费者的不同需求。它占新产品的比例为 26% 左右。

阅读扩展

多少年来,人们只知道西瓜是圆的,如今,日本有人生产出了方形西瓜,实乃破天荒。西瓜是如何由圆变方的呢?不说不知道,一说就明了。在小西瓜上套上事先做好的一定规格的方形模具,西瓜在后期生长中就按照人们意愿,长成方形了。传统的西瓜让人喜爱,但是日本人认为圆西瓜占据存放空间、好滚动、易损坏,不利于长途运输和储藏,不能获得最佳经济效益。西瓜由圆变方独特新奇,销路大增,获利可观。

3)模仿型产品

模仿型产品是指企业对国内外市场上已有的产品进行模仿生产,形成本企业的新产品。这类产品占新产品的比例为 20% 左右。

4)形成系列产品

形成系列产品指在现有产品大类中开发出新的品种、花色、规格等,从而与原有产品形成系列,扩大产品的目标市场。这类产品占新产品的比例为 26% 左右。

5)降低成本型产品

降低成本型产品指企业通过新科技手段,削减原产品的成本,但保持原有功能不变的新产品。这类产品占新产品的 11% 左右。

6)重新定位型产品

重新定位型产品指企业的老产品进入新的市场而被该市场称为新产品。这类产品占新产品的 7% 左右。

6.4.2　新产品开发的程序策划

一个新产品从独立构思到开发研制成功,其过程主要经历 8 个阶段:创意产生、创意的筛选、概念发展和试制、试验与鉴定、市场分析、产品开发、市场试销和商品化。

1)创意产生

创意产生,即提出新产品的设想方案,产生一个好的新产品构思或创意是新产品成功的关键。企业通常可以从企业内部和企业外寻找新产品创意的来源。而寻求创意的主要方法有以下 4 种:

（1）产品属性列举法

产品属性列举法是指将现有产品的属性一一列出,寻求改良这种产品的方法。

（2）强行关系法

强行关系法是指列出多个不同的产品或物品,然后考虑他们彼此之间的关系,从中启发更多的创意。

（3）调查法

调查法，即向消费者调查使用某种产品时出现的问题或值得改进的地方，然后整理意见，转化为创意。

（4）头脑风暴法

头脑风暴法，即选择专长各异的人员进行座谈，集思广益，以发现新的创意。

2）创意的筛选

采用适当的评价系统及科学的评价方法对各种创意进行分析比较，选出最佳创意的过程。在这个过程中，力求做到除去亏损最大和必定亏损的新产品构思，选出潜在盈利大的新产品创意。

3）概念发展和试制

新产品概念是企业从消费者的角度对产品创意进行的详尽描述，即创意具体化，描述出产品的性能、具体用途、形状、优点、价格、提供给消费者的利益等。同时，将筛选出的创意发展成更具体、明确的产品概念，试制转变成真正的产品，而试制一般包括样品试制和小批量试制。

4）试验与鉴定

新产品试制后，须进行全面鉴定，对新产品从技术和经济上作出评价。鉴定的内容主要包括：设计文件的完整性和样品是否符合已批准的技术文件；样品精度与外观质量是否符合设计要求，并进行有关试验；对质量、工艺、经济性评价、改进意见、编写鉴定书。新产品只有通过鉴定合格，才可进行定型，正式进行生产。

5）市场分析

市场分析即对新产品估计的销售量、成本和利润等财务情况，判断该产品是否满足企业开发的目标。

6）产品开发

产品开发主要解决产品构思能否转化为在技术上和商业上可行的产品的问题。它通过对新产品的设计、试制、测试和鉴定来完成。

设计就是写出技术任务书，并画出图纸。

试制即根据图纸生产出样品。

另外,根据国内外市场的变换状况,新产品的发展趋势主要表现为以下9个特点:

①产品的微型化。

②产品的节能化。

③产品的多能化。

④产品的轻量化。

⑤产品简易化。

⑥产品多型化。

⑦产品系列化。

⑧产品舒适化。

⑨产品高能化。

讨论与思考

研究表明,至少有90%的新产品在推出两年内最终失败。另一项研究则表明,食品饮料、美容和保健品市场每年大概有2.5万个新产品面市,但是5年之后只有40%左右能够存活下来。更为可叹的是,新推出的工业产品中也有30%左右的失败率。

思考:

新产品失败的原因是什么?

7)市场试销

将正式产品投放到具有代表性的小范围市场上进行试销,旨在检查该产品的市场效应,然后决定是否大批量生产。通过试销,可以为新产品能否全面上市提供全面、系统的决策依据,也可以为新产品的改进和市场营销策略的完善提供启示,有许多产品是通过试销改进后才取得成功,但并非所有的新产品都要经过试销,可以根据新产品的特点及试销对新产品的利弊分析来决定。如果试销市场呈现高试用率和高再购率,表明该产品可以继续发展下去;如果市场呈现高试用率和低再购率,表明消费者不满足,必须重新设计或放弃该产品;如果市场呈现低试用率和高再购率,表明该产品很有前途;如果试用率和再购率都很低,表明该产品应当放弃。

8)商品化

新产品试销成功后,就可以正式批量生产,全面推向市场。而企业在此阶段应在以下几个方面作好决策:

（1）何时推出新产品

即在什么时候将产品推入市场最适宜。针对竞争者而言，可以做 3 种选择：首先进入、平行进入和后期进入。

（2）何地推出新产品

企业如何推出新产品，必须制订详细的上市计划，如营销组合策略、营销预算、营销活动的组织和控制等。

（3）向谁推出新产品

企业把分销和促销目标面向最理想的消费者，利用他们带动其他消费者。

（4）如何推出新产品

即企业制定较为完善的营销综合方案，有计划地进行营销活动。

案例思考

宝洁新产品上市的原则与方法

在全球范围内，宝洁新产品上市的成功几率达到 64% 以上。在中国，针对 1 个品牌的 100 多次新产品上市过程，成功几率高达 85%～90%。连续的新产品上市成功，造就了宝洁飞速的成长。在几十年的实践中，成功的规律慢慢得以总结，并迅速转化到具体的工作流程。在实践中，有 8 项基本原则贯穿在整个新产品上市流程中，这 8 项原则被证明是关系上市成败的关键。那么，这 8 项原则是什么呢？

原则 1：不把新产品当作当年销售的增长点。

这是一个关键的战略问题，新产品正如一个新生的孩子，它的价值通常体现在上市 12 个月以后。虽然，上市后，多少都会带来一定的销售，但是如果把它作为年度销售目标的一个组成部分，由于年度目标的刚性，会导致为了实现目标而急功近利，揠苗助长。

原则 2：建立一套以客户价值为导向的管理流程。

新产品之所以成功，从根本上来说，是因为客户发现它具有比竞争产品更大的价值或者是比较独特。因此，正确地发现和定义顾客价值就成为成功的关键。

原则 3：在开始市场营销前科学预测销售额。

在宝洁的上市管理流程中，分别有 4 次对产品上市后 12 个月内销售的预测。并且每一次都基于量化的市场调研数据。基于 4 次预测，进一步对上市预算进行估计。实践证明，4 次预测有效地减少了上市准备工作的盲目性，并有效地帮助减少与纠正上市中的错误决策。

原则 4：建立一个独立的新产品上市小组，高层充分授权。

宝洁对市场中的每一个关键环节——概念、产品复合体、市场复合体、销售复合体,每一步都建立了以市场调研为基础的决策模型,通常产品上市都是由新产品上市经理直接依据数据决策。而高层管理者主要扮演一个支持者的角色,在需要资源与协调时给予帮助。另一个问题是上市组织的独立性。为了保证上市产品得到全力以赴的投入,宝洁将新产品上市人员独立出来,形成类似小型事业部的组织形式,并要求全体人员全职进行产品上市工作。这种管理形式避免了通常情况下一职多能、厚此薄彼的常见问题。

原则5:导入项目管理制。

宝洁在上市流程导入全程的项目管理制,将所有工作模块分解为80~100项工作任务,以一个新产品上市计划将所有的任务进行统一规划。每个任务都事先安排好时间、负责人、资源估计及量化目标。在管理过程中,运用项目会议的方式,每完成一个任务都进行QC工作。步步为营的管理方式使得上市工作有序而可靠。

原则6:在全国推广前,进行小规模市场测试。

这是宝洁新品上市中的规定流程,通常选择1~2个相对封闭的城市进行,测试期通常为3~6个月。通过对测试市场的分析,修正与改进营销办法。在历史上,尽管是100%地认真完成了准备工作,也有近30%的新产品,在测试市场中发现问题。著名的帮宝适婴儿尿片就是在测试市场中发现了产品概念方面存在的灾难性失误,从而避免了全国推出的巨大宣传损失。

原则7:使用量化的分析支持工具(市场调查与模型)。

在上市过程中,从目标市场确定到测试市场评估,涉及近20个关键决策点,任何一个决策点失误都会导致产品上市遭遇困难,为了避免这些问题,科学的分析、支持工具被大量应用。

原则8:在上市准备期,发现不可克服的问题时应果断终止项目。

许多企业的新产品管理者往往很难克服面子和环境的压力,即使发现问题,也抱着侥幸的心理强行上市,往往将一个原本200万的损失扩大为5 000万的损失。宝洁在新产品上市流程中,以正式方式界定了多种项目终止的条件,并且对发现问题和及时终止的新产品经理给予褒奖,以鼓励其客观务实的态度。

思考:

从以上8项原则中,你得到什么启示?

6.4.3　新产品上市策划

1)上市步骤

因市而动,找准切入点;全面部署,以求新产品的成功营销。具体分为3步走。第一步:

卖给谁;第二步:卖什么;第三步:怎么卖。

2）定位准确

成功的营销策划必须根据消费者的实际需求和竞争状况,为新产品创造全新的独特卖点,构造消费者非买不可的理由。合乎消费者的需求,合乎市场竞争实际的定位,才能打动顾客心,才能在竞争中制胜。

阅读扩展

白加黑感冒药的功效与其他感冒药无异,仅仅通过"白天服白片不瞌睡,晚上服黑片睡得香"这一服药方式创新,却能够在竞争激烈的感冒药市场上异军突起,在短短 6 个月内销售额突破亿元,成为市场上十大名牌之一。

3）上市时机的选择

新产品需要合理规划好上市时间,以便做好上游供应链的时间衔接、生产过程的时间衔接和营销推广的时间衔接,同时,保证产品品种角色在动态调整中的先后接替与合理组合,各产品品种在寿命周期不同阶段上的前后接替与合理组合。同时,考虑到竞争对手产品上市的时间,可采取以下策略:

（1）先于竞争者上市

这是指新产品在研制出以后,立即上市。其特点是:同类产品的竞争者很少或几乎没有,或潜在竞争对手的条件尚未成熟。先期上市可以"先入为主"。例如,吉列公司发明的剃刀产品。

（2）同于竞争者上市

这是指市场稍有变化,企业就闻风而动,同时开发同一新产品。由于各方面条件水平相当,很可能同时完成一项产品的构思、试制、上市。

（3）迟于竞争者上市

这是指虽然新产品已经成型,但决策者们却迟迟不将其公之于众,他们期待着更详尽的调查和更高的接受率,同时,尽量避免上市失败给企业带来损失,这样就将风险转嫁给了竞争对手。这种方法,即所谓的"后发制人"。

4）上市地点的选择

上市的地点即推出新产品的地域,是在当地或异地,一个地区或几个区域,还是国内或国外等。麦当劳公司最初进入中国时,首先选中北京安营扎寨,又买下了王府井路口的寸土寸金之地兴建最大规模的快餐厅,其以后的兴旺发达,就说明了上市地点选择的正确性。

5）上市目标的确定

产品的最终享用者是顾客。选准目标群,根据他们的特点制定方针对策,方能"有的放矢"。过于大众化的产品,由于目标不明,反而受到冷落。例如,化妆品以女士为主要对象,玩具以幼儿和青少年为中心,选错目标就会适得其反。

讨论与思考

L. L. Bean 公司位于美国缅因州,是美国著名的生产和销售服装以及户外运动装备的公司,于 1912 年开始生产狩猎靴。到 20 世纪 90 年代,公司已经发展到 10 亿美元资产,持续 30 多年年增长率都超过 20%。为顾客着想这一理念始终贯穿于新产品开发的过程中。

1. 了解顾客的真实感受

针对公司的狩猎靴,产品开发小组就要选定那些经常狩猎的人,设计一些问题,使其能够详细描述狩猎活动的感觉和环境,进而了解其对狩猎靴的感觉和希望。在访谈中,面谈者的工作就是要用一种非引导的方法来提出开放性的问题。"你能给我讲述一下最近狩猎的一次经历、一个故事吗?""告诉我你最好的狩猎故事,它是怎样的经历?"然后是非常安静地听顾客尽情讲述。两人小组的另外一位负责记录,一字一句地记录,不加过滤,不作猜测。通过这些在狩猎者家中或者具体的狩猎场所访谈,可以获得狩猎者的真实想法,而不是提问者的想法。小组人员的工作更多的是聆听。当结束一次面谈的时候,小组尽快详细回顾并整理面谈内容,因为这时会谈的场景和内容在脑海还保存着清晰的记忆,能很快找出那些关键的印象深刻地描述出来。这样面谈 20 位狩猎者,产品开发小组获得了丰富的狩猎者的狩猎经历资料。

2. 转化为产品需求和设计思想

所有的面谈结束后,整个开发团队进入隔离阶段,集中精力研究顾客需求,努力将顾客的语言翻译成一连串关于新的狩猎长靴要满足的需求。由于收集了丰富的材料,队员们在白板上贴了数百个即时贴的便条,每个便条都是一个需求陈述。他们必须将所有的这些需求浓缩成更加易于管理,便于利用的需求数目。团队采取投票的方式来将需求按重要性排列,每一个投票都代表了他们面谈的猎人的需求。几个回合的投票逐渐减少需求的数目。然后,团队成员将剩下的需求进行分组排列,再排列,形成更小的需求组。大家在归纳需求组的过程中并不相互讨论,这就迫使队员对自己想不到的一些相互关联进行思考,而这种关联是别人正在思考而自己看来可能并不明显的。所以,这时候队员都在进行学习,团队逐渐达成一种共识。

最后,数量有限的几个需求组形成了,团队成员讨论关于每一组需求的新的陈述。作为一个团体,大家必须清楚这些小小的即时贴上的意见,是否完全抓住了队员思考的问题,描述是否准确。通过大量细致的工作,团队将每组的内容转化为一个陈述。这个流程进一步将需求的数目减少到大约12个。3天封闭会议结束的时候,L.L.Bean 的产品开发团队开发出了一份列有最终顾客需求的总结报告。此后便是将需求转化为设计思想的过程,头脑风暴会议是主要的讨论形式。比如,"在靴子里装一个动物气味的发散装置,每走一步都会散发出一点点气味。像一个小型火车一样,气味从靴子里出来如同火车两侧的气体一股股喷出,只不过是无形的"。各种疯狂的主意中能得到产品最具创新变化的核心思想。这样反复讨论。

3. 对新产品测试

这种新的狩猎长靴设计原型生产出来后,被送往所有 L.L.Bean 公司希望改进其产品的地方,即顾客,在产品最终要使用的环境中进行实际测试。为保证开发人员能够近距离地看到和听到这些顾客专家的意见,L.L.Bean 安排了一次实地旅行。在新罕布什尔的品可汉峡谷地区,L.L.Bean 集合了一组实地测试者来评审,包括导游、山顶装袋工、徒步旅行者、大农场管理员、滑雪巡逻队员等,这些顾客大部分是 L.L.Bean 公司好几个季节的测试者。会议的第一天花费在一次精力充沛的徒步旅行上,按每个人所穿的靴子的尺寸进行分组,每个人的包里都有 2~3 双靴子,几乎每小时都要更换所穿的靴子产品,如穿 9 号靴子的要与一个穿 8 号靴子的交换靴子,有 L.L.Bean 生产的,也有竞争对手生产的。大家在各种环境里实验,及时记下对适应性、稳定性的评价,以便于公司及时做出调整。经过几个月的试用,公司获得了所有的改进建议。

在产品上市时的目录介绍中,公司能够通过测试期间的照片来说明种种问题,在推广产品时可以宣传整个测试过程,以便获得顾客的信赖。这种类型的靴子在市场中很快获得认可,供不应求。

思考:

1. 请结合本章所学知识分析 L.L.Bean 公司的新产品开发的过程。
2. L.L.Bean 公司的新产品开发给我们什么启示?

任务5　制定新产品上市策划方案

6.5.1　制定新产品上市策划方案任务描述

某企业根据市场经营和竞争需要,开发出了一种新产品,需要面向市场进行推广,请根据给定的企业现状及市场背景资料,按照新产品上市推广策划的方法和流程进行分析策划,并撰写出格式正确、内容完整、思路清晰、操作性强的新产品上市策划方案。具体内容包括前言(简要说明策划目的、原因、策划书概要),市场分析(宏观、行业环境、消费者分析、竞争产品分析),产品核心利益点分析,新产品 SWOT 分析,产品定位,推广目标,推广策略(广告宣传、公关活动、促销活动、媒介选择,建议按照活动进度安排顺序),经费预算,效果评估等几个方面。

6.5.2　制定新产品上市策划方案要求

1)技能要求

①能根据题目提供的背景资料,对企业的宏观环境、行业环境、消费者、竞争产品等进行比较深入地分析,明确企业面临的环境现状。

②能根据题目给予的产品的信息资料,对产品核心利益点进行透彻的分析,能提炼出精确的产品定位点。

③能运用 SWOT 分析法对企业新产品进行 SWOT 分析,并能得出结论。

④能根据企业市场现状、竞争品情况以及新产品特点来确定推广的目标。

⑤能依据新产品推广目标、目标消费者等内容,运用多种方法对推广策略进行构思与创意。

⑥能对广告宣传、公关活动、促销活动、媒介选择等具体推广活动进行设计与安排。

⑦能对推广活动所需的活动经费进行预算并能合理配置,对效果进行评估。

⑧能将新产品上市策划的构思和创意形成格式正确、内容翔实、条理清楚、可以具体操作执行的公关活动策划方案。

2)素养要求

①对给定背景企业所处的销售大环境非常了解,方案中体现出一定的学习力。

②对背景资料分析透彻,能从细节描述中找出有用的信息并加以利用,体现营销从业要求的观察力、分析力与逻辑思维能力。

③能在合理成本预算的范围内制定方案,拥有成本控制的理念与能力。

④能在测试时间内完成任务,体现良好的时间管理能力。

6.5.3 制定新产品上市策划方案评价标准

新产品上市策划方案评价标准如表6.2所示。

表6.2 新产品上市策划方案评价标准

评价内容	考核点		分值	考核标准	备 注
职业素养（20分）	职业道德		10	诚实严谨,遵守纪律,独立完成任务(5分);方案不违背职业道德与营销伦理(5分)	严重违反考场纪律,造成恶劣影响的本项目记0分。
	职业能力		10	方法得当,思路清晰,对背景资料分析透彻、细致(5分);撰写的策划方案符合要求,能在规定时间内完成任务(5分)	
作品（80分）	卷容格式		5	文字编排工整清楚,格式符合要求	策划方案字数不少于1 500字,每少50字扣1分。
	文字表达		5	流畅,条理清楚,逻辑性强	
	具体内容	封面完整	3	要素完整(策划名称、策划者、策划)	
		前言	2	简述策划的背景、目的、方案主要内容	
		目录	2	排列有序(1分),一目了然(1分)(排列至一,1.两级即可)	
		市场分析	7	市场分析包括企业的宏观环境以及行业分析(1分),消费者对产品偏好分析(2分),竞争产品分析(2分),市场分析透彻、到位,能从分析中获得新产品上市的竞争状况(2分)	
		新品分析	10	对新产品特点描述详细,新产品核心利益点分析准确	
		新品SWOT	8	新产品优势(2分),劣势(2分),机会点(2分),威胁点(2分)分析准确	
		产品定位	5	产品市场定位符合市场实际情况,定位具有竞争力	
		推广目标	5	有营销目标(2分),目标明确、具体、具有可行性(3分)	
		推广策略	20	广告语、广告主题(5分)等设计,公关活动宣传活动安排(5分),其他促销活动(5分)、媒介选择(5分)。要求:3条以上广告语,2个以上公关宣传活动,2个以上终端促销活动,3种以上的媒介安排	
		经费预算	5	有预算与分配表(2分),费用预算合理,可行(3分)	
		效果评估	3	有效果评估(1分),效果评估合理,符合企业要求(2分)	
	创新方面		5	方案有一定新意,见解独到	
小 计			100		

阅读扩展

四叶草饰品上市策划方案

策划人：

时　间：

前　言

　　随着时代的发展,人们的生活水平不断提高,人们的审美观也在不断提高,饰品也越来越受到人们的青睐。饰品行业是从金银珠宝首饰、工艺品行业中分离出来,综合形成的一个新兴产业。饰品作为新经济的增长点,在中国内地,这一行业处于不断发展的阶段。消费的主要群体,是15~35岁的年轻群体,而大部分人追求的是个性,特别是近几年的"80后""90后""非主流"的潮流趋势。这一年龄段的年轻消费者具有一定的消费能力且对外界新事物接受程度也比较高,其学生占主流,学生消费心理还不成熟,只要喜欢就有欲望,要购买,其小饰品价格也在学生的消费水平之内。其次,刚迈进职场的学生或白领阶层,他们有一定的收入,有了一定的消费能力,爱美之心更为强烈,对小饰品的需求量也不断增加。而他们更多的人注重小饰品的外观,崇尚时尚,追求个性。为此,我们推出 Yi 恋主打产品——四叶草个性系列。又因为企业刚刚成立,缺乏市场,在市场上没有很大的知名度,所以必须尽快占领一部分饰品市场。因此,我们充分利用本公司主打产品,打开市场销路,建立企业品牌形象,增加企业的收益,让企业稳健成长,逐渐走向全国,面向世界。

目　录

一、市场分析

1. 宏观环境及消费者对产品偏好分析

(1)人口环境

　　我国人口不断增加,人口众多,其爱美之心人皆有之。而各种各样的饰品也就开始进入了。就女生而言,在饰品需求方面欲望较强烈。因此 Yi 恋公司针对这一特殊消费群体推出主打产品——四叶草个性系列产品。其具有很大的消费市场。

（2）社会文化

随着人们生活水平的改善，消费质量大大提高，人们的消费观念也在不断地改变，饰品的消费将向潮流发展。饰品不再仅仅是追求功能性了，而是彰显个性、身份、魅力等作用。从消费人群看，消费者追求时尚个性更注重的是外在的，而非饰品本身的功能性和实用性，越来越多的年轻人喜欢跟风追赶潮流。对于大学生来说，饰品更是一种个性的张扬。他们追求时尚，追求与众不同，追求品牌，使小饰品行业处于快速发展时期。

（3）经济环境

随着国家、地区经济的发展，每个家庭的可支配收入增加，不管是学生还是上班族，其生活水平大大提高，在精神享受和娱乐等方面的支出比例也急剧增多。因为小饰品价格低，所以面对更多有购买力的消费者，小饰品行业存在很大的市场潜力。

2. 竞争产品分析

同行竞争也是非常激烈的，比如"哎呀呀""千饰"等知名企业的激烈竞争。因此，要在众多竞争者中生存并壮大，所面临的竞争压力是很大的。其中，最大的压力是"哎呀呀"。为此，我们对四叶草个性系列产品进行了宣传。主要对消费者进行分析：短期的目标顾客，以学生为主。在价格方面，大学生对不同的饰品所能接受的价格不一样，我们将按照同学们的心理价位进行合理的定价，保证同学们能够买到物美价廉的饰品。此外，同学们希望我们能提供一个温馨时尚的消费环境。而对社会人士，即有一定消费能力的群体而言，要对他们进行品牌宣传，加强品牌意识，招揽更多的回头客，加强消费者对我们产品的忠诚度。总的来说，同学们的消费是倾向于一种健康、多样、流行、方便、服务到位的消费方式。我们将本着"顾客第一"的观念，尽我们最大的努力满足消费者的各种合理的要求。

二、新品分析

新品分析深入了解四叶草的来源、含义及幸福的理念。四叶草：人们总是说，找到了四叶草就找到了幸福。那是因为三叶草的一叶代表希望；两叶代表付出；三叶代表爱；而稀有的四叶草代表幸福。四叶草的意思是：即使你希望了，付出了，爱了，也不一定能得到幸福，而只有拥有四叶草，才能拥有真正的幸福。传说中的四叶草，是夏娃从天国的伊甸园带到大地的，花语是幸福，又名苜蓿。幸运草：第一瓣叶子的幸运草是信仰，第二瓣叶子的幸运草是希望，第三瓣叶子的幸运草是爱情，第四瓣叶子的幸运草是爱。充分利用四叶草的传说、来源等，进行宣传。大面积宣传过后，然后顾客对四叶草的传说或故事有深入的印象或理解，潜移默化的影响，传出一种文化，一种忠贞的爱情或友情，一种渴望的幸福、一种祈祷的美好，创造出有四叶草包幸福的理念，让更多消费者依赖或忠诚于四叶草。宣传一种固定思维模式，如男戴观音女戴佛，表达爱男士会选择送女士玫瑰花，女士送男士火机表达非你不嫁等寓意。其四叶草个性系列中，只面向女性消费群体也有一定的限制性，为此，我们设计四叶草个性系列，以女性饰品为主，以男性饰品为辅。我们的设计主题更多的是为情人之间设计个性产品。更多地开发情侣挂件、首饰、信物，这样可以占领更多市场。我们还专门为四叶草个性系列配套的一个前店后坊的模式，前饰品店，后紧跟着设了一个个性时尚的 DIY 工作坊，可以更好地满足消费者对产品的个性化需求。

三、新品 SWOT

1. 优势（Strengths）

产品种类多且时尚、大方，极大地满足了 15～35 岁女性想要彰显个性的需求，产品款式多样，更新周期快，产品成本投入较少，获利较快。取材的创新性，它给现代艺术设计、现代生活的审美内容带来了巨大的影响。构成了一种新的文化现象，即民族民间文化。通过资料搜索及市场调查，Yi 恋在现代首饰中设计较时尚，符合大众消费者需求。其材质符合大众消费水平，首饰成本低，价格廉，已成为大众时尚饰品，无论是消费速度还是消费频率都很快，已经接近快速消费品。

2. 劣势（Weaknesses）

由于是新开发的产品，规模小，知名度难以打开，产品定位是低端产品，以低价位吸引人气，技术含量不大，在同行竞争中很难脱颖而出，也没有自己的品牌效应、产品形象及产品口碑，缺乏明确的战略导向，组织、预算、费用等方面的灵活性不足，对市场控制力不足等。银饰首饰市场日趋成熟，使得 Yi 恋饰品竞争难度加强。

3. 机会（Oportunities）

近年来，银饰品、流行饰品异军突起，销售量上升。另外，相对于贵金属首饰来说，Yi 恋四叶草系列饰品价格便宜，为一般人所能接受。四叶草系列本身主题的新颖和特殊材质的应用，加上简约的造型，相信在饰品中能够占据一定的市场。

4. 威胁（Threats）

与黄金珠宝饰品相比，Yi 恋饰品在产品原料等方面的限制有绝对的优势。同时，其灵活的造型在顺应潮流以及促销策略上可以竞争。与高档银饰（海盗船、蒂凡尼等）竞争时，应尽量避其锋芒，加强宣传和促销力度，争取在客户认可度以及尚不能接受高价的消费群体中抢先占据品牌优势。与中低档银饰相比，此类竞争者是主要的竞争者，其凭借低端的价格却可以在中低端市场上给以强烈冲击。

四、产品定位

Yi 恋饰品将目标消费市场定位在整体年龄段在 15～35 岁的消费者，"80 后""90 后"人群，个性化、时尚化、多元化、敢于消费是他们的消费特征。因此，选择的多是时尚、特别、精致设计的首饰，但大部分的他们消费能力有限。然而，四叶草饰品单价便宜，消费起来比较轻松，年轻一族能承受这个价格。其中，高校学生和刚毕业参加工作的白领应成为消费群体的主流。随着高校扩招，高校在校生日益增多。与此同时，他们的消费水平也节节攀高，在追求个性和美貌的需求上也总是走在时代的前列。与城市居民相比，他们活动范围相对较小，主要集中在学校附近，这也为广告很好的受众打下基础环节。高校学生容易接受新鲜事物，但其消费项目也相对较多，再加上仍没有固定收入，所以其消费水平和能够接受的日用品价格仍然偏低。但几年后,他们就会成为该市场的主要顾客,占有这个市场,就占有了未来竞争优势,也就是建立了品牌的长期性。

五、推广目标

1. 目标:个性饰品店的消费群定位在女性消费者,都市时尚女孩、职业女性、女学生等是主力的消费群。

2. 适合本产品消费群的构成:

(1)消费群体年龄为:15~35岁。

(2)性别:女性多于男性。

(3)购买地点:大多数为酒吧、酒店、娱乐场所。

(4)购买动机:有一种好奇感,求美的心理和美化装饰心理。这是人们购买珠宝首饰最普遍的消费心理,也是饰品所有价值中,最能让人直接体验到的。俗话说:"爱美之心人皆有之。"因此,色泽艳丽、造型奇特、款式新颖、美观漂亮、秀气细巧的珠宝首饰,是这类消费者的理想装饰品,且本产品的确符合他们心理上的各种需求。

(5)购买数量:在数量上一次购买并不是很高,但是其购买频率频繁。

(6)购买程度:很高。

六、推广策略

1. 广告语

"四叶草有你有我有我们——幸福。"

2. 活动主题

(1)"你购物我买单"

活动目的:新品上市时,配合新品上市的活动,在各个卖点推出"你购物,我买单"促销活动,极大地吸引消费者的眼球,引起消费群里中的一波热潮。

活动内容:采用抽奖活动,凡购买100元以上或包括100元的产品就可以获得一次的转盘抽奖,转盘分别有返还1%~100%(概率不等),100%中奖。

(2)"情侣对对送"

活动目的:利用西方每月14号的情人节节日,为情侣特别制作了四叶草系列的情侣对对送小饰品,作为小礼物送给消费者,小礼物带着浪漫的气息,给每一位情侣送上了一份祝福。

活动内容:情人节对对送的活动,凡购买满100元产品,就送四叶草个性情侣对对送小饰品。

3. 活动宣传

(1)通过制作一段新产品的视频,突出四叶草的理念和四叶草幸福寓意的主题,在大广场LED屏播放,吸引广大消费者。

(2)在饰品店门口放置新产品的海报,吸引消费者,也达到加大宣传、家喻户晓的效果。

4. 其他促销活动

(1)赠送礼品。

(2)折扣活动。

5. 媒介选择

(1)海报。

(2)媒体广告。

(3)宣传单。

七、经费预算

科　目	预算经费	备注(背景与说明)
活动布置	＊＊	展台、雨棚、桌椅、活动器材
活动广告	＊＊	海报、印刷费等
人员活动	＊＊	推销人员工资、交通费等
仪器设备费	＊＊	灯、音响
活动奖品、赠品	＊＊	小饰品等
展台费用	＊＊	租赁费、搭建费
合　计	＊＊	

八、效果评估

通过对我公司产品宣传和售卖,部分目标顾客已经对四叶草个性系列产品有所认识有所了解,其也赢得了消费者的认可与青睐。通过本次活动,品牌知名度在一定程度上得到推广,基本上达到了预期效果,活动比较成功。四叶草个性系列在市场上得到快速发展,通过宣传,顾客对其品牌从不熟悉到熟悉,增强了产品知名度,占领一部分饰品市场,打开四叶草饰品市场销路,建立企业品牌形象,增加企业的收益,扩大了销量。

复习思考题

1. 产品组合策划有哪些?

2. 产品生命周期各阶段的策略有哪些?

3. 新产品策划的过程包括哪些内容?

4. 简述包装策略的内容,举出使用包装策略成功与失败的两个实例,并进行分析。

5. 举两个新产品开发成功与失败的实例,并作简要分析。

案例分析

王麻子剪刀：老字号申请破产

在得知王麻子剪刀向法院提出破产申请时，人民日报的记者在报道中写道："迄今已有352年历史的著名老字号王麻子剪刀厂，难道会就此终结？""北有王麻子，南有张小泉。"在中国刀剪行业中，王麻子剪刀厂声名远播。历史悠久的王麻子剪刀，早在(清)顺治八年(公元1651年)就在京城菜市口成立，是著名的中华老字号。数百年来，王麻子刀剪产品以刃口锋利、经久耐用而享誉民间。即使1950年后，"王麻子"刀剪仍很"火"，在生意最好的20世纪80年代末，王麻子曾创造过1个月卖7万把菜刀、40万把剪子的最高纪录。但从1995年开始，王麻子的好日子一去不返，陷入连年亏损境地，甚至落魄到借钱发工资的地步。审计资料显示，截至2002年5月31日，北京王麻子剪刀厂资产总额1 283万元，负债总额2 779万元，资产负债率高达216.6%，走投无路的王麻子，只有向法院申请破产。曾经是领导品牌的王麻子为什么会走到破产的境地呢？作为国有企业，王麻子沿袭计划经济体制下的管理模式，缺乏市场竞争思想和创新意识，是其破产的根本原因。长期以来，王麻子剪刀厂的主要产品一直延续传统的铁夹钢工艺，尽管它比不锈钢刀要耐磨好用，但因为工艺复杂，容易生锈，外观档次低，产品渐渐失去了竞争优势。而王麻子剪刀却没能找到应对措施，及时引进新设备、新工艺。数十年来王麻子剪刀的外形、设置也没有任何变化。故步自封、安于现状，王麻子剪刀终于被消费者抛弃。

思考：

1. 读了这个小故事，你有什么体会？
2. 产品创新对企业有什么意义？

索尼公司通过"创造需求"开发新产品

公关专家伯内斯曾说，工商企业要"投公众所好"。这似乎成了实业界一条"颠扑不破且放之四海而皆准"的真理，但索尼公司敢于毅然决然地说"不"。索尼的营销政策"并不是先调查消费者喜欢什么商品，然后再投其所好，而是以新产品去引导他们进行消费"。因为"消费者不可能从技术方面考虑一种产品的可行性，而我们则可以做到这一点。因此，我们并不在市场调查方面投入过多的兵力，而是集中力量探索新产品及其用途的各种可能性，通过与消费者的直接交流，教会他们使用这些新产品，达到开拓市场的目的"。

索尼的创始人盛田昭夫认为，新产品的发明往往来自于灵感，突然闪现，且稍纵即逝：现在流行于全世界的便携式立体声单放机的诞生，就出自一种必然中的"偶然"。一天，井深抱着一台索尼公司生产的便携式立体声盒式录音机，头戴一副标准规格的耳机，来到盛田昭夫房间。从一进门，井深便一直抱怨这台机器如何笨重。盛田昭夫问其原因，他解释说："我想欣赏音乐,又怕妨碍别人,但也不能为此而整天坐在这台录音机前,所以就带上它边走边听。不过这家伙太重了,实在受不了。"井深的烦恼,点亮了盛田昭夫酝酿已久的构思,他连忙找来技师,希望他们能研制出一种新式的超小型放音机。

然而,索尼公司内部,几乎众口一词反对盛田昭夫的新创意,但盛田昭夫毫不动摇,坚持研制。结果,不出所料,该产品投放市场,空前畅销。索尼为该机取了一个通俗易懂的名字——"沃可曼"(Walkman)。日后每谈起这件事,盛田昭夫都不禁感慨万千。当时无论进行什么市场调查,都不可能由此产生"沃可曼"的设想,而恰恰正是这一不起眼的小小的产品,改变了世界上几百万、几千万人的音乐欣赏方式。

索尼公司有这样一条经营哲学:"最大限度地发挥技术人员的技能,自由开朗,建设一个欢乐的理想工厂。这就是'创造需求'的哲学依据。"

思考:

结合案例谈谈企业如何发掘新产品创意。

实训项目

1. 实训主题

OK100 童装推广策划方案。

2. 实训内容

背景资料:美的 100(OK100)创建于 1998 年,诞生于"东方之珠"有国际金融中心之称的香港,2006 年在广州成立中国运营中心为广州市欧克壹佰服装有限公司。

广州欧克壹佰服装有限公司是一家集设计、生产、销售为一体的综合型大型企业,旗下OK100 童装产品远销日本、韩国、埃及、英国等欧美国家,多年来以独特的经营理念和高街时尚(High Street Fashion)的设计风格在童装时尚潮流中独领风骚,成为童装界的奇迹。OK100 童装以国内外强大设计力量为先导,先进完善的生产体系为后盾,顺畅科学的运营管理体系为支撑,致力于对儿童穿着时尚健康的独特诠释,紧跟时尚潮流及市场最新动态,自然融入流行与典雅,配以简约流畅的线条、活泼明快的设计,独具创意的细部处理,柔和的色彩搭配,尽善尽美的板型裁剪,演绎出儿童健康成长的舒适情怀。

OK100 童装品牌定位:

品牌风格:时尚、优雅、经典、大气、个性。

消费对象:年龄 3~15 岁(身高 100~160 cm),追求时尚、健康生活的儿童。

品牌使命:把尊重、关爱儿童的理念和健康时尚的服饰带给天下所有的父母和孩子。

品牌目标:让每个孩子都变得活泼自信大气,有自己的理想,有富足的内在,有丰富的感情,有浩然的正气,留下难忘自豪的童年回忆!

品牌文化:儿童时尚衣橱专家。

品牌广告语:童真同享欢乐。

经营理念:品质至上,精工细作,卓越创新,力争完美。

产品定位:高品质、多层次高中低价位,以中等消费价位为主,以低价位吸引人气,高价位奠定品牌优势,满足各种不同收入层次的家庭。

设计理念:将个性、时尚、自信融入设计,把快乐幸福健康带给孩子,强调高品位原创设计,将时尚设计及现代休闲理念和健康生活方式相结合,倡导时尚环保。

设计风格:顺应国际童装标准潮流,创造优质时尚的、有个性的、黑白风格的产品。

设计原则:舒适、健康、环保、美观,精致中彰显典雅,含蓄中显示个性,时尚中蕴含自信。

生产理念:严格按照 ISO9001 国际质量管理体系注重产品质量和程序管理,一流的生产设备,精湛的专业技术队伍,确保每一款童装剪裁得体、精心打造符合国际标准及流行趋势的绿色环保童装。

产品分类:T 恤、夹克、裤装、裙衫、棉服、牛仔装、运动服、休闲鞋、休闲包、饰品等。

发展方向:创建儿童时尚生活馆,打造儿童迷你王国!

发展目标:创一流企业,造百年品牌,打造中国童装帝国店铺品牌。

产品结构:

主导风格:时尚与优雅	40%	
辅助风格:浪漫与经典	30%	
休闲与运动	30%	

产品特点:时尚、优雅、大气、经典,既渗透着国际最新的时尚元素,又适应亚洲儿童体型特征与审美观,以艺术、优雅美感与都市时尚相结合的设计理念诠释最新潮流方向,引领儿童潮流,融入迷人、时尚的美学气质。以浪漫、活泼及明快的风格,适应更多儿童的需求。以巧夺天工的线条塑造儿童的高级时尚,以鲜明个性的色彩打造时尚美丽的视觉享受,以千锤百炼的材质给人新的惊喜,瞬间让儿童焕发出童年的活力和优雅时尚的仪态。

面料的选择注重环保与质感,热衷于运用棉、真丝、羊绒等天然环保材料,擅长对莱卡、乌干纱、腈纶等富有质感的新型科技面料的巧妙运用、服装美感精雕细琢,服装生产程序尽善尽美,OK 童装为每一位自信、活泼的儿童提供梦寐以求的时尚服装!

测试任务:现公司产品欲进军湖南市场,请你为该企业制定一份针对湖南市场的产品推广策划书。

3. 实训组织

4～6 人为一组完成实训任务。

4. 实训考核

以小组为单位撰写 OK100 童装推广策划方案,提交 PPT 演示文稿,各小组推选代表宣讲,全班交流,教师点评。

项目7 价格策划

【教学目的与要求】

1. 了解价格策划的含义和类型。
2. 了解价格策划的程序。
3. 掌握价格策略策划的方法。
4. 掌握价格调整策划。

【引导案例】

5 000 日元一杯咖啡的咖啡店

在日本有一间"5 000日元一杯咖啡"的咖啡店,一杯咖啡5 000日元,有这种店吗? 在东京滨松町的一家咖啡屋就有5 000日元一杯的咖啡。这一信息传开后,使东京的豪客大惊失色,除一些抱着好奇心的人登门光顾外,余者都在"望价兴叹"。咖啡5 000日元一杯,咖啡屋老板的腰包一定能很快鼓大。其实不然,咖啡屋无利可图。为什么这样昂贵的咖啡不赚钱呢? 因为盛咖啡的是一只特制的杯子,名贵而又豪华,每只价值4 000日元。当你享用完咖啡后,服务员就将杯子包好,送给你作为纪念。而且咖啡都是由名师当场制作,味道可口而又特殊。咖啡屋内部的装潢豪华如宫殿,女侍穿着古代皇宫服装,把顾客当成帝王般殷勤侍候。抱着好奇心前来的客人,原以为不会再来。但咖啡屋对这些人产生了巨大的吸引力,身价倍增的感觉使他们对此难以忘怀,不仅自己来,而且还带好友同来,使这家咖啡屋的知名度大大提高,生意十分兴隆。这家咖啡屋当然也出售100日元左右一杯的咖啡、果汁、汽水等,这是真正赚钱的饮料。老板推出5 000日元一杯的咖啡,是要提高咖啡屋的知名度,用高价带动廉价商品的销售。这一妙招十分成功。

任务 1 价格策划认知

7.1.1 价格策划的含义

价格的形成和运动是经济活动中最复杂的现象之一。现实中,产品价格受到多种因素的影响,商品价格是企业市场营销过程中十分敏感而又最难以控制的因素,它直接关系到市场对产品的接受程度,影响着市场销售量的大小和企业利润的多少。即使是最好的产品,如果定价过高或过低,也会使其市场缩小,销路不畅。

在营销组合里,价格是最直接影响销售收入的因素,定价所涉及的运作过程与变数相当复杂,如何在消费者可以接受的价格范围内,制定出对公司最有利、最符合公司目标与政策的价格,是一门需要仔细谋划的艺术,是企业市场营销面临的重大挑战。

价格策划是一个以消费者需求的经济价值为基础,综合考虑各种影响因素,确定价格的目标、方法和策略,制定和调整产品价格的过程。价格策划是营销策划的关键。随着同质化竞争程度的加剧和消费者需求的不断变化,产业和市场的逐渐成熟,理性的价格策划在市场搏击要素中的地位日益凸显。

在企业日常经营活动中,产品价格的确定往往会比较偏重于产品生产经营成本,以致忽略了其他重要因素(如需求强度、顾客认知与心理感受等)。而且,在市场状况有所转变时,也未能机动调整价格。在绝大多数企业,价格制定往往都是独立于其他营销组合之外(只凭主事者个人的主观判断),而不是整体营销运作的一部分(未能综合其他营销变数做整体考虑),使得彼此之间可能脱节,甚至矛盾。价格策划作为企业营销策划的一部分,是站在整体的、全局的立场上看问题,是对企业市场营销的整体的谋划。

7.1.2 价格策划的类型

价格策划对企业的意义和作用体现在其他完成企业营销目标的能力上,影响企业营销策划的首要因素就是企业的经营目标。根据企业经营目标的不同,价格策划可以分为以下 5 个方面:

1)以维持企业生存为目标的价格策划

当企业处于生产能力过剩、市场竞争激烈、顾客需求发生转移,严重影响着企业产品的销路和市场占有率时,企业为渡过难关、减少亏损、维持生存,以寻求更好的市场机会,这时企业为产品的定价,只要能收回变动成本或部分固定成本即可,以求迅速出清存货,回收资金,减少亏损,继续进行生产。但生存只能是短期的定价目标。与此同时,企业必须在市场上设法提高产品的价格或转产,否则,长期下去,企业将会面临危机,难以为继。

2)以利润最大化为目标的价格策划

以最大利润为定价目标,指的是企业期望获取最大限度的销售利润。这几乎是所有企业的共同愿望。在市场销售前景看好,市场容量很大,产品在市场上占有极大的优势特别是垄断优势时,企业往往会期望获取最大的销售利润。小企业,尤其是那些成功地打开销路的中小企业,最常用这种目标。

利润最大化的定价目标可能会导致高价策略。但不应该把利润最大化目标与高价策略等同起来。因为,当一个企业的产品在市场上处于某种绝对优势地位时,如果有专卖权或垄断等,固然可以实行高价策略,以获得超额利润。然而,当商品价格过高时,势必招致各个方面的抵制,诸如需求减少、代用品盛行、竞争者加入、购买行为推迟,甚至政府干预等,最后迫使价格重新回到合理的标准。所以,因高价策略而达到的利润最大化只能是一种短期行为,最大利润应以公司长期最大利润和全部产品的总利润为目标。

3)以保持扩大市场占有率为目标的价格策划

市场占有率是指在某一时期内,企业产品在市场中的销售量占同行业产品总销售量的比率。一个企业的市场占有率是企业经营状况和企业产品在市场上的竞争能力的直接反映和重要标志。企业可以采取不同的价格策略提高其市场占有率,许多资金雄厚的大企业,常以低价渗透的方式来提高市场占有率。一些中小企业为了在某一细分市场获得一定优势,也十分注重扩大市场占有率。

但是,市场占有率并非越大越好,如果市场占有率的扩大是由单纯的低价销售造成的,而产品成本没有随着销量增加呈现逐渐下降趋势、利润有逐渐上升的可能,那么,这种定价目标的确定就是不合理的。

4)以抑制和应付市场竞争为目标的价格策划

在市场竞争中,多数企业对竞争者的价格都是非常敏感的,在定价以前,一般要广泛搜集信息,把自己产品的质量、特点和成本与竞争者的产品进行比较,然后制定本企业的产品价格。通常采用高于、等于或低于竞争者的价格出售本企业的产品。

一般的企业,为了避免竞争,喜欢采用随行就市的定价方法。当市场存在领导者价格时,新加入者要想把产品打入市场,争得一席之地,只能采取与竞争者相同的价格。一些小企业因生产、销售费用较低,或某些企业要扩大市场份额,定价会低于竞争者。一些实力雄厚的大企业,为防止竞争者进入自己的目标市场,故意把价格定得很低,抢先占领市场并制造很高的进入障碍。只有在具备特殊优越条件,诸如资金雄厚、拥有专有技术产品、质量优越、推销服务水平高等情况下,才有可能把价格定得高于竞争者。

案例思考

有一个服装店的老板,最近进了一批新款 T 恤衫,共计 100 件,每件进货价格是 50 元,总运费是 200 元,这家店的每月租金、人员费用、水电费、税金和其他杂费大约 4 000 元。虽然商店还有其他货品,但店老板对这批新货的款式非常有信心,她觉得这件新品会大受欢迎,因此打算制定较高的价格来缓解前段时间货品积压所导致的资金压力。几天后,她忽然发现,就在自己商铺的斜对面,另外一家服装商店也进了这件新品,售价为 150 元,于是该店老板又想制定较低的价格去对抗邻近的商店。

思考:

如果你是该店老板,你应该怎样制定这 T 恤的价格?

5)以争创产品质量领先为定价目标

当市场上存在数量较多关心产品质量胜于关心价格的消费者时,企业可以考虑产品质量领先的定价目标。采用这种定价目标的企业,企业产品必须有一个较高的价格。一方面,高价格能弥补高质量所带来的研发、生产的高成本;另一方面,高价格本身就是产品质量、信誉的一种体现。这种定价目标利用了消费者的求名心理,制定一个较高的价格,有利于保持产品内在质量和外在形象的统一。

采取这一目标的企业,必须具备以下两个条件:一是高质量的产品;二是提供优质的服务。如果企业不具备以上条件而采取高价位策略,只会吓跑消费者。

7.1.3　价格策划考虑的因素

对于一个企业来说,进行价格竞争会涉及诸多方面,价格策划活动需要分析的因素很多。归纳起来,价格策划考虑的因素主要包括以下 6 个方面:

1)企业的营销战略分析

营销战略是一个企业用来达到营销目标的基本方法,具体包括:目标市场的选择、市场的定位和市场营销组合的确定等主要决策。市场营销战略的制定实质是确定企业竞争优势的过程。价格策划需要和整体营销战略相一致,以保证企业竞争优势的实现,避免价格竞争的盲目性。

2)市场环境分析

市场环境分析主要包括微观环境中对竞争对手、潜在顾客、供应商、中间商等的分析,以及宏观环境中对经济环境、政治环境、社会文化、自然环境等的分析。但这些仅是基本面的分析,对进行价格竞争的企业来说,还要针对市场的情况研究市场集中率。一般以行业居前4位或前8位的厂商占行业总产量或销售额的百分比作为集中率,如果集中率超过50%,该行业则为高度集中的行业。在高度集中的行业之中,如果有一家企业发动价格竞争,势必会遭到其他企业的猛烈进攻。在这种情况下,任何一个企业在进行价格调整之前,都必须分析市场环境。

3)时机分析

价格竞争需要周密的策划工作,时机的选择往往是决定策划成功的关键。通常产品销售有淡季与旺季之分,在淡季,企业为保持正常的资金流,需要及时以低价抛售存货变现,所以比较容易发生价格竞争。当然,有许多企业为了扩大市场份额,在市场中引起公众的注意,在产品销售旺季也会率先发动价格竞争,这同样需要对时机进行准确的分析。

4)市场营销组合分析

产品、价格、分销和促销构成了市场营销组合策略。由于在市场中竞争者相互模仿,各种营销组合策略同质化程度很高,因此,价格策略就成为许多企业常用的竞争手段。但市场营销组合是4P的动态组合,如果在进行价格策划时,通过对营销组合的综合分析,结合其他3项策略同时进行,将会促进价格策划的成功。

5)市场供求分析

当一个产品在市场中供求达到平衡时,促销手段就成为比较常用的竞争方式,如企业大量做广告的目的都是为了扩大企业产品的销售量。但是,当出现供需不平衡,尤其是供过于求时,促销手段的激烈竞争将使销售量迅速下降,此时采用价格竞争就能够比较迅速地增大市场份额,提高市场占有率。

6)成本分析

企业的产品销售成本主要包括原材料成本、生产成本、储运成本、营销成本、财务成本等。低成本的企业在竞争中可以获得竞争优势。美国学者迈克尔·波特认为,10种主要的成本驱动因素决定了价值活动的成本行为,它们是规模经济、学习、生产能力利用模式、联系、相互关系、整合、时机选择、自主决策、地理位置和机构因素。当企业能够将这些因素置于控制之下,企业将会获得成本优势。成本是决定企业产品销售价格的重要因素,一个具备成本优势的企业在竞争中将会占有主动地位。

7.1.4　企业定价方法

成本、需求、竞争是影响企业定价的最基本因素。因此,与之相对应,就形成了以成本、需求、竞争为导向的三大类基本定价方法。

1）成本导向定价法

成本导向定价法又叫成本加成定价法,是以成本为基础的定价方法,包括以下几种:

(1)完全成本导向定价法

完全成本导向定价法是将产品的完全成本(固定成本+变动成本+销售费),加上一定的利润和税金,然后除以产品产量,从而得出单位产品的价格。

完全成本导向定价法计算简单,可以预先了解利润的数量,有利于核算、补偿劳动消耗,正常情况下,能够获得预期收益。但这种定价方法以企业个别成本为基础,忽视产品市场供求状况,缺乏灵活性,不大适应复杂多变的市场供求。利润不变时,如果企业个别成本高于社会平均成本,商品价格就会高于市场平均价格,势必影响销售。如果企业个别成本低于社会平均成本,则商品价格低于市场平均价格,又在无形中抛弃了部分可以实现的利润。

(2)边际成本导向定价法

边际成本导向定价法,又叫边际贡献导向定价法,是抛开固定成本,仅计算变动成本,并以预期的边际贡献补偿固定成本以获得收益的定价方式。边际贡献是指企业增加一个产品的销售,所获得的收入减去边际成本后的数值。如果边际贡献不足以补偿固定成本,则出现亏损。基本公式是:

$$价格=变动成本+边际贡献$$
$$边际贡献=价格-变动成本$$
$$利润=边际贡献-固定成本$$

边际成本导向定价法适用于竞争十分激烈、市场形势严重恶化等情况,其目的是减少企业损失。因为在供过于求时,如果坚持以完全成本价格出售,就难以为消费者所接受,会出现滞销、积压,甚至导致减产、停产,不仅固定成本无法补偿,就连变动成本也难以收回。如果舍去固定成本,尽力维持生产,以高于变动成本的价格出售商品,则可用边际贡献来补偿固定成本。

当市场价格低于企业产品的总成本,企业又拿不出别的对策时,只好按边际贡献定价,只要市面上的价格大于单位产品变动成本,所得收入除足够弥补变动成本外,企业还能获得一定的边际贡献来弥补固定成本。如果市面上的价格低于单位产品的变动成本,生意就不能做了。因为在这种情况下,多做多亏,不如不做。

(3)目标成本导向定价法

目标成本是指企业依据自身条件,在考察市场营销环境、分析并测算有关因素对成本影响程度的基础上,为实现目标利润而规划的未来某一时间的成本。目标成本加上目标利润和税金,然后除以产品产量便是产品单价。

目标成本是企业在一定时期内需要努力才能实现的成本。因此,以此为导向的定价方法有助于企业以积极的综合措施控制并降低成本,符合企业的长远利益。但目标成本是预测的,在具体实施过程中,如果对影响成本的目标因素预测不准,极易导致定价工作失败。

2)需求导向定价法

需求导向定价法,又称顾客导向定价法,是指企业根据市场需求状况和消费者的不同反应,分别确定产品价格的一种定价方式。其特点是:平均成本相同的同一产品价格随需求变化而变化。

需求导向定价法一般以产品历史价格为基础,根据市场需求变化情况,在一定幅度内变动价格,以致同一商品可以按两种或两种以上价格销售。这种差价可以因顾客的购买能力、对产品的需求情况、生产型号和式样及时间、地点等因素而采用不同的形式。如以产品式样为基础的差别定价,同一产品因花色款式不同而售价不同,但与改变式样所花费的成本并不成比例;以场所为基础的差别定价,虽然成本相同,但具体地点不同,价格也有差别。

阅读扩展

在比利时的一间画廊里,一位美国画商正和一位印度画家讨价还价,争辩得很激烈。其实,印度画家的每幅画底价仅在 10～100 美元。但当印度画家看出美国画商购画心切时,对其所看中的 3 幅画单价非要 250 美元不可。美国画商对印度画家敲竹杠的宰客行为很不满意,吹胡子瞪眼睛地要求降价成交。印度画家也毫不示弱,竟将其中的一幅画用火柴点燃烧掉了。美国画商亲眼看着自己喜爱的画被焚烧,很是惋惜,随即又问剩下的两幅画卖多少钱。印度画家仍然坚持每幅画要卖 250 美元。从对方的表情中,印度画家看出美国画商还不愿意接受这个价格。这时,印度画家气愤地点燃了火柴,竟然又烧了另一幅画。至此,酷爱收藏字画的美国画商再也沉不住气了,态度和蔼多了,乞求说:"请不要再烧最后这幅画了,我愿意出高价买下。"最后,竟以 800 美元的价格成交。

3)竞争导向定价法

竞争导向定价法是企业根据市场竞争状况确定商品价格的一种定价方式。其特点是:价格与成本和需求不发生直接关系。

竞争导向定价法的具体做法是：企业在制定价格时，主要以竞争对手的价格为基础，与竞争品价格保持一定的比例。即竞争品价格未变，即使产品成本或市场需求变动了，也应维持原价。竞争品价格变动，即使产品成本和市场需求未变，也要相应调整价格。

4）随行就市定价法

所谓随行就市定价法，是指企业按照行业的现行价格水平来定价。在以下几种情况下，往往采取这种定价方法：

①难以估算成本。

②企业打算与同行和平共处。

③如果另行定价，很难了解购买者和竞争者对本企业价格的反应。

无论市场结构是完全竞争的市场，还是寡头竞争的市场，随行就市定价都是同质产品市场的惯用定价方法。

5）密封投标定价法

该法通常公开招标。即采购机构（买方）在报刊上登广告或发出函件，说明拟采购商品的品种、规格、数量等具体要求，邀请供应商（卖方）在规定的期限内投标。采购机构在规定的日期内开标，选择报价最低、最有利的供应商成交，签订采购合同。某供货企业如果想做这笔生意，就要在规定的期限内填写标单，写明可供应商品的名称、品种、规格、价格、数量、交货日期等，密封送给招标人（采购机构），这叫投标。这种价格是供货企业根据对竞争者报价的估计制定的，而不是按照供货企业自己的成本费用或市场需求制定的。供货企业的目的在于赢得合同，所以它的报价应低于竞争对手（其他投标人）的报价。这种定价方法叫作密封投标定价法。

然而，企业不能将其报价定得低于某种水平。确切地讲，它不会将报价定得低于边际成本，以免使其经营状况恶化，如果企业报价远远高出边际成本，虽然潜在利润增加了，却减少了取得合同的机会。

7.1.5 价格策划的过程

1）选择定价目标

以价格为基础的价格决策，其目标是寻求企业为消费者所创造的价值与成本之差的最大化，即从企业所创造的价值中获取应得的利润。

2）核算产品成本

产品成本是定价的主要依据和最低经济界限。因此,定价离不开对产品成本的核算。这一阶段的策划应重点掌握产品本身价值量的大小和产品的供求关系,尤其是产品的需求价格弹性、国家政策对价格的规定、货币的价值、货币流通规律的影响、消费者心理对定价的影响等。

3）调查和预测竞争者的反应

在商品经济条件下,竞争是无处不在的,尤其是产品的营销价格,是市场上最为敏感的竞争因素之一。因此,企业价格策划时,必须充分考虑到竞争者的可能反应,尽可能全面掌握竞争者的可能反应,尽可能全面掌握竞争者的定价情况,并预测其对本企业定价的影响,以调整和制定有利的价格策略和其他营销策略。

4）选择定价方法

可供企业选择的定价方法很多,企业在分析测定以上各种因素的影响之后,就应该运用价格决策理论,选择出一定的方法来计算产品的基本价格,即根据产品成本、市场需求和竞争状况三要素来选择定价方法。

5）确定定价策略

（1）定价与产品的关系

产品的质量、性能是制定价格的重要依据。如果产品质量好、功能多、信誉高、包装美,就能把价格定得比一般产品高;相反,价格就要低一些。

（2）定价与销售渠道的关系

企业产品的直接销售对象和定价也有一定的关系。如果把产品大量批发给中间商,则价格应当定得低一些。如果直接销售给消费者,价格就要定得高一些。

（3）定价与促销的关系

产品花费的促销费用高,价格理应定得高一些。否则,价格就可以定得低一些。

6）确定最后价格

根据定价目标,选择某种定价方法所制定的价格常常并不就是该产品的最终价格,而只是该产品的基本价格。为了提高产品的竞争力以及对顾客的吸引力,还应考虑一些其他的因素,对基本价格进行适当调整。

价格调整的方向有升有降,调整的时间有长有短,调整的幅度有大有小,调整的方法灵活多样,一切都要以市场为转移。调整也不可能一次就完成,市场环境再变化,价格就要再调整,直至产品生命周期结束,产品离开市场。

任务 2　价格策略策划

7.2.1　新产品定价策略

新产品定价是企业产品定价中一个十分棘手的问题。新产品上市之初,产品定价没有可以借鉴的依据。价格定得高,顾客不接受,很可能会使一个原本很有前途的产品夭折,给企业造成巨大损失。价格定得低,不仅会影响企业的效益,还可能影响到企业的产品形象,也会给企业其他产品的销售带来不利影响。所以,新产品定价时企业一般都很慎重。

不同类型的新产品,由于其生产经营条件不同,以及顾客对其需求状况不同,企业定价时可以根据具体情况选择不同的定价策略。

1)撇脂定价策略

撇脂定价,即为新产品定一个较高的上市价格,以期在短期内获取高额利润,尽快收回投资。这一方法的出发点是认为在新产品投放市场初期,竞争者与替代品都很少,因此可以乘机大捞一把,就好像要把牛奶上面的一层奶油撇出来独自拥有一样。这样不仅能迅速收回前期的产品研制投资,而且可以获得较高的利润。

撇脂定价策略是指在产品生命周期的最初阶段,把产品的价格定得很高,以攫取最大利润,如同从鲜奶中撇取奶油。企业之所以能这样做,是因为有些购买者主观认为某些商品具有很高的价值。从营销策划角度看,在以下条件下企业可以采取撇脂定价:市场有足够的购买者,他们的需求缺乏弹性,即使把价格定得很高,市场需求也不会大量减少。高价使需求减少一些,单位成本增加一些,但这不致抵消高价所带来的利益。在高价情况下,仍然独家经营,别无竞争者。有专利保护的产品就是如此。以较高的价格刺激消费,以提高产品身份,创造高价、优质、名牌的印象,开拓市场。由于价格较高,可以在短时间内获得较大利润,回收资金也比较快,使企业有充足的资金开拓市场。在新产品开发之初,定价较高,当竞争对手大量进入市场时,便于企业主动降价,增强竞争能力,此举符合顾客对价格由高到低的心理。

(1)适用条件

一般来说,采用这种定价策略必须具备以下基本条件:

①产品必须新颖,具有较明显的质量、性能优势,并且有较大的市场需求量。

②市场有足够的购买者,他们的需求缺乏弹性,即使把价格定得很高,市场需求也不会大量减少。

③产品必须具有特色,在短期内竞争者无法仿制或推出类似产品。

(2)优缺点

这种策略的优点是:能够在短期内获得高额利润,尽快收回投资,掌握降低价格的主动权。缺点是:风险大,容易吸引竞争者加入,如果消费者不接受产品,会导致产品积压,造成亏损。因此,企业采用此策略前,要对市场需求有较准确的预测。

企业采用这种价格策略主要是抓住购买者求新、求奇的心理而定高价,但这种高价并不能长久,企业一般会随着产量的扩大,成本的下降,竞争者的增多而逐步降低价格。

2)渗透定价

渗透定价策略,又称别进来定价策略,是指在新产品投放市场的初期,将产品价格定得低于人们的预期价格,给消费者物美价廉的感觉,在价格上取得竞争优势,借此迅速打开销路,占领市场,这是一种低价策略。例如,美国太麦克斯韦公司首次生产电子手表,以每块30美元推向市场,仅为当时同类产品价格的一半,迅速占领了美国手表市场50%的市场份额。

(1)适用条件

一般来说,采用这种价格策略必须具备以下基本条件:

①市场需求对价格较敏感,低价会刺激市场需求迅速增长。

②企业生产和经营成本会随着销量的增加而降低。

(2)优缺点

这种策略的优点是:能快速吸引消费者,迅速打开产品销路,提高市场占有率,增强产品的竞争力,使竞争者不敢贸然进入,便于长期占领市场。缺点是:企业获利较少,投资回收期较长,后期再调整价格较难,一旦给消费者留下低端品牌的形象,很难再改变。

企业采用这种价格策略一般是针对新技术已经公开,竞争者纷纷仿效生产的产品,或需求弹性较大,市场上已有代用品的中、高档消费品。

阅读扩展

太麦克斯韦公司的定价策略

美国太麦克斯韦公司原是一家生产军用信管计时器的小公司,第二次世界大战后,军火生意越来越难做,1950 年开始涉足手表制造业。但是,在当时的手表市场上强手如林,竞争十分激烈,像太麦克斯韦公司这样一个知名度不高的小公司要在竞争激烈的手表市场上站住脚,开辟和扩大自己的市场,的确不是一件容易的事。该公司的策略是:不断地以低价向市场推出自己的新产品。20 世纪 50 年代,他们的男士手表售价仅为 7 美元,比当时一般低档的手表的价格要低得多。1963 年,首次生产电子手表,以 30 美元推向市场,仅为当时同类产品价格的一半。20 世纪 70 年代初,世界主要手表制造商推出 1 000 美元以上的豪华型石英手表。1972 年年初,日本、瑞士和其他手表厂的石英表也以 400 美元或者更高价格推出,该公司 1972 年 4 月上市的石英表,售价仅 125 元。

　　正确的定价策略,使该公司从 20 世纪 50 年代一个知名度很低的企业,转变成 60 年代站稳脚跟,70 年代世界闻名的公司。年销售额达 2 亿美元,美国市场上每售 2 块手表,就有 1 块是该公司的手表。

3) 仿制新产品的定价

　　它需要决定:在产品质量和价格上,其产品应定位于何处。就新产品质量和价格而言,企业有 9 种可供选择的方式:
①优质高价。
②优质中价。
③优质低价。
④中质高价。
⑤中质中价。
⑥中质低价。
⑦低质高价。
⑧低质中价。
⑨低质低价。

　　如果市场领导者正采取优质高价,新来者就应采取其他策略。

阅读扩展

休布雷公司的巧妙定价

　　在美国伏特加酒市场上,休布雷公司享有较高的声誉,尤其是其生产的史密诺夫酒的市场占有率达 23%,在市场中处于绝对领先地位。直到其竞争者戴夫公司推出一种新型伏特加酒,使休布雷公司进退两难。

　　戴夫公司的新型伏特加酒味道可与史密诺夫酒媲美,但每瓶酒的价格却比史密诺夫酒

低 1 美元。面临对手的价格竞争,有人为休布雷公司提出以下 3 种对策:

①降价 1 美元,以保住市场占有率。

②维持原价,通过增加广告费用和推销支出与竞争者相对抗。

③维持原价,任由市场占有率降低。

第一种对策自降身价,即使保住了市场占有率,也保不住声誉;第二种对策增加支出,利润必定减少,难以长久维持;第三种对策自寻死路。由此看来,无论休布雷公司采取其中哪种策略,似乎都难逃失败命运。

然而,休布雷公司的市场营销人员经过深思熟虑后,却策划了令人意想不到的第四种对策:将史密诺夫酒的价格再提高 1 美元,同时推出一种与竞争者新伏特加酒一样的瑞色加酒和另一种价格低一些的波波酒。

休布雷公司 3 种酒的品质和成本几乎相同,但定价却有差别,正是通过这种巧妙定价,使该公司扭转了不利局面:一方面提高了史密诺夫酒的地位,使竞争者的新产品沦为一种普通的品牌;另一方面不影响该公司的销售收入,而且由于销量大增,使得利润大增。

7.2.2 价格折扣与折让策划

1)现金折扣

对约定日期付款或提前付款的顾客给予一定的折扣。例如,顾客在 30 天内必须付清货款,如果 10 天内付清货款,则给予 2% 的折扣。这有利于加速资金周转,减少坏账损失。

2)数量折扣

数量折扣是指按购买数量多少,给予不同的折扣,购买数量越多,折扣越大,从而鼓励顾客购买更多的物品。因为大量购买能使企业降低生产、销售、储运、记账等环节的成本费用。例如,顾客购买某种物品 100 单位以下,每单位 10 元;购买 100 单位以上,每单位 9 元。

阅读扩展

批量折扣有一次折扣和累计折扣两种形式。

1. 一次折扣

一次折扣是指按照单项产品一次成交数量或金额的多少,规定不同的价格折扣率。一般适用于能够大量交易的单项产品(如水泥、钢筋等),用于鼓励买方大批量购买。

2. 累计折扣

累计折扣是指在一定时期内,消费者购买一种或多种产品的数量或金额超过规定数额时,卖方给予的价格折扣,折扣的大小与成交数量或金额的多少成正比。一般适用于单位价值较小、花色品牌复杂、不宜一次大量购买的产品(如布匹、株子等),以及大型机器设备和耐用消费品(如家电、家具等)。

3)功能折扣

功能折扣是指制造商给予某些批发商或零售商的一种额外折扣,促使它们执行某种市场营销功能(推销、储存、服务)。

4)季节折扣

生产季节性商品的企业对销售淡季来购买商品的买主,给予折扣优待。零售企业对于购买过季商品或服务的顾客给予一定的折扣,均属季节折扣。这有利于企业的生产和销售在一年四季保持稳定。例如,滑雪橇制造商在春夏给零售商以季节折扣,以鼓励零售商提前订货,旅馆、航空公司等在营业下降时给顾客以季节折扣。

5)价格折扣

价格折扣是另一种类型的减价策略,主要包括以旧换新、回扣和津贴等形式。

(1)以旧换新

以旧换新,即消费者在购买新产品时,以同类旧产品抵扣一部分货款,适用于家电、汽车等耐用品。例如,一台冰箱标价为 3 000 元,顾客以旧冰箱折价 200 元购买,只需付给2 800元。

(2)回扣

回扣,即消费者按标示价格付款后,企业按一定比例将一部分货款返还给消费者。

(3)津贴

津贴是企业给特殊消费者特定形式的价格补贴或其他补贴。例如,中间商为企业进行陈列产品、张贴广告等宣传时,企业给予一定的资助或补贴。

综上所述,价格折扣策略使企业增强了产品定价的灵活性,但在采用时应注意以下3点:

①合法。价格折扣要符合当地的法律法规。例如,美国规定,卖方必须对所有消费者提供同等折扣优惠,否则就犯了价格歧视罪。

②产品特征适合。采用价格折扣的产品一般是不宜储存或联合购买的,且消费者对其价格较敏感。

③企业的条件。企业应有较强的渠道控制能力,限制消费者转售,避免渠道冲突。

7.2.3 心理定价策略

每一件产品都能满足消费者某一方面的需求,其价值与消费者的心理感受有着很大的关系。这就为心理定价策略的运用提供了基础,使得企业在定价时可以利用消费者心理因素,有意识地将产品价格定得高一些或低一些,以满足消费者生理和心理、物质和精神等多方面需求。通过消费者对企业产品的偏爱或忠诚,扩大市场销售,获得最大效益。常用的心理定价策略有整数定价、尾数定价、声望定价和招徕定价。

1)整数定价

整数定价是指企业有意将产品价格定为整数,以显示产品的优良品质。例如,瑞士手表定价为 20 000 元,豪华轿车定价为 1 500 000 元等。

企业采用这种营销策略主要是因为消费者对一些高档产品的质量较重视,把价格高低作为衡量产品质量的标准之一,因此,整数定价使消费者产生"一分价钱一分货"的感觉,从而有利于销售。这种策略多用于价格较贵的耐用品或礼品,以及消费者不太了解的产品等。

2)尾数定价

尾数定价又称"奇数定价""非整数定价",是指企业利用消费者求廉的心理,制定非整数价格,而且常常以奇数作尾数,尽可能在价格上不进位。例如,把一种毛巾的价格定为2.99元,而不定为 3 元;将台灯价格定为 19.9 元,而不定为 20 元。这样可以在直观上给消费者一种便宜的感觉,从而激起消费者的购买欲望,促进产品销售量的增加。

心理学家的研究表明,价格尾数的微小差别,能够明显影响消费者的购买行为。一般认为,5 元以下的商品,末位数为 9 最受欢迎,5 元以上的商品末位数为 9 和 5 效果最佳。100元以上的商品,末位数为 98,99 最为畅销。尾数定价法会给消费者一种经过精心计算的,最低价格的心理感觉。有时也可以给消费者一种是原价打了折扣,商品便宜的感觉。同时,顾客在等待找零钱的期间,也可能会发现和选购其他商品。

在实践中,无论是整数定价还是尾数定价,都必须根据不同的地域加以仔细斟酌。例如,美国、加拿大等国的消费者普遍认为单数比双数少,奇数比偶数显得便宜。所以,在北美地区,零售价为 49 美分的商品,其销量远远大于价格为 50 美分的商品,甚至比 48 美分的商品也要多一些。但是,日本企业却多以偶数,特别是"零"作结尾,这是因为偶数在日本体现着对称、和谐、吉祥、平衡和圆满。

3)声望定价

声望定价是根据产品在消费者心中的声望、信任度和社会地位来确定价格的一种定价策略。声望定价可以满足某些消费者的特殊欲望,如地位、身份、财富、名望和自我形象等,还可以通过高价格显示名贵优质,因此,这一策略适用于一些传统的名优产品,具有历史地位的民族特色产品,以及知名度高、有较大的市场影响、深受市场欢迎的驰名商标。

阅读扩展

金利来领带,一上市就以优质、高价定位,对质量有问题的金利来领带决不让上市销售,更不会降价处理。给消费者这样的信息,即金利来领带绝对不会有质量问题,低价销售的金利来绝非真正的金利来产品。从而很好地维护了金利来的形象和地位。

德国的奔驰轿车,售价 20 万马克;瑞士莱克司手表,价格为 5 位数;巴黎里约时装中心的服装,一般售价 2 000 法郎。

为了使声望价格得以维持,需要适当控制市场拥有量。英国名车劳斯莱斯的价格在所有汽车中雄踞榜首,除了其优越的性能、精细的做工外,严格控制产量也是一个很重要的因素。在过去的 50 年中,该公司只生产了 15 000 辆轿车,美国艾森豪威尔总统因未能拥有一辆金黄色的劳斯莱斯汽车而引为终生憾事。

我国的一些国产精品也多采用这种定价方式。当然,采用这种定价法必须慎重,一般商店、一般商品滥用此法,弄不好会失去市场。20 世纪 70 年代末,我国某企业将出口到欧美的假发提价 2~3 倍,销路迅速下降,大部分市场被日本、韩国的企业抢去。

4) 招徕定价

招徕定价是指将某几种商品的价格定得非常高,或者非常低,在引起消费者的好奇心理和观望行为之后,带动其他商品的销售。这一定价策略常为综合性百货商店、超级市场甚至高档商品的专卖店所采用。招徕定价运用得较多的是将少数产品价格定得较低,吸引顾客在购买"便宜货"的同时,购买其他价格比较正常的商品。美国有家"99 美分商店",不仅一般商品以 99 美分标价,甚至每天还以 99 美分出售 10 台彩电,极大地刺激了消费者的购买欲望,商店每天门庭若市。1 个月下来,每天按每台 99 美分出售 10 台彩电的损失不仅完全补回,企业还有不少的利润。

在实践中,也有故意定高价以吸引顾客的。珠海九洲城里有种 3 000 港元一只的打火机,引起了人们的兴趣,许多人都想看看这种"高贵"的打火机是什么样子。其实,这种高价打火机样子极其平常,虽无人问津,但它边上 3 元一只的打火机却销路大畅。

案例思考

1. 北京地铁有家每日商场,每逢节假日都要举办"1 元拍卖活动",所有拍卖商品均以 1 元起价,报价每次增加 5 元,直至最后定夺。但这种由每日商场举办的拍卖活动由于基价定得过低,最后的成交价就比市场价低得多,因此会给人们产生一种"卖得越多,赔得越多"的感觉。岂不知,该商场用的是招徕定价术,它以低廉的拍卖品活跃商场气氛,增大客流量,带动了整个商场的销售额。这里需要说明的是,应用这种方法所选择的降价商品,必须是顾客都需要而且市价为人们所熟悉的才行。

2.日本创意药房在将一瓶200元的补药以80元超低价出售时,每天都有大批人潮涌进店中抢购补药。按说如此下去肯定赔本,但财务账目显示出盈余逐月骤增,其原因就在于没有人会来店里只买一种药,人们看到补药便宜,就会联想到其他药也一定便宜,促成了盲目的购买行动。

根据以上两个案例,请说说在采用招徕定价策略时,要注意什么?

5)习惯定价

习惯定价是指企业按照消费者的购买习惯,而采用"习惯成自然"的产品定价策略。在长期的市场交易过程中,有些产品已经形成了消费者适应的价格,如果降低这些产品的价格会使消费者怀疑产品质量是否有问题。而提高其价格会使消费者产生不满情绪,导致其购买其他产品。

对于不宜轻易变动价格的产品,在不得不需要提价时,应采取改换包装等措施使消费者减少抵触心理,并引导消费者逐步形成新的习惯价格。

6)档次价格策略

档次价格策略是指在定价时将同类产品简单地分为几档,各档规定不同的价格,以简化交易手续。采用这种价格策略时,注意档次划分要适度,级差要适当。这种策略适用于纺织品、果蔬等。

7)差别定价策划

差别定价是指企业以两种或两种以上反映成本费用比例差异的价格来销售一种产品或服务。也就是说,价格的不同并不是基于成本的不同,而是基于消费者需求的差异性。

(1)顾客差别定价

顾客差别定价是指企业把同一种商品或服务按照不同的价格卖给不同的顾客。例如,公园、旅游景点、博物馆将顾客分为学生、老年人和一般顾客,对学生和老年人收取较低的费用;铁路局对学生、军人的售票价格往往低于一般乘客;自来水公司根据需要把用水分为生活用水和生产用水,并收取不同的费用;电力公司将用电分为居民用电、商业用电和工业用电,对不同的用电收取不同的电费。

(2)形式差别定价

形式差别定价是指企业按产品的不同型号、规格、式样、花色等制定不同的价格,不同型号或式样的产品,其价格之间的差额和成本之间的差额是不成比例的。例如,33英寸彩电比 29 英寸彩电的价格高很多,可其成本差额远没这么大;一条裙子 70 元,成本 50 元,若在裙子上绣一组花,追加成本 5 元,但价格却可以定到 100 元。

（3）地点差别定价

企业对处于不同位置或不同地点的产品和服务制定不同的价格,即使每个地点的产品或服务的成本是相同的。例如,影剧院不同座位的成本费用都一样,按不同座位收取不同价格,因为公众对不同座位的偏好不同。火车卧铺从上铺到中铺、下铺,价格逐渐增高。

（4）时间差别定价

企业对不同季节、不同时期甚至不同钟点的产品或服务分别制定不同价格。例如,航空公司或旅游公司在淡季的价格便宜,而旺季一到价格立即上涨。这样可以促使消费需求均衡,避免企业资源的闲置或超负荷运转。

阅读扩展

在乘坐飞机从克利夫飞往迈阿密的同一条航线上,有 10 种不同的票价可供选择。在这条航线上服务的有 3 家航空公司。在 3 家公司的激烈竞争中,精明的乘客就可以得到不少好处。许多票价是针对不同的细分市场的。这 10 种可能的票价是:头等舱是 218 美元,标准经济舱是 168 美元,晚间二等舱是 136 美元,周末短途旅行是 134 美元,义务工作人员是 130 美元,周内短途旅行是 128 美元,短途旅游观光团是 118 美元,军事人员是 128 美元,青少年机票是 112 美元,周末机票是 103 美元。

采用差别定价法,要具备一定的前提条件:市场必须可以细分,各个子市场能够表现出不同的需求程度;以较低的价格购买某种产品的顾客不会以较高价格把这种产品倒卖给别人;竞争者不会在企业以较高的价格销售产品的市场上以低价竞销;控制市场的成本费用不得超过因实行差别定价而得到的额外收入;差别定价不会引起顾客反感;差别定价形式不能违法。

8）产品组合定价策划

大多数企业生产或营销的是多种产品,这些产品构成了该企业的产品组合。各种产品需求和成本之间存在着内在的相互联系。企业在修订价格时,要考虑到各种产品之间的关系,以提高全部产品的总收入。产品组合定价是从企业整体利益出发,对有关产品所作的价格修订。

（1）产品线定价

产品线是一组相互关联的产品,企业必须适当安排产品线内各个产品之间的价格梯级。如果产品线中两个前后连接的产品之间价格差额小,顾客就会购买先进的产品。此时,若两个产品的成本差额小于价格差额,企业的利润就会增加;反之,价格差额大,顾客就会更多地购买较差的产品。

（2）任选品定价

任选品是指那些与主要产品密切相关的、可以任意选择的产品。许多企业不仅提供主要产品，而且提供某些与主要产品密切关联的任选产品。最常见的例子是：顾客去饭店吃饭，除了要饭菜以外，还会要酒水等。在此，酒水为任选品。

企业为任选品定价常用的策略有两种：第一，把任选品价格定得较高，靠它赢利多赚钱；第二，把任选品的价格定得低一些，以此招徕顾客。例如，有些饭店饭菜的价格定得较低，而酒水的价位则较高；另一些饭店则正好相反，饭菜的价格定得较高，而酒水的价位则较低。

（3）连带品定价

连带品是指必须与主要产品一同使用的产品。例如，胶卷是照相机的连带品，刀片是剃须刀架的连带品。

许多大企业往往是主要产品定价较低，连带品定价较高。以高价的连带品获取利润，补偿主要产品低价所造成的损失。例如，柯达公司给它的照相机制定较低的价格，而胶卷定价较高，增强了柯达照相机的市场竞争能力，通过销售柯达胶卷赚钱，以保持原有的利润水平。而不生产胶卷的中小企业，为了获取相同的利润，就只好把照相机的价格定高，其市场竞争能力自然要受影响。

阅读扩展

"东市买骏马，西市买鞍鞯，南市买辔头，北市买长鞭。"代父从军的木兰姑娘在出征前有这样一番忙碌。《木兰诗》中这几句描述应该只是一种文学上的手法。从商业角度而言，那些连带品的销售应该就近摆在一起才合理。出售鞍鞯（鞯是马鞍下的垫子）、辔头（驾驭牲口用的嚼子和缰绳）与长鞭的店家应该移到东市去，紧靠在马市的旁边，为买马的顾客提供配套服务。

任务3　价格调整策划

案例思考

最近，某快餐店宣布推出有史以来力度最大的一次促销活动：四大午间套餐统一定价16.5元，除其中一款是新品外，其余3款价格直接降回10年前的水平。在活动中，这3款套餐整体售价较调整前便宜3成左右。除此之外，快餐店还免除了以往"超值早餐"享受10元优惠必须使用优惠券的要求，并进一步丰富了"6~7元超值选"的单品项目。目前，参与超级促销活动的产品比例已占到了总数的一半,和去年的超值午餐不同,这次的"天天超值套餐"是没有时间限制的,从上午10点钟一直卖到晚上。而且这次降价是在全国范围展开的,算下来比10年前的价格还要优惠。

思考:

该快餐店为什么对以四大套餐为主的产品重新定价? 如果你是该快餐店的竞争对手,你会有什么反应?

企业产品价格并非一成不变,必须随着市场环境的动态变化进行调整。企业进行产品价格调整有两种情况:一是根据市场需求变化或企业战略、策略实施的需要进行主动调整;二是当竞争对手产品价格变动后为应对竞争对手进行的应变调整。

7.3.1　主动调整价格的策划

1)主动调整价格的原因

主动调整产品价格的策划,不外乎从两方面着手:或是降价,或是涨价。

(1)降价常见的原因

①企业生产能力过剩,市场供大于求,需要扩大销售,但又无法通过改进产品和增加销售努力来达到目的,只好考虑降价。

②下降中的市场份额。如当日本小汽车以明显优势大量进入美国市场后,美国通用汽车公司在美国市场份额明显减少,最后不得不将其超小型汽车在美国西海岸地区降价10%。

③为争取在市场上居于支配地位,公司用较低的价格,增加产品的竞争能力,扩大市场份额,而销售量的增加也降低了成本。

(2)涨价常见的原因

涨价虽然给公司带来了利润,但是也会引起消费者、经销商和推销人员的不满,甚至会丧失竞争优势。在下列几种情况下,企业会考虑涨价:

①成本膨胀。这是一个全球性的问题。材料、燃料、人工费、运费、科研开发费、广告费等不断上涨,导致企业压低了利润的幅度,因而也引起了公司要定期地提价,提高的价格往往比成本增加得要多。

②供不应求。当公司的产品在市场上处于不能满足所有消费者的需要时,可能会涨价,减少或限制需求量。公司在涨价时,应通过一定的渠道让消费者知道涨价的原因,并听取他们的反映,公司的推销人员应帮助顾客找到经济实用的方法。

③竞争者提价等。

2）主动调整价格的方式

（1）提价方式

①直接提价。即直接提高产品价格。例如,柯达公司在了解日本人对商品普遍存在重质高于重价的倾向后,于20世纪80年代中期以高出富士胶片50%的价格在日本市场推出"柯达"胶片。经过几年努力和竞争,柯达终于在日本市场成为与富士势均力敌的企业,销售量直线上升。

②间接提价。企业提高产品价格除了提高基本价格之外,为了最大限度地减小顾客对提价的不满,还可以通过一些温和的变通方式达到提价的目的。即企业采取一定方法使产品价格保持不变但实际价格却隐性上升。其主要方法包括:缩小产品的尺寸、规格;压缩产品分量;使用便宜的材料、配件或包装材料;减少或改变产品功能或服务项目。例如,美国西尔斯公司简化了许多家用电器的设计,以便与折扣店销售的商品进行价格竞争;康师傅、统一、福满多等方便面的面饼多次"瘦身",目前部分品种的净含量已经跌破90克大关,而价格维持不变;还有一些企业通过免费安装、免费送货或长期保修等项目实施隐性提价。

（2）降价方式

①直接降价。即直接降低产品价格。企业降价的目的是打败竞争对手,获取市场份额,提高市场占有率。运用暗降的策略只是小幅降价,难以达到迅速提高市场占有率的目的,所以,许多企业选择了明降的策略。近几年来,手机降价、彩电降价等,都是公开宣布降价的。直接降价策略带来的一个最大的问题是容易引起价格大战。

在操作中公开降价需要把握的一个原则是:为了达到目的,最好是一次降到底。当企业有竞争对手时,可以考虑把价格降到对方无法跟进的程度。如果企业不断采用降价策略,可能会使消费者持观望态度,结果反而达不到预期的促销目的,这样企业既损失了利润,市场占有率又得不到提高。

在世界软片市场上,富士和柯达两家公司可以说是旗鼓相当。有一次,富士拟对一部分旧型软片降价促销,柯达闻讯也欲降价。富士索性把价格降到成本价之下,而从新型软片的盈利上找回差额。柯达公司碍于成本高,无法再跟下去,只好视而不见。富士公司从而达到了它预期的目的。

②间接降价。即企业在保持名义价格不变的前提下,增加送货上门、免费安装、调试维修、为顾客保险等服务项目,或提高产品的质量或性能,或增大各种折扣、回扣及赠送礼品等。

阅读扩展

折价销售的经营策略

零售业"老大"沃尔玛能够迅速发展,除了正确的战略定位以外,也得益于其首创的折价销售的经营策略。每家沃尔玛商店都贴有"天天廉价"的大标语。同一种商品在沃尔玛比其他商店要便宜。沃尔玛提倡的是低成本、低费用结构、低价格的经营思想,主张把更多的利益让给消费者,为顾客节省每一美元是他们的目标。沃尔玛的利润率通常在 30% 左右,而其他零售商如凯马特的利润率都在 45% 左右。公司每星期六早上举行经理人员会议,如果有分店报告某商品的价格在其他商店比沃尔玛低,则可立即决定降价。沃尔玛商店销售的商品,比其他商店的同类商品一般要便宜 10% 左右。低廉的价格、可靠的质量是沃尔玛的一大竞争优势,吸引了一批又一批的顾客。

7.3.2　被动调整价格的策划

被动调整价格是指企业对率先进行价格调整的竞争者的价格行为所做出的调价反应。在市场经济的条件下,价格竞争随时都可能爆发,企业必须随时做好准备,建立好自己的价格反应机制,始终关注市场价格动向和竞争者的价格策略。应对竞争者的价格调整,企业应根据自己在市场竞争中的地位来采取相应的对策。

1）一般市场者的对策

（1）探究原因

在采取调整价格应对措施之前,应该分析研究如下 4 个问题:

①竞争者调价的目的是什么？是想扩大市场,还是为了适应成本的变化？或者为了引起全行业的一致行动,以获得有利需求？

②竞争者的价格变动是暂时的,还是长期的？

③对竞争者的价格变动置之不理,自己的市场占有率以及利润等会受到什么影响？

④对于竞争者的价格变动,其他的竞争者会有什么样的反应？

（2）应对措施

对于同质产品,如果竞争者降价,那么企业也要通过降价进行应对,否则,顾客就会购买竞争者的产品。如果竞争者提价,企业可以灵活面对或者提价,或者不变。

对于异质产品,企业有较大的余地对竞争者调整价格作出反应。如果不改变原有价格水平,也可以通过采取提高产品质量和服务水平、增加产品服务项目、扩大产品差异等手段来争夺市场竞争的主动权。

（3）制定主要对策

根据企业市场地位和营销成本、产品特性以及市场环境的实际情况不同，企业可供选择的主要对策如下：

①随之调整价格，尤其是对于市场主导者的降价行为，中小企业很少有选择的余地，被迫应战，随之降价。

②反其道而行之，同时推出低价或高价新品牌、新型号产品，以围堵竞争者。

③维持价格不变，如果随之降价会使企业利润损失超过承受能力，而提价会使企业失去很大的市场份额，维持原价不失为明智的策略选择，同时也可以运用非价格手段进行反击。

2）市场领导者的对策

（1）价格不变

市场领导者认为，削价会减少太多利润。保持价格不变，市场占有率也不会下降太多，必要时也很容易夺回来。借此机会，企业正好甩脱一些其所不希望的买主，自己也可以把握住较好的顾客。

（2）降价

市场领导者之所以这么做，是因为削价可以增加销量和产量，因此降低成本费用。同时，市场对价格非常敏感，不削价会丢失太多的市场占有率，而市场占有率一旦下降，就很难恢复。

（3）涨价

有的市场领导者，不是维持原价或削价，而是提高原来产品的价格，并推出新的品牌，围攻竞争者品牌。

（4）运用非价格手段

例如，企业改进产品、服务和市场传播，使顾客能买到比竞争者那儿更多的东西。很多企业都发现，价格不动，但把钱花在增加给顾客提供的利益上，往往比削价和低利经营更合算。

7.3.3 选择调价时机与地点

选择合适的时机、地点推出价格调整措施有利于企业价格调整策划的顺利实施。

1）价格调整时机

一般来说，不同产品的调价时机不同，如日用品可选择节日前后调价，季节性产品可选择季节相交之时调价。此外,为避免消费者和中间商的不满,企业可以限时调价,在供货合同中写明调价条款。

2)价格调整地点

一般来说,企业进行价格调整时,可以选择在一个地点先行实施,其他各地再纷纷响应的形式。也可以同时在多个地点实施,使竞争者措手不及。

7.3.4 做好配合工作

为配合价格调整策划工作,企业应做好相应的配合工作:
①做好生产设备、原材料等方面的调整,以免出现销量猛增而断货脱销的现象。
②做好生产、服务、运输能力等方面的调整,以免出现产品质量下降而失去消费者的情况。
③做好流通渠道等方面的控制,以免出现不同地区窜货、私下倒买倒卖的现象。

7.3.5 消费者对调价的反应

消费者对于企业的调价并不一定像企业所希望的那样给予理解,可能会产生一些对企业不利的后果。

1)消费者对降价的反应

企业将产品降价本应吸引更多的消费者,但有时消费者可能这样理解:
①这种产品要被淘汰,零配件将无处购买。
②这种产品有某些缺点,销售不畅。
③企业财务困难,难以继续经营下去。
④这种产品的价格还要进一步下跌。
⑤这种产品的质量下降了。
这些消费者大多认为降价无好货,对此报以持币观望的态度。因此,不适当的降价反而会使销售量减少。

2)消费者对提价的反应

企业提价通常会抑制购买,但有时消费者也可能这样理解:
①这种产品很畅销,不赶快买就买不到了。
②该产品可能还要涨价。

③这种产品品质优良,提价是必然的。

④企业想尽量取得更多利润。

综上所述,企业在产品降价、提价之前和之后,都应向消费者解释清楚,让消费者了解情况,以便对调价作出正确的反应。

阅读扩展

珠宝店的"意外提价"

Silverado 珠宝店专门经营由印第安人手工制成的珠宝首饰。几个月前,珠宝店进了一批由珍珠介质和银制成的手镯、耳环和项链等精选品。

店主十分满意这批珠宝的样式、色泽等,并为其标上合理的价格(成本加合理利润),期待这批独特的珠宝大受欢迎,其价格也会让消费者觉得物超所值。

但是,这些珠宝在店中摆了 1 个月后,销售情况让店主十分失望。店主尝试着将珠宝装入玻璃展示箱,并将其摆放在该店入口的右手侧,让职员们花精力推销等,但这些方法都不见效。

店主又一次外出采购前,决定半价出售这批珠宝,以腾出仓库存放新货。于是匆忙留给职员一张字条"这种款式的所有珠宝×1/2"。

数日后,店主归来,那批珠宝已经销售一空,可是她还是不理解为什么这批珠宝别致美观,消费者却置之不理,难道消费者都认为价格太贵,非等到半价销售才肯购买?看来这种珠宝首饰不适合消费者的胃口,下次采购新珠宝时一定要谨慎。

这时,一名职员过来向店主请教:"我虽然不懂店主为什么要对滞销产品进行提价,但为什么高价之下,商品的出售速度却如此惊人?"

店主不解地问:"什么高价?我留的字条上是说价格减半啊。""减半?"职员吃惊地问,"我认为您留的字条意思是这种款式的所有珠宝价格一律按双倍计。"结果职员将价格提高了一倍而不是减半。

复习思考题

1. 联系实际谈谈如何设计定价程序,并举例说明。
2. 常用的心理定价策略有哪些?并举例说明。
3. 企业在什么情况下,会考虑提价?
4. 当竞争对手降价时,企业应如何应对?

一款中级轿车的定价方案

WH 公司是国内一家乘用车企业,为了丰富自己的产品体系,决定引进国外合作伙伴的一款中级轿车,型号为 A550。在产品上市之前,WH 公司要为其制定具有竞争力的价格。为此,公司组织数人成立价格策划小组,具体工作如下:

一、分析营销环境

A550 面临的情况是:数十个同类车型在国内市场上竞争激烈;WH 公司没有销售中级轿车的经验;WH 公司虽然实力较差,但借助国外技术伙伴的支持,产品在细分市场上具有一定的竞争力。

基于以上情况,策划小组经讨论选择有代表性的竞争车型,锁定目标消费者对市场情况作深入调研,为 A550 价格的制定提供客观依据。

1. 竞争车型

策划小组根据该车型的排量、尺寸、轴距、价格、品牌等因素,圈出目前市场上可能成为 A550 竞争者的八款车型,包括:花冠、福克斯、标致 307、凯越三厢、伊兰特、颐达、思域、福美来等。

2. 目标消费者

根据竞争者的消费者特征及公司多年的从业经验,策划小组大致总结出 A550 用户应该具有的基本特征:大专及以上学历,年龄在 25 ~ 40 岁,家庭月收入在 8 000 元以上等。

根据以上两个基础,策划小组选择北京、上海、广州、成都 4 个具有代表性的城市中的 600 名车主(或购车者)作为调查对象。其中 400 名是已经购买上述竞争车型的车主,200 名为潜在的目标消费者。在 200 名潜在消费者中,有 100 名考虑购买一辆中级车作为第二辆车,另外 100 名考虑将现有车型换成中级车。

二、确定定价目标

WH 公司希望将 A550 以合适的价格推向市场,迅速扩大销售额,快速占领市场,战胜竞争者,扩大 WH 公司在中级轿车市场的影响力。

因此,WH 公司确定 A550 的定价目标是:

1. A550 的价格能够在两年内仍具有竞争力。

2. 新产品效应过后,给产品预留降价的空间。

三、分析定价的影响因素

1. 市场需求分析

轿车是一种特殊商品,消费者需求的配置不同,则成本、价格也不同。为此,策划小组对消费者需求的轿车配置进行调查,从而将产品成本与市场需求结合起来考虑,了解轿车配置对于消费者购买心理的影响,为 A550 的组合搭配款式提供参考。

对调查结果进行分析,得出以下结论:

(1)消费者对电动调节驾驶座椅、NAVI 导航系统等配置的需求比较低,企业可以在标准配置外,推出这些车型的简装版,以降低价格,赢得更多消费者。

(2)消费者会参考竞争车型的配置,如果竞争车型也配备了 6 碟 CD、自发光仪表盘、自动空调等配置,尽管消费者认为这些配置对于自己的实际功效不大,也会对其购买行为产生影响。

(3)消费者对倒车雷达、天窗、真皮座椅等配置的需求较高,是否配置对其满意度有重大影响。

2. 竞争分析

策划小组通过调查消费者对 A550 与竞争车型的各细节元素评价(主要包括车辆整体评价、外观第一印象得分、各部位具体外观评价、各功能部件设计评价等),了解消费者对各车型的喜爱程度及心理价位。

对调查结果进行分析,得出以下结论:

(1)花冠、福克斯、思域是 A550 最主要的竞争车型,其次是标致 307,再次是凯越和伊兰特等。

(2)A550 在整体评价、外观印象方面有明显竞争优势,但是在后排空间、储物箱等方面有待改进。

(3)消费者最喜欢的 A550 颜色是塔夫绸白,其次是雪花银,再次是拉利红和中子蓝,而水纹银和夜鹰黑是消费者相对不喜欢的颜色。

四、选择定价方法

基于以上分析,策划小组认为 A550 在外观等方面独具特色,适合采用竞争价格定价法来为其定价,具体定价过程如下:

1. 了解最佳竞争价格

在目标消费者了解 A550 与竞争车型的外观、配置等因素的基础上,请不同类型消费者给 A550 估价,得到的价格范围是 14.1 万~15.8 万元。其中,花冠用户给予了这款车比较高的价格,这表明两款车型的竞争性最强。因此,A550 的定价要比花冠更有竞争力。

2. 调查价格敏感区间

策划小组选定真皮座椅天窗版的 A550 车型作为测试对象,调查到目标消费者可接受的价格上限值为 15.5 万元,下限值为 13.5 万元,最佳价格为 14.8 万元。

3. 测试心理价差

了解消费者对该轿车不同配置之间价格差的心理预期,进而了解以下两个关系:

（1）如果该车型有若干排量、配置，还有自动挡和手动挡的区分，那么，不同的搭配组合应对应什么样的价格，进入市场会有怎样的结果？

（2）如果企业想要占有一定的市场份额（接近企业目前全部产品的市场份额），价格定为多少合适？

为此，策划小组组织测试了各消费者对前面所提到的 12 种配置的价格接受度，得出的数据可为 A550 的配置搭配组合及价格调整提供依据。

例如，被访者对 A550 增加天窗接受价格的情况是：比较集中的价格点是 5 000 元；平均值价格点是 3 631 元；中位数（即接受率为 50% 时的价格点）值为 3 000 元。

综上所述，策划小组根据调查结论，在考虑实车价格敏感度及模拟相对市场份额分析结果的基础上，确定 A550 1.8AT 真皮座椅天窗版的合理价格区间是 14.6 万~15.3 万元。

五、确定价格策略

由于 A550 是一款新车型，且调查结果表明具有消费者比较喜爱的外观，再加上国外合作伙伴的技术支持，该车型是比较有竞争力的，因此，策划小组一致建议采用撇脂定价策略，以便能够在短期内收回投资，为以后降低价格留足空间。

六、确定最终价格

WH 公司领导详细分析了策划小组的定价方案，并对比 A550 的价格目标，综合考虑成本因素、经销商的数量及其分布、经销商的能力和经验、经销商的利润等因素，将 A550 1.8AT真皮座椅天窗版的价格定在了 15.2 万元，理由是：

1. A550 在同类车型中比较偏向运动型，这是一个较小的细分市场，因此不追求很大的市场份额。

2. 这个价格在调查获得的价格范围之内。

3. 虽然价格比最佳合理价格高，但是可以为以后降价留出一个相对较大的空间。

实践证明，WH 公司制定了一个比较合理的价格。在接下来的两年，A550 车型不仅获得了一个满意的销量，而且在竞争车型纷纷降价的情况下，价格一直保持不变。

案例思考

英特尔（Intel）公司的定价策略

一个分析师曾这样形容英特尔公司的定价政策："这个集成电路巨人每 12 个月就要推出一种新的、具有更高盈利的微处理器，并把旧的微处理器的价格定在更低的价位上以满足需求。"当英特尔公司推出一种新的计算机集成电路时，它的定价是 1 000 美元，这个价格使它刚好能占有市场的一定份额。这些新的集成电路能够增加高能级个人电脑和服务器的性能。如果顾客等不及，他们就会在价格较高时去购买。随着销售额的下降及竞争对手推出相似的集成电路对其构成威胁时,英特尔公司就会降低其产品的价格来吸引下一层次对价格敏感的顾客。最终价格跌落到最低水平,每个集成电路仅售 200 美元多一点,使该集成电路成为一个热门大众市场的处理器。通过这种方式,英特尔公司从各个不同的市场中获取了最大量的收入。

思考:

1. 英特尔公司采取的是什么定价策略?
2. 请说出英特尔公司采取这种定价策略成功的原因。

实训项目

1. 实训主题

手机市场价格策划。

2. 实训内容

(1)掌握定价的目标、定价的程序及方法。

(2)掌握定价的基本策略。

(3)掌握价格调整策划的内容。

3. 实训组织

(1)选定阶段:在选题时,注意考察竞争对手成功的调价手段。

(2)调研阶段:制定调查问卷、街头拦截被访者、资料查阅等。

(3)分析阶段:撰写策划案。

4. 实训考核

以小组方式撰写价格策划方案,提交 PPT 演示文稿,各小组推选代表宣讲,全班交流,教师点评。

项目 8　渠道策划

【教学目的与要求】

1. 理解营销渠道策划的概念。
2. 熟悉营销渠道策划组合策略策划的特征。
3. 理解直复营销策划、特许连锁营销策划的概念。
4. 能运用常见的营销渠道的策划方法和运用渠道功能的策划方法。
5. 熟悉营销渠道策划的管理。

【引导案例】

联想电脑的渠道建设

1998 年,"渠道"一词的走热,使渠道从幕后走到前台,渠道的神秘面纱被揭开,多少反映了中国 IT 市场的一种走势。中国计算机市场经过几年的拓展,计算机已开始逐步普及,市场和用户的需求正发生着巨大的变化,从单纯追赶潮流的购买到如何应用的问题,联想也提出了应用电脑和功能电脑的概念。这是基于市场和用户需求的变化,渠道也是如此。国内厂商和进口厂商在经过前些年激烈的市场搏杀之后,市场格局已相对固定,除了产品策略和市场策略之外,厂商对渠道策略也进行了调整,这种调整也是基于市场的变化而进行的。

传统的渠道主要是指代理分销制,对于中国的大多数厂商来说,代理分销制度依旧是主流,除了直销的环境不够成熟之外,另一个重要原因是:对一个厂家来说,如果其要在市场上获得较好的地位和较大的市场份额,它的渠道必须很丰满,很有实力,必须先在渠道上依靠,否则,产品很难占据市场。联想作为国内电脑市场的佼佼者,之所以能够获得 15.2% 的市场份额,与联想的渠道实力是分不开的。

为了进一步完善渠道政策和渠道的层次提升,联想提出了渠道的大联想计划,把厂商和经销商的关系提升为一体化的联盟关系。其中,厂家作为原始产品的生产者和供应者,它通过渠道来出货,代理商则是厂家的销售队伍,作为厂家的一部分,跟厂家的生产部门、研发部门、制造部门一样,这种渠道相当于厂家的销售部门。

在"大联想"的内涵方面,联想归纳为 4 个"纳入",把代理商纳入联想的销售、服务、培训和分配体系,对于代理商进行统一设计,统一考虑。首先,在销售方面,联想通过渠道规划来进行,联想会分析在销售环节中寻找怎样的渠道,用户会喜欢什么样的渠道,每种渠道要准备什么样的条件,什么样的职责,具备什么样的权利和义务,就像一个单位的岗位责任制一样,渠道架构怎样,组成成员有哪些,成员的责任权利,都会统筹安排,这种规划能充分发挥每个代理商的特长,比如是更适宜做商用 PC,还是家用 PC 等,不同的代理商都有自己的发展方向。

为了保证大联想机制的健全和这一计划的不断推进,联想还建立了一系列的监督、保障机制,成立了专门的大联想顾问委员会,从代理商中推选了近30家代表做顾问,他们分布在全国 28 个省份,都是当地的佼佼者,大联想渠道中的一些重大问题、前瞻性问题和亟待解决的问题都会在顾问委员会中讨论,厂家和代理商一起来商量和决定。除此之外,联想在每个季度进行代理商的意见调整,设立总经理接待日等,这些都已形成制度。

目前,联想 PC 在全国 200 多个城市拥有 2 000 多家经销商。1999 年,联想 PC 将进一步完善其现在的渠道体系及其保障体系,提高渠道整体的专业化水准,使各种渠道进一步细化。联想认为,直销在国内的环境还不成熟,联想还是继续发挥已有渠道的优势。同时关注直销在中国的发展。

联想现在采用推销1+1专卖店的形式,这个专卖店依然是代理销售的一种。不是自己来做,而是想发动代理商一起来做,是加盟方式。但是,要制定出统一的形象标准,统一的销售产品,统一的服务,统一的价格,统一的布局,统一的管理,我们有"六个统一"在这个渠道上面。从更深层次上面来讲,就是为了迎接 PC 产业从根本上发生变革的时候对于渠道新的要求。

任务1 营销渠道策划认知

8.1.1 营销渠道策划的内容

商品从生产领域转向消费领域所经过的路线和通道就叫营销渠道。营销渠道策划包括确定营销渠道目标、设计营销渠道结构、评估营销渠道方案、选择营销渠道成员。

1)确定营销渠道目标

营销渠道目标主要有:确保渠道运营顺畅;放大产品销量;方便顾客;开拓市场;扩大知

名度;增强经济性;提高市场覆盖率;控制渠道。

2）设计营销渠道结构

（1）分销渠道的长度设计

方案 1:最短渠道

生产者—消费者,其形式有厂商直销产品、派员上门推销、邮寄销售、电话销售、电视销售及网络销售等。

方案 2:短渠道

生产者—零售商—消费者,其形式有卖场、连锁超市、便利店、百货商场及路边小摊等。

方案 3:长渠道

生产者—批发商—零售商—消费者,或生产者—代理商—批发商—零售商—消费者。

方案 4:多模式

多模式即策划"多元化"分销渠道。

渠道的长短结构策划,通常根据纵向渠道的分销数量来划分。长短渠道的优、缺点比较,见表 8.1。

表 8.1 长短渠道的比较

类　别	优点及适用范围	缺点及基本要求
长渠道	市场覆盖面广;企业(厂家)可以将渠道优势转化为自身优势;一般消费品销售较为适宜;可以减轻企业的费用压力。	厂家对渠道的控制程度较低;增加了渠道服务水平的差异性和不确定性;加大了对经销商进行协调的工作量。
短渠道	厂家对渠道的控制程度较高;专用品、时尚品较为适用。	厂家要承担大部分或全部渠道功能,必须具备足够的资源方可使用;市场覆盖面较窄。

（2）营销渠道的宽度设计

营销渠道的"宽度"策划,有独家分销策略、密集营销策略和选择性营销策略 3 种基本方案,见表 8.2。

表 8.2　分销渠道的宽度设计方案

分销类型	含　义	优　点	不　足
独家分销	一定市场区域内每一渠道层次只有一家经销商运作。	竞争程度低;厂家与经销商的关系较为密切;适用于专用产品的分销。	缺乏竞争,顾客满意度受到影响;经销商对厂家的反控制能力较强。
密集分销	凡符合厂家要求的经销商均可参与分销。	市场覆盖率高;适用于快速消费品的分销。	经销商之间的竞争容易使市场陷入混乱,管理成本相对较高。
选择性分销	从备选分销商中选择一部分作为分销商。	优缺点通常介于独家分销和密集分销两者之间。	

3）评估营销渠道方案

评估营销渠道方案,较为广泛采用的方法是财务法、交易成本分析法和经验法。特别是依照营销实战中积累的管理上的经验来判断并选择分销渠道设计方案,其标准主要有:经济性、控制性和适应性。

4）选择营销渠道成员

选择经销商是渠道策划的关键环节,这就要求策划者及企业尽可能以多种途径来寻找经销商,评估经销商,确定合作关系。

阅读扩展

药品厂商如何选择中间商

现今,药品市场风起云涌,群雄逐鹿。那么,厂商如何才能让自己的产品脱颖而出快速占领目标市场呢? 我想,除了广告促销等一些常规手段外,建立一条通畅而又完整的销售渠道当是重中之重,而实现这一目标的关键则是能否选择到高质量的中间商。

第一步:明确中间商的重要作用。

药品的中间商通常是指进行医药批发和零售或代理的专业公司。因为药品的特殊性,药品直销(把药品直接卖给个人)难度较大,目前这种现象还很少见。药品经过专业终端(药店与医院等)再卖给消费者具有普遍性。所以,业内有些人干脆把厂商直接卖货给医院或药店称为厂家直销。

第二步:把握选择经销商的标准。

经销商选择的好坏将直接影响药品销售量的大小。因为中间商的原因会影响药品的正常上市，这种潜在的损失是无法用金钱计量的。所以，为了防患于未然，厂商在选择中间商的时候一定要严谨科学，主要从实力与能力两个方面分别说明中间商选择的标准。

1. 实力指标

（1）社会资信实力

社会资信实力，即平常所说的商誉。中间商商誉的好坏是厂商选择中间商首先考虑的因素，商誉主要涉及中间商履行合同的可信程度。商誉不好的中间商是形成呆账、死账的最重要来源。为了得到中间商商誉现状，厂商必须从两个渠道入手，一是通过正面接触来判断企业的相关人员的许诺是否可信；二是通过与业内人员的交流来了解中间商的资信情况，这种方法得来的信息也许是最可靠的，尤其要重视其他药品厂商对他的评价。

（2）资金实力

中间商的资金实力是厂商要考虑的另一个重要指标。中间商的资金实力对他的经销能力有直接影响，厂家尤其要重视经销商流动资金的情况。

（3）现有销售网络实力

中间商的销售网络直接决定了药品的铺货程度，考察这个指标应考虑 3 点：一是拥有的终端数量；二是终端的分布；三是终端的质量。

（4）销售阅历实力

中间商的销售阅历对产品的经营推广非常重要，一个经验丰富的经销商对厂商产品的成功营销帮助巨大，可以从两个方面考察他的阅历：一是中间商的运营时间；二是看他有没有经营过与本企业产品相类似品种的经验。

（5）人员实力

业务的运作最终要靠人来推动，所以，中间商所拥有的人员实力对厂商来说就至关重要。考察人员实力可以从两个方面着手，一是人员的“量”，即人数；二是人员的“质”，这涉及具体人员的年龄、文化程度、经验等方面。

（6）可投入固定资产实力

可投入的固定资产包括车辆、仓库等，这些方面实力的强弱对产品的经营也有一定影响，厂商也应给予一定关注。

2. 能力指标

（1）客户控制能力

客户控制能力是中间商综合管理能力的体现。考察客户控制能力可以从他与客户维持的时间长短、销货量的大小、在客户间的口碑及终端表现实态来判断。

（2）市场拓展能力

中间商的客户量仅仅维持原状是远远不够的，只有不断拓展市场才能让产品的覆盖率及销售量不断提升。

（3）企业内部管理能力

企业内部的管理能力的高低关系到企业的运作效率，一个管理很烂的企业很难保证各项政策的贯彻执行。企业内部的管理能力包括对业务员的管理、仓储管理、账款管理等方面。

（4）对本企业理念的理解、认可能力

一个对合作厂商有很好地理解认知的中间商，在具体的操作实践中能更好地领会厂家的意图。

（5）经销区域公共关系能力

因为药品是一种特殊商品，它的经营推广要受很多限制，所以中间商在当地的关系网络与公关能力至关重要，公关能力很强的中间商能大大提高产品在当地的推广速度。关系网络包括与政府部门（主要是药监局与卫生局）的关系、与当地媒体的关系等。这个指标可以通过调查中间商的社会背景及以前的运作案例获得。

（6）市场信息反馈能力

对市场信息的有效反馈是指根据市场信息及时调整营销策略以促进销售。中间商应把收集的有关信息及时传给厂商，给厂商的决策提供依据。中间商这种能力的大小，可以根据其他厂商的评价来判断。

8.1.2　营销渠道策划的策略选择

1）营销渠道"长度"策划的策略与技巧

营销渠道模式的策划可以是一种模式，也可以多种模式，但在多种营销渠道模式策划中要确定主要的营销渠道，如图 8.1 所示。

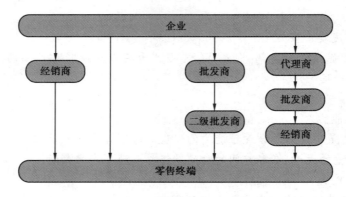

图 8.1　分销渠道模式

2）分销渠道"宽度"策划的策略与技巧

分销渠道"宽度"策划就是确定分销面的大小,即宽渠道和窄渠道的策划。根据产品、市场、中间商、企业的具体情况,可以考虑 3 种分销策略的运用,即密集分销策略、选择性分销策略和独家分销策略。

3）分销渠道"成员"策划的策略与技巧

对中间商进行评估的因素有:合法建议资格;目标市场定位;地理位置;竞销策略;销售能力;服务水平;储运能力;财务状况;企业形象;管理水平。根据最优化原则,策划选择最有实力、最善于销售、最守信誉的中间商,作为自己企业的合作伙伴,本着双赢的原则,把分销策划落在实处。

4）分销渠道"管理"策划的策略与技巧

（1）渠道权利

渠道权利包括:奖励权利、强制权利、专家知识、声誉参照和合法性。

（2）渠道信赖和忠诚

信赖会减少渠道成员的疑虑,促进合作。忠诚会加强彼此合作,提高满意程度,使渠道关系更为亲密,并且能抑制渠道成员退出这种关系的倾向。

（3）合作机制

合作机制包括:谈判决议、可信的承诺和自我强化的协议。

阅读扩展

活力 28 的分销渠道策略

20 世纪 90 年代后期的一段时间,人们几乎每天都可以在中央电视台的黄金时段看到"活力 28"的那则著名的"1∶4"广告和听到"活力 28,沙市日化"这句广告语。活力 28 洗衣粉也因此走进了千家万户。尽管如此,在广东市场,活力 28 的销售就是上不去。分析原因,问题出现在他们的销售渠道的设计上。活力 28 洗衣粉在广州市场主要是与几个大百货商场和一些批发单位建立业务联系。在深圳、汕头、惠州等城市,多是选择当地某个批发部门合作。而在广东一般的小零售店,大都看不到活力 28 洗衣粉。对于洗衣粉这种大众化消费品,消费者一般不会为买几包洗衣粉而专门去大中型超市、商场。经过调查发现,90% 以上的消费者都是在居民小区附近的零售店购买洗衣粉。因此,沙市日化决定加大力气调整,提高在居民小区的铺货率。

8.1.3 分销渠道模式的策划

分销渠道的模式主要有以下5种(表8.3),在策划时应该根据具体情况加以选择:

表8.3 分销渠道的模式对比

模 式	优 点	缺 点	实 例
办事处模式	总部严格控制库存,占压资金较少,运输费用较低。	仓储费用较高,结算周期长,容易引起财务纠纷。	澳柯玛方太
分公司模式	高效的区域市场,低额的配送费用。	管理层次较多,机构调整频繁,资金回笼慢。	泛凌
分公司+办事处模式	对特定市场的特定策略局域市场。	管理层次较多,机构调整频繁,资金回笼慢。	迪比特
产品事业部模式	渠道共用人员规模控制在较低费用水平,规模控制在较低水平。	对专业产品的服务能力要求很高,售后服务压力较大。	草原兴发
独立事业部模式	专业分工明晰,准确贯彻单位事业部产品策略。	人员规模较大,销售费用高,不能形成合力。	伊利

阅读扩展

分销渠道策略的运用

第一步:江铃汽车设立分销渠道管理部门

江铃公司设立了分销渠道管理的相关部门,具体包括市场部、销售部、顾客服务部、中联物流等。

下面简单介绍一下各分销渠道部门的职责。

江铃的经销商须保证品牌专营,具备一定的资金实力;具备相关车型销售经验和先进的经营理念;积极开发所在区域的江铃市场,保证江铃品牌在该区域内占据一定的市场份额;具备江铃统一的形象;具备相应的组织机构和独立的人员配置。

江铃品牌店分为以下两种:

分销分品牌专营 A 级店——具有独立的组织管理机构,面积不得小于 150 平方米的独立展厅,专职销售人员至少 8 人的独立的人员配置。

分销分品牌专营 B 级店——具有相关组织管理机构,面积不得小于 100 平方米独立的展厅,专职销售人员至少 5 人独立的人员配置。

江铃的经销商要遵循江铃"双限"政策——限价、限区域。限价销售政策是指品牌专营分销商的实际销售价格不能低于江铃公司所规定的产地最低限价,限区域销售政策是指在江铃一级代理商指定的区域进行市场开拓和销售活动。

第二步:江铃汽车分销渠道模式分析

选用渠道模式:江铃公司国内经销商网络采用的是单层次契约式的垂直营销系统。

设计渠道依据:江铃公司充分考虑了汽车产品购买者的心理需求,采用品牌专卖的方式经营江铃系列产品。

建立渠道宽度:江铃公司采用选择性分销和独家分销相结合的方式。在经济发达的区域市场,江铃公司采用选择性分销的方式。而对于经济欠发达地区,江铃采用独家分销方式。而江铃公司的出口销售采用的是代理制,在出口国当地寻找有实力的汽车经销商作为汽车代理商代理进口,然后批发给分销商再卖给用户,是两层次的销售渠道。

第三步:江铃公司选择中间商的原则

在选择经销商时江铃公司主要遵循以下原则:

1. 诚信。所选中的经销商必须是诚实而且具有良好信誉的,诚信是双方合作的基础。

2. 丰富分销经验及管理能力。

3. 高效率。一个好的经销商应该是高效率的,即销售速度快,货款回收快,资金流通快,这样才能实现高效的分销。

4. 具有共同愿景和合作精神。由于经销商具有不同于生产者的发展目标经营策略和企业文化,因此,不同的利益主体往往会发生冲突。

第四步:江铃汽车分销渠道管理分析

首先展开渠道成员管理分析。任何渠道都是由一些渠道成员构成,由全体渠道成员的共同努力来实现渠道的功能,突出的管理方面包括客户管理、经销商管理和冲突管理。

1. 客户管理。因已经充分认识到管理客户乃至于达到留住忠实客户的目的,江铃公司已经成立了客户管理中心。

2. 经销商管理。江铃公司建立了一套完整的评估体系用于经销商的管理,公司内部各职能部门都有各自的评估指标,分别按月度、季度和年度等不同的周期对经销商进行考核,可以动态地发现经销商在某个领域所存在的问题,公司相应部门会对其情况向管理层作出汇报,以采取不同的方式对经销商的行为进行纠正。

对经销商的管理内容主要有:日常操作管理;报表系统管理;服务管理;违规操作管理;

财务管理等。公司有专门的部门对经销商进行市场规范管理，并有完善的信息反馈机制和举报系统。

3. 冲突管理。冲突的类型主要有 3 种：垂直渠道冲突、水平渠道冲突和多渠道冲突。江铃公司的水平渠道冲突主要表现为一级经销商与二级、三级经销商之间的冲突，多为一级经销商以自己的强势打压二级、三级经销商。垂直渠道冲突主要表现在不同区域的经销商之间的窜货，为了争取一个大订单而产生的冲突。而多渠道冲突表现得不是很突出。冲突发生后，江铃公司会派出专门的人员处理，同时也会采取一些预防措施。

其次，展开物流管理分析。物流就是将合适的产品，以合适的数量，在合适的条件下、在合适的地点和合适的时间，以合适的成本送达到合适的顾客。下面从订单管理、存货管理和运输方式等方面来分析江铃的物流管理情况。

1. 订单管理。江铃公司采取的是网上订单处理系统，每个一级经销商都有自己的账号和密码，他们可以在网上订单系统内操作，主要内容有：正常订单的车型、数量和发运地点等信息；特殊订单的具体需求状况及需求时间信息；日常报表的处理；计划的填写等。

经销商的网上订单在江铃公司销售部门相关工作人员的审核下，确保准确无误后，导入江铃公司内部的 QAD 系统内安排生产发运。

2. 存货管理。江铃公司利用网上订单系统来实现对经销商的库存管理，一套完善的库存管理系统可以及时体现经销商的在途库存、在库库存和已销售车辆等信息。对于每个经销商，其不同的车型有不同的库存指标，当某个经销商的某一车型低于正常的库存水平，系统自动将该车型的数量显示为红色。从而便于专门的库存管理人员对其进行考核管理，及时安排生产发运等工作。

3. 运输方式。在 2002 年以前，江铃公司的整体发运工作由江铃的自营车队来完成。随着销量的逐步加大以及信息系统管理的需要，为了进一步提升满足客户需求的准确度和及时性，江铃引进了第三方物流公司，即与中联物流公司合作，由其对江铃所有系统的车型进行配送，并对所运送的车型进行 GPS 跟踪管理工作。

江铃公司的车辆主要以公路运送为主，同时配以一定的水运和铁路运输，主要是为了满足不同的客户需求和地域的区别。为了更加快捷地满足客户对标准车型的需要，江铃公司在全国 7 个城市建立了中转库，派出专门人员对中转库进行管理，中转库内也有一套完整的信息系统与公司的订单系统对接。

再次展开信息管理分析。信息系统主要包括内部信息系统、外部信息系统和营销调研信息系统等。信息管理系统管理主要是指信息的收集、整理、分析、评估和传送等工作。为公司的决策层提供辅助作用。

1. 内部信息系统。内部信息系统主要是体现与销售有关的一些信息的情况，如订货、销量、存货、应收账款、应付账款、现金流等方面的信息，江铃公司内部的信息系统涉及江铃集团内部的各个部门,因此可以及时反映决策者所关心的一些信息。

2.外部信息系统。外部信息系统是为获取营销外部环境变化而建立的信息系统,主要是指:

(1)宏观环境方面的信息。

(2)市场信息。

(3)其他信息。

3.营销调研系统。江铃公司设有专门的营销调研系统,负责营销工作的全面调查研究,包括对宏观环境的研究、竞争对手情况的研究、企业自身情况的研究、产品特性的研究、价格的研究和区域特性的研究等。

第五步:江铃分销渠道管理问题评估

1.网络布局不完善

江铃公司目前的分销渠道方式是独家分销和选择性分销相结合,这种选择有其历史原因。在实行独家分销的城市中也有一些经济较发达的城市,如杭州、宁波、武汉等。但是独家分销存在着很多的弊端。

2.渠道管理的组织形式不完善

目前,江铃公司分销渠道的管理是由一个部门来统管,由于该部门成立的时间尚短,职能还不是很健全。

3.协调机制不完善

在与分销商合作的过程中,难免会由于利益的问题而导致各种各样的冲突,而在对分销商的协调管理的过程中,江铃的协调机制尚不完善。主要表现在:

(1)激励机制尚不完善。

(2)沟通机制不完善。

4.渠道控制力不强

概括地说,分销渠道控制就是指通过对渠道的建立、考核、激励以及渠道冲突的解决等一系列措施对整个渠道系统进行的综合调控。渠道管理过程中有一个很重要的控制手段,即渠道力,如奖赏的权力、强迫的权力、专家权力、认同权力、法定权力和信息权力的应用。在这方面,江铃公司存在明显的不足。

第六步:江铃分销渠道管理的改进与完善

借鉴对国外先进渠道管理模式的分析,以及结合江铃目前的渠道管理现状,建议从以下4个方面改进和完善江铃分销渠道管理:

1.完善网络规划

江铃公司应对每个大中城市的分销商的数量进行梳理,在实行独家分销的城市,积极寻找1~2家合适的经销商。一方面,可以有效地引入竞争,避免总经销商一家独大;另一方

面,也可以一定程度上扩大销量,有利于整个分销网络的全局发展,更加有效地提升整体的销量。具体选择的方法有:

(1)销量组合。

(2)比重组合。

(3)品种组合。

(4)半径组合。

2.完善渠道管理组织形式

江铃公司分销渠道管理是由一个市场规划部门来负责,目前其管理职能还不是很完善,需要进一步完善的职能有:分销渠道成员管理,分销渠道的物流管理,分销渠道的财务管理,分销渠道的信息管理,分销渠道成员的绩效评估,分销渠道的冲突和合作的管理。同时,也要加强与销售部门、物流部门、电子商务部和客户关系管理中心的沟通与信息共享。

3.完善协调机制

加强与分销渠道的协调管理,就要协调与分销商之间的合作伙伴关系。江铃公司要进一步完善协商机制,主要需要完善的措施是:激励机制、互信机制、风险分担机制、信息交流机制、利益分配机制等。

4.加强渠道控制管理

渠道控制构成了分销渠道管理的核心内容。渠道结构及渠道的构建是一件相对容易的事情,而渠道控制则贯穿于渠道系统运行的整个生命周期之中。其目标应是:赢得渠道成员的合作与支持,并在渠道控制中拥有主动权。基本手段是:沟通、利润控制、库存控制和促销方案控制、掌握尽可能多的下游分销商等。

任务2　直复营销策划

8.2.1　直复营销策划的步骤

直复营销策划是一种以寻求目标顾客的直接回复而实现营销目标的创新分销渠道模式,"直"即直接,"复"即回复,直复营销策划最重要的内容是精确地锁定自己的客户,针对个体的单独沟通,具有效果好、成本低、可试验的特点。

1)客户数据库的建立

通过举办产品展览会、回收答卷、利用优惠券和抽奖活动、不同行业间名单交换、客户之间互相推荐、向专业的列表公司购买等方式和方法,让所有和你接触的客户留下关键性资料。

针对不同的客户和实施目的,配制相应的数据库营销工具。关键要素有:一是工具,即软硬件工具;二是管理流程。从工具的通信手段上看,有以 E-mail 电子邮件为主要沟通手段的 EDM(E-mail DM),以手机短信为主要沟通手段的 SDM 系统(SMS DM),以电话为主要通信手段的 TDM(Telephone DM),如目前的呼叫中心系统设备。管理流程包括:数据获取方法与流程;数据库更新维护标准与流程;用户分类标准与流程;用户内容友好标准与用户内容管理流程;用户行为分析标准与流程。

阅读扩展

车友汽车俱乐部

某汽车品牌厂商组织了一个车友汽车俱乐部,其目的在于与用户建立一种长期、互动的关系,培养用户的忠诚度。该车友汽车俱乐部每周举办一次活动。通过长期的数据积累并结合用户的基本资料,打算举办一次汽车驾驶技巧挑战赛。驾驶技巧比赛,对于那些喜欢驾驶的客户来讲是一件天大的好事。俱乐部将这些内容制作成 EDM 发送给喜好的客户,得到这些用户的热烈反馈,这次营销活动取得了完满成功。

2)客户细分

分析客户信息,包括:静态数据、动态数据和客户行为特征,客户满意度、客户忠诚度、客户对产品与服务的偏好或态度等。找出贡献 80% 利润的 20% 客户,并区别对待。

3)用户友好内容的制作

衡量直复营销策划水平有一个重要的标准:客户是否愿意看你发给他的内容。愿意看,就有可能进入下一步,与客户建立一对一的沟通关系;不愿意看,发过去的东西对用户来说就是垃圾。因此,制作用户友好内容对直复营销策划来讲是一个重要步骤,包括:个性化的内容;用户关注的内容;用户喜欢和嗜好的内容。

一个通信产品销售企业,如果能够获悉一个用户突然开始几乎每天都在浏览几款手机的评测、报价信息,那么,企业就可以做出一个最基本的判断,这个用户很有可能有近期购买这几款手机的意向。在这个判断基础上,企业将该用户放入相应类别,通过直复营销系统为该用户生成 EDM,包括这几款手机产品详细的评测信息、评价信息、产品对比信息以及促销信息。用户看到了他希望看到的信息,往往会与企业建立一个循环型的互动关系,对于销售机会的转化有着非常重要的作用。

4）发送与回复管理

通常营销人员在发送的信息中,会告诉顾客几种可以使用的回复信息的方式,如电话、传真、电子邮箱、信函或明信片等。

在线即时双向沟通的目标顾客 QQ 群、MSN 群、旺旺群、UC 群等都是企业可以利用的数据库推广信息发布并与顾客互动沟通的平台。一些目标顾客主要是网民的高科技公司正悄悄地利用这些在这免费且高效的新媒介发布各类推广信息。

总之,直复营销策划的流程主要是:建立客户数据库、实现客户细分、制作用户友好内容、发送与回复管理。必经的步骤是:获取用户数据、生成页面内容、发送与回复、统计分析及推广。这些流程及步骤形成一个循环,通过一个又一个循环,实现用户、友好内容的逐级细分,最终实现一对一和可精确测量的直复营销效果。

8.2.2 直复营销策划的要素

1）目标

直复营销策划的目标是刺激潜在的消费者的购买欲望,使其采取立即购买行为。因此,直复营销策划中,建立一个正确的顾客名单,对于整个策划的成败起着最重要的作用。

2）回复

直复营销活动会在广告过程中要求顾客立即回复信息,即鼓励他们打电话、发 E-mail 或邮寄明信片订货或索取更多的信息。因此,在策划中,要考虑如何使顾客方便回复信息,发给顾客的东西应友好、有吸引力。在回复信息这一过程中,同时完成了广告与销售两个环节,不再有中间的其他任何环节。由于去除了中间环节,如零售商,实质上增加了利润。

3）时机

选择什么样的时机,以什么方式将信息传达给目标顾客,是一个十分重要的问题。进行这方面策划时,必须考虑该信息仅仅是及时性的信息,还是与公司的长远利益密切相关的重大决策,是想以断断续续的方式将消息传递给消费者,还是以连续的方式传达。同时,还要考虑季节性的影响因素,以及信息的到达率为什么数值时才有效果。

4）媒体

媒体包括普通的媒体,如广播、电视、杂志等,还包括电话、邮件等特殊的数据库媒体。

在使用后者时,必须建立顾客的名单。

5）创意

创意不仅包括广告文稿的创作、图案的设计,还包括电话营销中的话语、语调,目录营销中的目录设置等,甚至包括产品本身的造型设计。

6）服务

服务是直复营销策划中最重要的一个决策变量,包括免费电话、免费查询以及接受顾客各种类型的明信片等。调查表明,服务的水平越高,顾客就越注意,满意程度的高低,决定顾客是否再次购买。

8.2.3　直复营销的方式选择

在直复营销策划中,可以考虑的方式如图 8.2 所示。

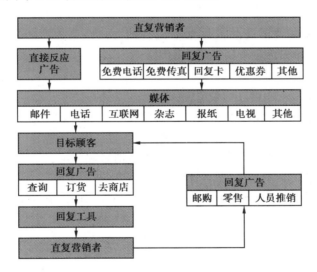

图 8.2　直复营销的方式选择

1）电话营销

以呼叫中心为核心,针对预选目标群进行集中的电话推销或调查。主要优点是:公司运用它来建立并维持顾客的关系,而且公司不需要与顾客或准顾客见面,就可以实现他们之间互动性的个性化。经常使用该媒体推销的,多以服务性业务为主,如娱乐性服务项目、休闲俱乐部、酒店预订服务等。

2）直邮营销

直邮营销是通过目标市场成员直接寄发载有公司产品或服务发盘的邮件进行沟通，目标市场成员通过寄回邮件或打订购电话进行购物。从更广泛的意义上讲，直邮营销策划包括所有以邮寄发盘信息载体为手段寻求目标市场成员反应的活动。具体来说，直邮营销策划包括各种形式的印刷品，如信件（Letter）、传单（Leaflet），小册子（Booklet）以及其他材料。

最常见的模式是邮购公司，如小康之家、客万乐、麦考林等邮购公司，基本都是采用这种媒体。另外，一些出版社、超市也都是大量寄发直邮广告，吸引顾客购买产品。

3）目录营销

目录营销所列产品种类非常多元化，都是琳琅满目、印刷精美的。销售商同时也会请人在街头散发货品目录，或将货品目录放置街头，随人拿取。消费者根据目录所列内容用邮购电话购货。

其突出特点是：所包含的商品数目远不止一种，而且，这种产品大多归属于同一类型。目录营销在消费品市场和企业市场都广为使用。

4）电视营销

电视营销是通过在电视媒介发布反应发盘信息（即直接反应电视广告），以寻求目标市场成员作出回应的直复营销活动。直接反应电视广告的重要目标是寻求目标受众的立即行动，其目标受众一般是某个特殊群体，通常会附带电话号码。

电视在直复营销活动中的用途主要有 3 种：

①播放直接反应广告或作为其他直复营销媒体的支持性广告。

②软推销广告。

③在家购物频道。

5）电子购物

电子购物可以采用两种形式：一种形式是通过视频信息系统，消费者可操作一个小型终端，用对讲式闭路电视订购电视屏幕上显示的商品；另一种形式是企业将消费者家中的计算机与自己的计算机主机连接起来，或同时加入互联网。

消费者如要购买某种商品，只要按某一键，购买信息则会存入企业的计算机主机，顾客坐在家中等待送货上门就可以了。这种方式既适用于日用品，也适用于选购品、奢侈品，销售效率极高。通过计算机网络销售，将成为未来最主要的营销方式之一。

6）短信营销

短信具有稳定可靠、速度快捷、成功率高等特点。短信已经从面向个人沟通娱乐快速发展为面向企事业机构的行业应用。短信推广由最终使用客户直接操作，只需要下载客户端软件就可实现无须设备、终身不变的企业短信特服号、企业短信自动收发、回复短信自动转接、短信群发、日程管理、客户管理等。

7）网络营销

互联网这一新媒体的技术特点，极大地满足了直复营销所要求的媒体综合性，使直复营销中个性化、互动性的特点有了更大的发挥空间。

直复营销的媒体方式和技术方法都是共通的，其经验都可以相互借鉴，在实际的营销活动中也是相互配合、相得益彰的。

8.2.4　直销的认知

1）分析直销的内涵

直销是厂家直接向顾客销售商品，不通过中间商的营销方式。从这个意义上来说，推销员直接把产品卖给消费者或工厂经营零售店均属直销范畴。后来，这一术语用来描述邮寄直销，包括目录直销和邮件直销。从全球范围来看，销售渠道的发展趋势之一便是直接营销。同时，从促销组合的发展来看，直接营销日益成为重要的促销手段之一，销售功能与促销功能在直接营销上合二为一。

阅读扩展

雅芳公司如何建立分销渠道

100 多年前，大卫·麦可尼雇佣了一个女士帮他挨门挨户兜售图书，生意很好。接着，麦可尼举行了"买一送一大酬宾"活动，送给买书的顾客一小瓶香水。这个举动深受顾客的欢迎。精于经商的麦可尼立刻改行了，在 1886 年创办了雅芳公司，雇人挨家挨户销售美容品，获得成功。100 多年后，美国雅芳公司已经发展成为全世界最大的美容品直销企业。1991 年，美国雅芳公司将直销方式引入中国。

2）认识直销的主要形式

①商品目录直销。
②直邮营销。
③电话营销。
④电视直销。
⑤直营网络。

3）研究最适合直销的产品

产品一般可以分为"工业品"和"消费品"两种，前者并非直接用来消费，因此不适合直销业的经营。而后者则因为可以构成顾客的重复消费，所以是直销最主要的经营对象。

在众多的消费品中，并不是每一种产品都适合于这个行业的经营。由于直销是属于"无店铺零售"的直销方式，因此在产品的选择方面必须特别小心。一般而言，适合于无店铺零售的产品有下列几种类型：

①省力化、简便化及效率化的产品：如加工过的罐头食品、冷冻食品、卫生食品、家电、书籍杂志及清洁器材等。

②保健用品：如净水器、健康器材、健康食品、室内运动器材、寝具及化妆保养品。

③安全性产品：如保险、灭火器、安全金库。

④个性化产品：如园艺用品、个人电脑、室内装饰品、生活闲聊品、大型家具、模型组合玩具、钱币、古董、集邮等。

⑤创造性产品：家庭工具、手艺材料、书籍、语言教材、音乐、乐器等。

⑥礼品：交际送礼用品、应用礼品等。

⑦娱乐性产品：如旅行随身用品、运动休闲用品、各类活动入场券、唱片、音像磁带等。

⑧其他：如女性内衣、烹饪器具、服装等。

在全世界范围内，直销产品以清洁用品、保健用品、营养补充食品和化妆保养品最多。

4）归纳适宜直销产品的特点

由以上的分析，可以归结出最适合于直销的产品大多具备下列几种特性：

（1）重复消费性

重复消费性，即经常重复购买的消费产品。

（2）轻薄短小性

轻薄短小性，即较为省力、简便、容易携带和储存的产品。

（3）高附加价值性

高附加价值性，即品质优良、单价高、利润大的产品。

阅读扩展

戴尔直销模式

戴尔公司的经营思路很清晰，就是摒弃公司与客户之间的一切经销环节，直接把商品销售给客户。

公司从产品设计、制造到销售的全过程都是以聆听顾客意见、迎合顾客所需为宗旨。他们通过各种媒体与客户沟通和互动，迅速得到客户的反应，及时获知客户对产品的需求的周期只需7～10天。

之所以能够以这么快的速度运作，用戴尔的话说："在其他公司还在埋头苦猜顾客想要什么产品时，我们早就有了答案，因为我们的顾客在我们组装之前，就清楚地表达了需求。"

任务3　特许连锁营销策划

阅读扩展

家电连锁业的国美时代

国美电器有限公司成立于1987年，是一家以经营各类家用电器为主的全国性家电零售连锁企业。

目前，国美电器已成为中国驰名商标，并已经发展成为中国最大的家电零售连锁企业，在北京、天津、上海等25个城市以及香港等地区拥有直营店130余家，10 000多名员工，多次蝉联中国商业连锁三甲。成为国内外众多知名家电厂家在中国最大的经销商。2003年，国家商务部公布的2003年中国连锁经营前30强，国美电器以177.9亿元位列第三位，同时位列家电连锁第一名，继续领跑中国家电零售业。

众所周知，由于技术的进步和经济的发展，中国的流通领域由卖方市场转向了买方市场，而家电行业是中国市场竞争最充分、最成熟的行业。随着价格之争、品牌之争时代的悄悄流逝，终端为王的时代已经来临。对家电生产企业而言，谁掌握着规模大、效率高、运作灵活、运营成本低的销售渠道，谁就赢得了市场，就能有效地战胜自己的竞争对手。

最重要的，国美的成功与其积极倡导的创新精神和"薄利多销，服务当先"的经营理念密不可分。从国美电器本身来说,在经营实践中,国美电器形成了独特的商品、价格、服务、环境四大核心竞争力。全面引进了彩电、冰箱、洗衣机、空调、手机、数码摄像机、IT、数码等产品,使所经销的商品几乎囊括所有消费类电子产品。完善的售后服务体系、高素质的售后服务队伍和一整套完善的售后服务制度体系,并提出"我们员工与众不同"的口号,提出"超越顾客期望"的思想,提供"一站式服务"。这些都是国美电器的规模化经营的基础。

随着国内家电企业市场竞争日趋激烈,对抗性不断增强,企业的营销活动必须更加深入化和细致化,不仅要有创新的产品、优惠的价格、有效的促销活动和完善的售后服务,而且必须有强大的渠道。

渠道已经成为企业最重要的资源之一,渠道的创新和整合已成为历史发展的必然趋势。国美的适时出现恰恰迎合了这种趋势,抓住了这个时代特点。

1. 到达目标市场的原则

这是选择中间商的基本原则。因为企业选择中间商的目的就是要将自己的产品打入目标市场,方便消费者购买。根据这一原则,企业在选择中间商时,应了解所要选择的中间商是否在企业产品的目标市场拥有销售渠道、销售场所。

2. 角色分工原则

这是指所选择的中间商应当在经营方向和专业能力方面符合所建立的分销渠道功能的要求。明确角色分工,既是合作的前提,也是选择中间商的原则与标准,如宝洁公司在每一地区只发展少数几个大分销商,然后通过分销商对下级批发商零售商进行管理。分销商与宝洁公司签订合同,双方明确权利、义务和责任,并进行合理分工。

3. 共同愿望原则

分销渠道作为一个整体,只有所有的渠道成员具有合作愿望,才能建立起一个有效的分销渠道。在选择中间商时,分析中间商参与有关商品分销的意愿,以及与其他渠道成员合作态度等。

首先,从进货渠道上采取直接由生产厂商供货的方式,取消了中间商、分销商这个中间环节,降低了成本也就降低了产品价格,把市场营销主动权控制在自己手中。2004年3月,国美与格力电器的斗争正源于此,因为格力空调是经销售公司给国美供货,国美无法获得更为优惠的价格,所以在空调销售旺季国美将格力空调在其卖场暂停销售,其实这正表明了以格力为代表的传统代理销售渠道模式与以国美为代表的连锁销售渠道模式之争。

其次,采用诸如大单采购、买断、包销、定制等多种适合家电经营的营销手段,保证了价格优势。国美是国内几乎所有家电厂家最大的合作伙伴,供货价一般都给得低。另外,以承诺销量取代代销形式。他们与多家生产厂家达成协议,厂家给国美优惠政策和优惠价格,而国美则承担经销的责任,而且必须保证生产厂家产品有相当大的销售量。承诺销量风险极高,但国美变压力为动力,他们将厂家的价格优惠转化为自身销售上的优势,以较低价格占领了市场。销路畅通,与生产商的合作关系更为紧密,采购的产品成本比其他零售商低很多,为销售铺平了道路。同时采用全国集中采购模式,优势明显,国美门店每天都将要货与销售情况通过网络上报分部,分部再将各门店信息汇总分销的优势直接转变为价格优势进行统一采购,因其采购量远远超过一般零售商,使其能以比其他商家低很多的价格拿到商品。如沃尔玛全球集中采购一样,具备最大的话语权,可以与家电厂家直接谈判。国美有专门的定制、买断产品,价格自然比一般产品要低。

最后,是国美将降价的部分影响转嫁到生产厂商上,因为销售一定量的产品,国美就可以从生产厂家获取返利,所以,国美电器的销售价格有时都可以与厂家的出厂价相同甚至更低。2004 年 9 月,上海国美将商品的挂牌价全部调整为"进货价",即国美把从供应商处进货的价格作为挂牌价公之于众。这样做使众多生产商恼怒不已,但消费者得到了实惠,同时,也给了消费者"买电器,去国美"的概念,使之竞争力进一步增强。

2003 年,国美电器在进货渠道上进行大胆探索,全面互动营销充分整合厂家、商家、媒体、社会评测机构以及消费者等资源,发挥了巨大的市场能量。

2004 年,国美开始重新审视和缔造新时期厂商关系,整合营销渠道,倡导"商者无域,相融共生"的战略联盟,以发展的眼光加强联盟伙伴之间广泛持久的联系,并且相互帮助、相互支持、相互服务,通过资源共享、专业分工、优势互补,更好地服务于消费者,最终达到战略协同、合作制胜、共存共荣的目的。

借助于进货渠道的整合,在汲取国际连锁超市成功经验的基础上,国美电器结合中国市场特色,确立了"建立全国零售连锁网络"的发展战略。

8.3.1　特许连锁营销的条件与特征

特许连锁营销是一种现代营销方式,是指特许者将所拥有的商标(包括服务商标)、商号、产品、专利和专有技术、经营模式等以特许经营合同的形式授予被特许者使用,特许者按合同规定,在特许者统一的业务模式下从事经营活动,并向特许者支付相应费用。

特许连锁营销的核心是特许权的转让。特许连锁营销双方的关系是通过签订合约而形成的。特许连锁营销的所有权是分散的,但对外要形成资本营的一致形象。美国麦当劳快餐店在全世界有 1 万多家分店,它们的标记、商标、风格都一样。加盟总部提供特许权许可和经营指导,加盟店为此要支付一定费用。

8.3.2　特许连锁营销的类型

按特许的内容分类,可分为商品商标型特许经营和经营模式特许经营。商品商标型特许经营这类特许经营主要包括名牌饮料、汽车销售商、汽油服务站等。著名的有可口可乐(见图 8.3)、百事可乐等饮料生产商、通用及福特汽车制造商、美孚石油公司等。

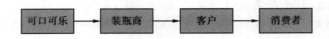

图8.3 可口可乐特许经营模式

经营模式特许经营这种经营范围广泛,尤其在零售行业、快餐店、服务业中最为突出,其中,消费者较为熟悉的麦当劳、肯德基、必胜客比萨和"7—11"便利店都属于这种形式。

阅读扩展

"7—11"便利店特许经营

"7—11"公司是世界上最大的便利店特许组织,到1992年年底,该公司在全世界22个国家和地区拥有13 590个分店。在我国深圳地区,该公司从1992年起,就开始以自营的方式发展业务,并以出售区域特许权的方式在中国发展特许业务。

"7—11"便利店成功的秘诀:商店内部的陈列布局,由总部统一规定、设计。商店的建设、管理、遵循4项原则:必须商品齐全;实行限度管理;店内保持清洁明快;亲切周到的服务。

"7—11"便利店成功的特许制度包括以下内容:培训受许人及其员工;合理进行利润分配;给予多项指导。加入"7—11"体系的程序如下:公司接待潜在受许人;介绍"7—11"便利店的详细情况;商圈的设计与装修;签订建筑承包合同;准备开业;店主培训;开业前的商品进货及陈列;交钥匙;开业。

按授予特许权的方式分类,可分为:一般特许经营;委托特许经营;发展特许经营;复合特许经营;分配特许经营。

按加入特许合同联盟成员不同分类,可分为:制造商—零售商特许系统;制造商—批发商特许系统。批发商—零售商特许系统;服务特许系统。服务特许经营形式最近几年发展很快,是由于快餐店、便利店、饭店和汽车旅馆等行业的迅速增长。

8.3.3 特许连锁营销的行业分布

特许连锁营销涉及的行业主要有:餐饮业,尤其是快餐店;旅店,休闲旅游;汽车用品及服务;商业服务;印刷、影印、招牌服务;人力中介;家庭清洁服务;建筑装修服务;便利店;洗衣店、教育用品及服务、汽车租赁、机械设备租赁、日用品零售店、食品零售店、健身、美容服务等其他服务业(婴儿用品及服务业、家具维修翻新业、电话商品服务业、家政中介业、信息咨询服务业、摄影业、花卉园艺业、搬家业、唱片出租业、运输快递业、宠物商品及服务业),几乎无所不包。

阅读扩展

全聚德:特许连锁营销

全聚德自组建集团以来,打破了传统餐饮业单店经营模式,率先在国内引进连锁经营观念,通过 10 多年不断地探索和实践,已在国内外拥有 50 余家连锁企业。全聚德品牌的影响遍及五洲四海。为进一步加快全聚德连锁经营事业的发展,全聚德集团成立了全聚德连锁经营公司,作为全聚德连锁经营总部,专责全聚德连锁经营事业。在推进特许连锁过程中,全聚德制定了"不重数量重质量"的原则,着重发展经济发达地区,市场布局以各省会、大中城市沿海地带为主,开发 A 级、B 级店,建立了从立项、签约到培训、配送、开业、督导等一整套特许经营管理体系和程序。

集团所有成员企业无论资产所有权归谁,凡使用"全聚德"无形资产,一律与中国北方全聚德有限责任公司签订特许经营合同、商标许可合同、全聚德主要原料、用品配送合同、鸭炉租赁合同、外派协议人员等一系列相关合同和文件,形成了健全的连锁经营制度与法律保障体系。同时,在全国各连锁企业中积极推行形象识别系统,实行商标标志、工服、餐具、装用设备的标准、规范和统一,提升对全聚德品牌的管理。

8.3.4　零售业态策划

零售业态是指零售业为满足不同的消费需求而形成的不同的经营形态。零售业态类型策划主要是零售业的选址、规模、目标顾客、商品结构、店堂设施、经营方式、服务功能等内容。

1）零售业态类型

我国零售业分为 18 种业态,总体上可以分为有店铺零售业态和无店铺零售业态两类。其中,有店铺零售业态有:食杂店、折扣店、小超市、大型超市、专业店、专卖店、便利店、仓储式会员店、购物中心、家居建材店、厂家直销中心共 12 类。无店铺零售业态有:电视购物、邮购、网上商店、自动售货亭、电话购物和直销共 6 类。下面介绍其中几种常见的零售业态:

(1)百货店

百货店是指经营包括服装、家电、日用品等众多种类商品的大型零售商店。

(2)大型超市

大型超市是实行自助服务和集中式一次性付款的销售方式,以销售包装食品、生鲜食品和日常生活用品为主,满足消费者日常必需品需求的零售业态,通常实行连锁经营方式。

（3）专业店

专业店是指以专门经营某一大类商品为主的,拥有具备专业知识的销售人员,并提供适当的售后服务,满足消费者对某大类商品的选择需求的零售业态。

（4）专卖店

专卖店是指专门经营或授权经营制造商品牌适应消费者对品牌选择需求和中间商品牌的零售业态。

（5）便利店

便利店是一种以自选销售为主、销售小容量应急性的食品、日常生活用品和提供商品性服务,满足顾客便利性需求为主要目的的零售业态。

（6）仓储式会员店

仓储式会员店是将仓库与商场合二为一,主要设在城乡结合部、装修简朴、价格低廉、服务有限、并实行会员制的一种零售经营形式。

（7）购物中心

购物中心是指在一个大型建筑体(群)内,由企业有计划地开发、拥有、管理运营的各类零售业态、服务设施的集合体。

（8）家居建材店

家居建材店是以专门销售建材、装饰、家居用品为主的零售业态。这种业态在中国得到了较快的发展。

（9）厂家直销中心

厂家直销中心是由生产厂商直接设立或委托独立经营者设立,专门经营本企业品牌商品,并且多个企业品牌的营业场所集中在一个区域的零售业态。

（10）无店铺零售

无店铺零售是指不设店铺、没有营业人员的零售业态,如自动售货机销售、邮购销售、网上商店等。随着网络购物方式的普及,该零售形式具有极大的发展潜力。

2）零售业态连锁营销策划的步骤

①确定目标主题。这是策划的目标主题。
②收集资料。围绕目标主题,通过多种方式收集信息资料。
③调查市场态势。围绕目标主题,进行全面的市场调查,掌握第一手资料。
④整理资料情报。综合市场调查的第一手资料和吸纳部分第二手资料,整理成为对目

标主题有用的情报。

⑤提出具体创意。根据实际需要,提出营销策划新的创意。

⑥选择可行方案。将符合目标主题的创意变成具体的执行方案。

⑦制定实施细则。根据选定的方案把各功能部门和任务加以详细分配,分头实施,并按进度表与预算表进行监控。

⑧制定检查办法。对策划方案提出详细可行的检查办法和评估标准。

复习思考题

1. 销售渠道的宽度策划,其策略的选择有哪几种?

2. 怎样理解设计销售渠道是分销策划的重中之重?

3. 直复营销方式策划有哪几种?

案例分析

乐华彩电:渠道巨变酿悲剧

在不停的价格战攻势下,家电行业飞速进入战国时代。家电行业通过激烈的价格战,形成了专业家电连锁终端商,规模厂家出现,导致行业整体利润率不断地下降,行业进入微利时代。这时候,在大厂家和强势终端的共同挤压下,中小家电厂家的日子愈发艰难。

怎样降低成本,怎样获取更多的利润成了家电行业需要迫切解决的问题。曾为本土家电厂家建功立业的自建渠道就成了它们"不能承受之重",渠道变革遂提上日程。

2002年,乐华彩电扮演了彩电渠道变革的急先锋。乐华渠道改革的核心是全面推行"代理制"。为了完成从渠道自营制到代理制的根本转变,乐华首先对企业结构进行了调整,作好必要调整后,乐华开始了急风暴雨式的渠道革命。

乐华一口气砍掉旗下30多家分公司以及办事处,同时乐华对其选定的代理商提出了严格要求:"现款拿货。"从理论上分析,全面推行代理制后,厂家集中精力搞研发、品牌,代理商做渠道、分销、售后服务。因为现款现货,厂家提高了现金流转速度,还能够节省一大笔自营渠道的运营支出,可谓益处多多。

然而,是否有经销商愿意加盟呢? 对代理商来说,他们没有账期,没有厂家的终端和市场支持,风险和压力大增。这样,代理制能否推行下去,就取决于企业的品牌和实力。而作为二线彩电品牌,乐华彩电并不具备吸引经销商的足够实力和品牌资源。

从公开资料上看,乐华也估计到了这种情况。乐华在调整渠道前预想,可以借助国内新出现的强力家电连锁终端进行销售,继而争取专业代理商加盟。在这种思路下,乐华匆匆砍掉了自己自建的渠道,从全国各大商场、超市中撤柜,并大量裁撤售后服务人员。

乐华的渠道激进很快让自己尝到了苦果。强力家电连锁终端主要集中在一类、二类城市,在这些城市中间,乐华彩电因为不具备强大品牌、对消费者吸引力不强,因此,其销售额直线下降。因为乐华彩电大量裁撤其售后服务人员,致使正常的售后服务不能提供,以广州为例,最多的时候,广州消费者协会一周就能接到40多个消费者对乐华彩电的投诉。

销量锐减切断了乐华彩电的现金流,售后问题则直接打击了消费者和终端商对乐华彩电的信心。2002年11月,曾被乐华彩电寄予厚望的连锁家电销售商对乐华彩电丧失信心,北京国美率先对乐华撤柜,至此,乐华彩电无力回天。从5月到11月,半年内乐华彩电就轰然坍塌。

乐华渠道变革失败的原因是:乐华推行的渠道革命太过激进,对于市场形势、代理商的反应、自身实力缺乏准确估计。

思考:

1. 企业调整渠道要注意什么?
2. 如何理解"没有比稳定的渠道更重要的了"这句话?

实训项目

1. 实训主题

模拟设计产品的销售渠道。

2. 实训内容

参观访问不同类型工商企业销售渠道:超市、电子网络商店。

3. 实训组织

参观访问、撰写报告、分析讨论。

4. 实训考核

以小组方式撰写策划方案。提交PPT演示文稿,各小组选代表宣讲,全班交流,教师点评。

项目 9 促销策划

【引导案例】

可口可乐：中国市场促销策划

2001 年，全球十大最佳品牌榜首仍是可口可乐，其品牌价值为 689.5 亿美元。可口可乐进入中国市场累计 50 多年，这个有着 116 年历史的优秀企业凭借原有的名牌效应，通过奉行 3 个环环相扣的 3P 原则："无处不在(Pervasive)""心中首选(Perferred)""物有所值(Price Relative Value)"，迅速打开了中国市场。

一、广告策划

可口可乐公司在中国的广告策略，用简单的一句话来表达就是：在广告上必须用消费者明白的方式去沟通。具体是启用张惠妹、谢霆锋、伏明霞、张柏芝这些"新人类"做广告模特，走"年轻化"路线。由于年轻消费者很容易对所喜好的事物留有深刻的美好印象，好比人对初恋通常怀有特殊感情，因此，可口可乐要做年轻人的"初恋"，只有在一个人很年轻时就"抓住"他，他才会把你的饮料一直喝下去，形成习惯。

在可口可乐的广告中，"新星"是可口可乐永远的题材。先是张惠妹，"雪碧，晶晶亮，透心凉"。然后是新生代偶像谢霆锋出演的可口可乐数码精英总动员，动画小人一声 Action 不知触动了多少年轻人的心，这个广告带动国内的销售增长了 24%。2000 年年末，又推出谢霆锋、林心如、张震岳 3 人的"月亮/滑板篇"。2001 年春节到来之际，浑身散发现代气息的 3 人组从可口可乐的广告"退休"了，又推出一款乡土味浓厚的"泥娃娃阿福贺新年"的广告，以动画的形式推广 2.25 升 pot 瓶装系列产品大塑料瓶包装,这是可口可乐继"大风车""舞龙"广告之后的第三部专为中国市场推出的"新年贺岁广告"。紧接着就是跳水明星、三届奥运会冠军得主、中国跳水皇后伏明霞与可口可乐(中国)饮料有限公司签约,成为新世纪"雪碧"品牌在中国第一位广告代言人,并拍摄了新一辑的广告片。

可口可乐公司近来在全球力推"本地化思维,本地化营销"的市场策略,调动运用全球不同市场的资源,使可口可乐品牌散发多元化的活力,而这种活力的表达就是靠生动的促销活动来完成的。

二、营业推广策划

1997 年 6 月,可口可乐公司推出了主题为"可口可乐红色真好玩"的促销活动。在活动期间,只要购买了可口可乐、雪碧、芬达的促销包装品,就会发现在易拉罐拉环和塑料瓶标签上印有红色的可口可乐、红太阳、红玫瑰、红苹果等 12 种不同的图案,如果能对中中奖组合的两个图案(红色可口可乐可以代替任何一种图案),就能赢取背包、手表等 5 款不同奖品,奖品总值超过 1 000 万元。整个促销活动通过报纸、电视、海报、宣传单、活动热线、促销包装等媒体传递出去。

诸如"带来一背包,争奇斗艳满街红!""霹雳跑家滚轴溜冰鞋,街头红星就是你!""可口可乐罐形收音机,POPCHART 歌曲红星唱歌"等,真是红色的语言、红色的视觉。透过红得发烫的市场宣传,我们可以看出,可口可乐公司匠心独具之处:即通过让消费者反复感知红色的概念,从而让红色的可口可乐更深入人心。红太阳、红玫瑰、红苹果等 12 种不同的图案都是让人容易产生自然联想的红色事物,红色意味着热烈、刺激、喜悦,意味着活力、积极和气势,让你爱上红色的奖品,让你寻找红色的图案,最终是为了让你爱上红色的可口可乐。2000 年,可口可乐公司在中国内地推出了一套十二生肖的易拉罐,据说是全球首次中国主题的一套纪念品,销售日期只到 2 月底,惹得连中国香港的朋友都从北京成箱地运可乐。

胖乎乎的泥阿福也一夜之间登上了国内可口可乐的塑胶机包装。醉翁之意不在酒,用"中国娃娃"做形象大使不仅是为了给大伙拜个年,更为推行"本土化"的战略。正如可口可乐中国有限公司副总裁卢炳松所说:"本土化是市场的需求。"

三、公关策划

可口可乐公司在中国的公关活动一刻都不停歇,从体育、教育、文娱到环保一刻都不停歇,利用一切可利用的机会提高自己的能见度。但最主要的还是运动,可口可乐公司在中国的运动旋风首先从足球开始。可口可乐杯全国青年锦标赛为中国选拔不少足球尖子,并成为中国青年足球最重要的赛事。"可口可乐——临门一脚"足球培训班自 1986 年在中国实施以来,10 多年已培养超过 1 000 名青少年足球教练,使近 100 万的儿童能得到先进的技术训练。

可口可乐公司在奥运会也是不忘与中国的友谊。例如,1992 年可口可乐中国有限公司赞助 6 名中国选手,参加在西班牙巴塞罗那奥运会前首次举办的全球奥运火炬接力长跑活动。1994 年,中国冬季奥运会金牌得主王秀丽亦由可口可乐赞助,代表中国在瑞典利利哈默市传递奥运圣火。1995 年,可口可乐公司三度赞助中国神射手许海峰及 12 名全国选拔的代表,其中包括 3 名希望工程优秀受助生,参加在美国亚特兰大奥运会前的火炬接力。可口可乐公司亦在国内主办多项配合奥运活动,奥林匹克日长跑便已超过 10 年历史等。

可口可乐公司是改革开放后第一个进入中国的外企公司之一,那时候不允许打广告。1984 年英国女王访华,英国电视台 BBC 拍了一个纪录片给我国中央电视台播放。作为外交礼节,中央电视台必须播放,但苦于没钱给 BBC,于是找到可口可乐公司要赞助。可口可乐公司当时提出了一个赞助条件:在纪录片播放前加播可口可乐的广告片。这成为新中国电视广告历史上的开篇之笔。

同样,可口可乐公司在中国也十分关注学习教育事业。例如,可口可乐公司积极赞助许多推动教育、扶贫助学的项目,其中以对“希望工程”的捐助最为显著。可口可乐公司及中国的装瓶厂捐赠 200 万美元,在数十个贫困山村共建了 50 所希望小学和 100 个希望书库,帮助 300~600 名小学生改善了学习环境,可口可乐公司还捐助 500 万元人民币共 10 000 个奖学金,让贫困的学生可以完成 6 年的学业。可口可乐公司在我国还与当地青基会办、教委、团委及大学共同挑选一些品学兼优的特困生,帮助他们解决生活费及学费的压力,协助我国培养优秀的人才。这个项目于 1997 年实行,有超过 1 000 名学生受惠。

四、独到的捆绑式销售

捆绑式销售的源头大概可以追溯到可口可乐与麦当劳、可口可乐与联想、可口可乐与大家宝、可口可乐与方正。捆绑式销售不同于赠品促销。赠品促销只有一个品牌主体,另一个或多个品牌处于附属的被动地位,或者企业赠送自己生产的产品,只有一个品牌。目前,赠品促销被太多的商家运用,越来越不被理性的消费者买账,几乎起不到应有的作用。而捆绑式销售则不同,它是两个或者多个品牌处于平等的地位,互相推广,把市场做大,达到“双赢”的目的。

可口可乐与联想、可口可乐与方正“数码精英总动员”“动感互联你我他”的广告在各种媒体上连番轰炸,联想与方正作为促销奖品的承担方也获益匪浅。在此之前,可口可乐与北京大家宝薯片共同演绎的“绝妙搭配好滋味”的促销活动可谓风靡了整个夏季。在降价打折抽奖赠送礼品等传统促销方法已经难以刺激消费者的今天,可口可乐是微甜的饮料,大家宝是微咸的休闲食品,这种搭配可以在口感上相互搭配,这就是双方合作的基础,这是可口可乐公司运用产品亲和力市场策略的生动体现。本土化要有较为理想的载体,联想、方正和大家宝是本地品牌,与可口可乐一样都是大众化产品,而且在当地市场有一定的知名度,容易被本地消费者所接受和信赖。

任务 1　广告促销策划

9.1.1　广告促销策划的工作过程

广告促销策划是在广告调查的基础上围绕市场目标的实现,对广告活动进行策划与安排,制定系统的广告策略、创意表现与实施方案的过程。

1）调查分析阶段

广告促销策划最主要的程序就是设定清楚而准确的目标。为了达到既定目标,这一阶段的任务首先要对营销环境进行分析,主要是开展市场调查、消费者调查和产品调查,分析研究所取得的资料,有针对性地制定出广告策略,并使广告促销策划方案建立在科学和可靠的基础之上。

2）拟订计划阶段

这是策划者产生构想的阶段。主要任务和步骤是:

①确立整体广告促销战略。这是确立促销策划的大致方向。大致方向是围绕着目标与问题,结合环境因素而确定的。

②确立广告促销目标。广告促销目标与广告促销战略是相辅相成的。广告促销战略是围绕着目标提出的,又赋予目标更明确的方向,而广告促销目标是广告促销战略实施的核心环节。

③确定广告促销中的具体策略。策划人员寻找达到促销目标的具体方法,如促销策略、媒体策略等。这样的广告促销策划的构想就显得清晰、完整,具有现实的可行性。

④形成广告促销策划书。策划书是广告促销战略与促销策略的具体化,是见诸文字的方案,也是广告促销活动的"蓝本"。

3）执行计划阶段

这是广告促销活动策划任务的具体组织与实施。根据促销策划方案,首先可以开始广告促销的设计制作,把广告作用于媒体发布,配合其他促销活动等。在实施后注意收集对广告效果的评价与营销情况的反馈,以便及时总结经验,不断提高广告促销策划的效果。

阅读扩展

在 RW 驾控巅峰特技秀全国巡演期间,"机械是一种品质"的广告出现了。在广告中,一辆 RW750 被解剖开来,体内重要部件全都跃然眼前,如同教科书中一张复杂、精细的示意图。有经验的车主都说,车上那些看不见的地方才是最关键的。RW 为了让消费者看见这些"看不见"的"关键",可谓费尽心思。"驾控巅峰"活动本身就是为了证明 RW750 的机械品质,而这张平面广告则是一个很好的辅助。

4 个月后,该系列的第二张广告出现了。"实力是一种品质",所谓实力,自然是指上汽 RW 的核心竞争力,其中最首要的当属研发能力。广告中虚实结合的形式很直观地强调了"研发实力"这一信息,同时也暗示着 RW 新车的问世。

9.1.2　广告促销策划的策略选择

1）馈赠性广告促销策略

馈赠性广告促销策略通过刺激广大顾客希望获得馈赠品心理而扩大商品销量,可采用赠券、奖金、免费样品、折扣券、减价销售等形式。报刊广告赠券是颇为流行的一种,即在广告的一角设有回条,读者剪下来此回条就可凭它到指定的商店购买优惠价格的产品或获得馈赠的小件物品。

2）文娱性广告促销策略

文娱性广告促销策略是企业出自赞助文娱节目表演,使广告不再是一种简单的、直观的、赤裸裸的硬性产品宣传,而是演变为一种为人所喜闻乐见、多姿多彩的"广告文化"。通过文娱竞赛节目,如猜谜语比赛、技术操作比赛、问答比赛等,给得胜者予以奖励。

3）中奖性广告促销策略

以"彩票效应"为依据,以丰厚的精品或奖金为手段,刺激顾客为中奖而购买的冲击性购买动机。这种策略的采用要注意合法化,在我国,奖金或实物价值不能超过5 000元,否则会被视为违反了公平竞争。

4）公益性广告促销策略

它把广告活动与公益活动结合起来,引导人们关注社会,关心公众福利,具有正确的导向价值,因此深受消费者的欢迎。

公益广告的形式很多,如企业可以捐款捐物赞助公益事业,并发布广告,扩大影响,如对老弱病残者、孤儿、受灾民众、办学等赞助;可以对社会有较大影响的活动,如展销会开幕、工程落成、企业开张等祝贺;还可以依据商品销售需要,举办诸如烹调技术、服装裁剪、卫生用品常识等免费专题讲座。

9.1.3 广告设计技巧的策划

1）引人注目

（1）差异化

正如"鹤立鸡群"一样,只有和别人不一样,才能从繁杂的广告中脱颖而出,吸引群众的眼球。

（2）标题求新

①标题有创意,听起来吸引人。

②标题必须与产品概念、机制、文案所表达的内容相契合。

③让标题与目标消费者有相关性,激发其参与热情。

（3）版式独特

广告排版必须有视觉冲击力,而且适合消费者阅读习惯,尤其是整版、半版广告,必须避免让消费者产生阅读疲劳。

2）取信于人

（1）概念引入

概念必须具有以下特性:创新性、简明性和排他性。

（2）理论服人

概念是灵魂,理论则如骨架,两者必须统一。

（3）利益诱人

产品能为消费者解决什么,这种利益性诉求在广告中地位显著。

（4）情感动人

凡是能直接影响情感的部分,都是能动人的,只要有利于让消费者信服广告、信服产品。

3）做透媒体

广告实效化还必须保证媒体的穿透力,广告选择何种媒体、投放时间、投放密度、投放版面,都要严格把关。

4）临门一脚

广告还必须让消费者产生购买冲动,产生购买紧迫感。例如,通过买赠、限期限量销售、降价策略等方式,让消费者产生紧迫感,从而参与到购买行动中来。

5）协同作战

要把各种媒体广告之间,广告与终端、广告与促销等相互配合。广告作为整个营销活动的一个环节,其实效必须放在整个营销流程中才有意义。

任务2　制定广告策划方案

9.2.1　制定广告策划方案任务描述

某生产或经营企业为了配合新产品上市,在开拓某一区域市场的过程中造成强大的气势,或者在产品进入成熟期后,为了稳固市场地位等目的需要策划一套产品或企业、品牌的广告方案。请按照给定的企业及市场背景资料根据广告方案策划的流程对广告进行策划,并撰写出格式正确、内容完整、思路清晰、具有一定可行性的广告策划方案。其具体内容必须包括前言(简要说明广告策划的背景、目的、策划书的主要内容等),市场分析(企业的宏观环境以及行业分析、消费者分析、竞争对手定位以及以往广告分析、产品的特点分析),市场策略分析(营销目标、产品定位、广告目标),广告表现策略(广告诉求对象、广告主题、广告创意),广告媒介策略(媒介组合与策略),广告预算(广告活动经费的预算与分配表),广告效果的评估(阅读率或视听率、广告记忆度、广告好感度、广告的购买动机与行动率、广告费用指标、市场占有率指标、广告效果指标)等方面。

9.2.2　制定广告策划方案测试要求

1）技能要求

①能根据给定的背景资料对目标企业、竞争对手企业产品及广告现状、消费者情况等营销信息进行细致、深入的分析并能据此来确定明确、具体的广告目标以及广告策划思路。

②能针对市场分析结论,判断企业市场方向,明确广告产品与竞争对手相比所具备的优点与缺点,指出消费者的爱好与偏向,进而确定广告目标、广告诉求对象、广告主题、广告创意、广告媒介安排、广告预算分配等方面,能综合以上内容形成一套具有一定可行性的广告策划方案。

③能综合运用市场分析、消费者行为分析、产品定位、广告创意、广告表现设计、媒体方式选择、成本预算、应用文写作、计算机应用等多方面的知识,并能将知识在策划方案中深度融入。

④能在方案中针对具体的问题提出与众不同的新颖而有效地解决问题的思维方式,并能将思维转化为具体的方案。

⑤能根据提供的企业背景资料以及广告目标对策划任务能花费的成本进行估算,在方案中能对成本预算进行合理的配置。

⑥能用简练、准确、流畅的文字,撰写一份内容翔实完整、逻辑清晰、资料充分、突出观点、格式规范、易于阅读的广告策划方案文本。

2）素养要求

①对给定背景企业所处的销售大环境非常了解,方案中体现出一定的学习力。

②对背景资料分析透彻、能从细节描述中找出有用的信息并加以利用,体现营销从业要求的观察力、分析力与逻辑思维能力。

③能在合理的成本预算范围内制定方案,拥有成本控制的理念与能力。

④能在测试时间内完成任务,体现良好的时间管理能力。

9.2.3　制定广告策划方案评价标准

广告策划方案评价标准如表 9.1 所示。

表 9.1　广告策划方案评价标准

评价内容	考核点		分值	考核标准	备　注
职业素养 （20分）	职业道德		10	诚实严谨,遵守纪律,独立完成任务(5分),方案不违背职业道德与营销伦理(5分)。	严重违反考场纪律,造成恶劣影响的本项目记0分。
	职业能力		10	方法得当,思路清晰,对背景资料分析透彻、细致(5分);撰写的策划方案符合要求,能在规定时间内完成任务(5分)。	
作品 （80分）	卷容格式		5	文字编排工整清楚,格式符合要求。	策划方案字数不少于1500字,每少50字扣1分。
	文字表达		5	表达流畅,条理清楚,逻辑性强。	
	具体内容	封面完整	2	要素具备(名称、策划者、时间)。	
		前言	2	简述策划的背景、目的、方案主要内容。	
		目录	3	排列有序(2分),一目了然(1分)(排列至一、1.两级即可)。	
		市场分析	5	包括企业的宏观环境以及行业分析(1分),消费者分析(1分),竞争对手定位以及以往广告分析(1分),产品的特点分析(1分),市场分析确切(1分)。	
		市场策略	5	营销目标明确(1分)、产品定位准确(2分)、广告目标具体(2分)。	
		广告表现	20	广告诉求对象合适(2分)、广告主题醒目(3分)、广告创意(广告语、广告片等)符合广告目标和产品定位,消费者习惯,能很好地表现广告的诉求点(15分)。	
		广告媒介	10	媒介选择符合消费者媒介接触习惯,与经费预算、广告目标相适应,具有可行性。要求使用3种以上不同的媒介方式(每种合适媒介3分,组合合理1分)。	
		广告预算	10	用广告活动经费的预算与分配表的方式来体现(4分),活动经费预算合理可行,分配妥当(6分)。	
		广告效果的评估	3	阅读率或视听率,广告记忆度,广告好感度,广告的购买动机与行动率,广告费用指标,市场占有率指标,广告效果指标(必须包括3种以上评估方法,每种1分)。	
	创新方面		5	方案有新的创意,见解独到。	
小　计			100		

阅读扩展

朵唯女性手机广告策划书

目　录

一、前言

由于女性对手机的需求逐渐加强,女性手机市场具有很鲜明的独特需求。通过广告策划,加强女性对手机的新认知,扩大女性对朵唯女性手机的认识,提高产品的知名度和公司的品牌效应。

二、项目面临的环境分析

中国手机用户持续增长,截至7月底,全国手机用户突破7亿户,是全球使用手机人数最多的国家,女性用户保守估计超过2亿。朵唯公司现在抓住女性手机庞大的市场需求和独特性,摆脱传统手机的外形设计和功能设定,让女性手机变得更符合女性的审美观和对功能的需要。其实朵唯公司现在是走在市场的前面,跟朵唯公司竞争的这一细分市场比较少,日本很多公司的设计也多符合女性需求的手机外形,但缺乏女性需要的功能,因此,朵唯公司有其他公司没有的独特优势。而且日本很多手机公司对中国市场的营销工作做得不是很充分,对中国市场不是很重视,因此,朵唯公司可以利用这一市场空白扩大市场占有率。

三、企业情况介绍

朵唯公司建立时间比较短,知名度在中国市场不算很高,是一家集手机研发、生产、销售、服务于一体的高新技术企业。秉承"爱让女人更美丽"的品牌理念,关注现代女性对

"爱、美、尚、家"的多维追求,用心演绎以高科技为载体的女性关爱,是全国唯一的专门为女性设计生产的手机品牌,成为该市场细分的领导者。厂址在深圳,有利于降低生产成本。主要产品包括风信子、向日葵、梦公主、魅惑、风舞、简爱和天籁7个系列,都是针对女性各种不同的需求而设计的产品风格。

四、消费者分析

朵唯主要的销售对象是女性,主要定位于15~40岁,包括学生、公司白领、时尚潮人、追求完美的商务女性和有家庭主妇等。她们的心理特点:追求健康、美丽、爱情。不同年龄段女性手机消费者关键购机因素,如图9.1所示。

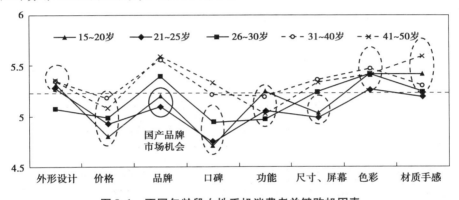

图9.1 不同年龄段女性手机消费者关键购机因素

1.外观设计对女性手机消费者而言是最关键的购买驱动因素,尤其是对30岁以下的核心女性手机消费人群,购机时最为关注的是手机的色彩、材质手感和款式。

2.女性手机消费者购机时不是很关注手机的价格、功能和口碑。

3.25岁以下女性手机用户相对而言不是很看重手机的品牌和大屏幕,这部分人群相对容易接受国产品牌,对国产品牌而言进入成本较低。

五、产品分析

产品组合包括风信子、向日葵、魅惑、梦公主、风舞、简爱和天籁7个系列。风信子的特点是独一无二,高贵尊享。向日葵的特点闪耀灿烂,点亮心情。魅惑的特点润泽鲜亮的外壳,圆润修长的机身,美丽映衬粉掌、纤指更吸引三色呼吸灯阵,魔幻变化,温馨浪漫,低调含蓄,张扬扮酷。我的梦公主,魔法变装,每天秀一个完美自己。风舞诠释完美外形。简洁时尚的外观,天籁完美音乐。

六、竞争分析

1.主要竞争者:日本的夏普和索爱,还有iPhone。

2.广告的优势和劣势:毕竟朵唯是建立不久的公司,相对其他知名的手机品牌而言,知名度不够强,而且朵唯的广告广度不够大,局限的区域太小。优势:针对中国女性市场建立的品牌,抓住女性的心理特点和需求。在广告强调女性的追求,有利于吸引女性的眼球去购买产品。

3. 广告主题朵唯,第一个专属于女性的手机品牌;为现代女性找到属于自己的生活方式,实现专属于女人的美丽梦想;朵唯为了美,为了爱,为今天的女性而生。

4. 竞争者的包装设计,品牌的长处与弱点。

5. 竞争者的广告及促销活动的支出情况。

6. 对竞争者费用支出、广告效果的调查。

7. 同行业中对竞争广告或推广计划活动的接受度及所受到的影响。

8. 竞争者广告分析:分析主要竞争对手的广告诉求点、广告表现形式、广告口号、广告传播时机及攻势强弱等,以适时调整自己的广告战略与计划等。

七、目标市场选择与市场定位

数据显示,截至 2008 年年底,全球手机注册用户数量已达 41 亿,中国手机用户已达到 6.4 亿,其中,女性手机用户占据 40%。也就是说,中国女性手机用户有 2.56 亿。

女性手机更新速度快,市场潜力惊人。女性手机更新速度快,品种多,究其根源就是女性特殊的消费需求。很多女性喜欢追求时尚,她们不只将手机看成通信工具,更将其视为是一种时尚的搭配,一种风格的呈现。这样就导致女性换手机就像买时装一样,永远追求最新、最时尚的,这就造成了女性手机市场巨大的消费潜力,许多厂商趋之若鹜。女性手机市场能够在近年来得到飞快的发展,还要归功于厂商的投资和开发,而厂商热衷开发女性手机市场的最大原因就是该市场的盈利性。女人手机之所以定价高,首先在于女人手机一般定位于高收入女性,比如都市白领。其次,女人的消费意识比较感性,只要她喜欢的东西,一般不会在意价格,也就是说女人对时尚的敏感大于对价格的敏感。再次,女人对手机的选择更着重于外观的时尚,其次才是功能,这就导致一些厂家不需要花大力气和资金对功能进行增加,而只需要在外观上做特殊设计就能刺激女性的购买欲望,成本低。这也是女性手机新品多、更新速度快的原因之一。

从以上的分析可以看出,女性手机市场的存在和壮大具有一定的必然性,而这个细分市场存在的巨大商机也吸引了不少厂商的关注和开发。随着物质文化的逐渐提升,女性自我独立的显现以及更多凸显女性功能手机的不断出现,女性手机市场将会出现百花齐放、争奇斗艳的热闹景象。

女性手机消费人群年龄、购机价格分布:女性手机主要购机人群是 30 岁以下的年轻女性,约占女性手机市场的 67%;从购机价格来看,1 000~2 000 元中端手机是女性的主要选择,约占女性手机市场的40%。

八、广告目标策略

1.短期目标:通过宣传令消费者认识此产品,并且购买。

2.长期目标:令消费者对此产品拥有品牌忠诚度。

九、广告媒介策略

媒介的选择与组合:以电视广告为主,报纸杂志和网络博客和视频为辅。

1.电视:(全国性)CCTV-1、CCTV-5、CCTV-6、CCTV-8;(地方性)北京电视台、青岛电视台、哈尔滨电视台。

2.报纸:(专业类)《中国经济报》《少儿导报》等;(综合类)《中国电视报》《青年报》、地区性日报、地区性晚报等。

3.杂志:(专业类)《销售与市场》等;(综合类)《读者》《意林》《青年文摘》等。

4.户外广告:各个目标市场的路牌;灯箱和车身。

5.媒体广告预算

报纸广告预算:10万元人民币

杂志广告预算:5万元人民币

电视广告预算:35万元人民币

户外广告预算:15万元人民币

合计:65万元人民币

十、广告计划

产品上市新闻发布会与电视节目合作,推出关于强调女性时尚生活的节目,例如,旅游卫视朵唯女性手机《美丽俏》。

1.目标市场。

全国各地,特别是中心城市和中小城市同时突破,大力发展重点区域和重点代理商,迅速促进产品的销量及销售额的提高。

2.产品策略。

用整体的解决方案带动局部的销售:要求我们的产品能达到完美的效果并有成功的杰作,由此带动全国产品的销售。

3.价格策略。

高品质、高价格、高利润空间为原则;制定较现实的价格表:价格表分为两层,媒体公开报价,市场销售的最底价。制定较高的月返点和季返点政策,以控制营销计划。严格控制价格体系,确保一级分销商,二级分销商,项目工程商,最终缩小用户之间的价格距离及利润空间。为了适应市场,价格政策又要有一定的灵活性。

4.人员策略。

(1)业务团队之间的联系,保持高效沟通,才能作出快速反应,建设团队和谐关系。

(2)内部人员的报告制度和销售奖励制度。

(3)以专业的精神来销售产品。价值=价格+技术支持+服务+品牌。实际销售的是一个解决方案。

(4)编制销售手册。其中,包括代理的游戏规则、技术支持、市场部的工作范围和职能,所能解决的问题和提供的支持等说明。

5.渠道策略。

(1)分销合作伙伴分为两类:一是分销客户,是我们的重点合作伙伴;二是学生群体,是我们的基础客户。

(2)渠道的建立模式:

①采取逐步深入的方式,先草签协议,再做销售预测表,然后正式签订协议,订购第一批货。

②采取寻找重要客户的办法,通过谈判将货压到分销商手中,然后我们的销售和市场支持跟上。

③在代理之间挑起竞争心态,在谈判中应有当地的一个潜在客户而使我们掌握主动和高姿态。不能以低姿态进入市场。

④草签协议后,在我们的广告中就可以出现草签代理商的名字,挑起了分销商和原厂商的矛盾,我们乘机进入市场。

⑤在当地的区域市场上,随时保证有一个当地的可以成为一级代理的二级代理,以对一级代理构成威胁和起到促进作用。

(3)市场上有推、拉的力量。要快速地增长,就要采用推动力量。拉需要长时间的培养。为此,我们将主要精力放在开拓渠道分销上,另外,负责大客户的人员和工程商的人员主攻行业市场和工程市场,力争在3个月内完成4~5项样板工程,给内部人员和分销商树立信心。到年底为止,完成自己的营销定额。

十一、市场份额分析

据ABI的最新报告显示,今年二季度,全球智能手机市场较去年增长50%。在二季度销售的手机中智能手机占19%,而今年一季度不过12%。苹果、HTC、黑莓在智能手机上快速增长,不过这种增长不会延续太长。苹果二季度iPhone出货840万台,其中300万台是iPhone4,较上一季度增长68%。台湾HTC出货也增长明显,由上一季度的330万台增长到

530 万台。RIM 公司的黑莓机出货由 1 050 万台增长到 1 120 万台。惠普于今年夏天收购了
Palm,公司将很快推出基于 Webos 的智能手机,而英特尔与诺基亚则压注 MeeGo。

国际品牌手机厂商明显在智能手机市场杀得不可开交,但是在中国的情况还是有些不
同的,由于其特殊性的原因,虽然智能手机的发展趋势大好,但是现阶段在中国一些非智能
手机仍然占据很大的市场份额,不少国产品牌,如天语、魅族、朵唯等都保持较好的市场业
绩,国产品牌手机也取得了群体性突破,打破了长期以来三资企业垄断国内市场的一统局
面,成为国民经济新的经济增长点。同时,移动通信终端制造业还带动了相关产业的发展,
成为推动我国手机产业快速发展的重要力量。国内品牌手机生产企业在努力开拓国内市场
的同时,进一步加大了开拓国际市场的力度,国产手机加快走向国际市场。

而在国内细分市场,笔者了解到目前女用型手机即女性手机也成为手机关注的一大热
点。女用型手机并不是说所有的女士都要用这个类型的手机,也不是说男人不能用,关键在
于这种类型的手机更多地考虑了女士的要求,以更小、更轻、更漂亮作为卖点。在漂亮与华
丽的外表之下,机身附有的功能也十分强大,受到许多年轻时尚女性的青睐。

天极网产品调研中心从对手机市场最受关注品牌、产品、价格等多方面进行了分析数据
的统计,10 月上旬最受关注的手机品牌前 10 名排名如下:

表9.2 10 月上旬手机品牌关注度

手机品牌	关注流量
诺基亚	1 633 820
三星	410 659
HTC	273 772
索尼爱立信	232 023
多普达	174 310
摩托罗拉	158 911
OPPO	151 437
LG	142 537
天语	111 165
朵唯	110 261

从数据可以看出,诺基亚、三星、HTC仍然占据前三甲的位置,不过在前10名的品牌中,国产品牌手机占据半壁江山,特别是朵唯手机,作为一个后来者的身份,连续两个月杀入前10名,不得不让人感叹这个女性手机的威力!一直专注于女性手机研发的朵唯,经过不到1年的发展,在行业已逐渐稳固了作为国产女性手机第一品牌的地位,其品牌影响力也正在不断地延伸。纵观整个女性手机市场,其市场竞争是非常激烈的,各大手机品牌国际的有诺基亚、夏普、索尼爱立信、三星和LG,国内主要有朵唯和OPPO,它们为"瓜分"女性手机市场这个细分市场份额,纷纷针对女性消费者推出了具有明显女性特征的手机。以前手机厂商会更注重手机外观的女性化,主打纤薄、轻巧、靓丽,而随着女性消费者越来越"挑剔",手机行业发展日新月异,厂商将更多精力集中在手机功能的开发上,比如朵唯一键求救和爱美尚家功能,夏普62系列机型的紫外线检测功能,索爱和诺基亚更是推出了智能机的迷你版本,而不只是追求传统的女性手机功能简单化。这些产品无一不是为了满足不同女性新的消费需求而诞生的!

观察手机10年的发展,我们看到:对于手机来说,功能与外观设计是永恒的话题和巨大的金矿,掌上终端是手机不可逆转的发展趋势。中国整体手机市场用户关注格局短期内不会被改变,最有可能发生变化的是智能手机市场,且集中在目前使用Android系统的几大品牌身上。在整个手机市场你能想象到的范围内,在任何一项上进行挖掘都可以获得短暂的辉煌,但是想持久的繁荣,必须具备综合的实力和能够不断创新的能力。

从外貌到内涵,新一代女性手机在借鉴和创新中不断寻找一条新的道路,而无数的女性用户永远都是这场时尚女性手机变革中最大的受益者。只有在注重外表美丽的同时,强化它的实用功能,才能引起女性消费者关注。这也是朵唯女性手机深受女性大众喜欢之谜。

任务3　公关促销策划

9.3.1　公关促销策划工作流程

1)收集公关信息

在公关策划中,主要收集的信息包括政策信息、媒介信息、法律信息、产品信息、竞争者信息、顾客信息、市场信息、企业信息和销售渠道信息等。对所收集的信息要经过整理、加工、分析等过程,最后归入档案,进行科学分类储存。企业在搜集信息时,必须做到真实和迅速两点,因为失真的信息会给企业带来极大的危害,而过时的信息,其价值就会削弱或消失。

2）公关目标策划

公共关系的总体目标是树立良好的企业形象。它具有 4 大要素：传播信息，这是最基本的公关目标；联络感情，这是公关工作的长期目标；改变态度，这是公共关系中所追求的主要目标；引起行为，这是公共关系的最高目标。策划了总体目标之后，还要制定具体的、可测量的、定量化的目标，应根据企业的自身性质，所处的特殊环境与面临的实际问题来制定。进行公关目标策划时应遵循以下原则：公关目标应与企业营销目标一致；兼顾企业与公关对象两者的利益；公关目标要具体化、定量化；公关目标应按轻重缓急排列顺序；要使总体形象与特殊形象相统一。

3）公关对象策划

确定与企业公关的公关策划的基本任务，舍此便不能有效地开展公关工作。一般来说，公关对象策划有以下两个步骤：首先，要鉴别公众的权利要求，公关在本质上是一种互利关系，一个成功的策划必须考虑到互利的要求，要到这一点，就必须明确公众的权利要求；其次，对公众对象的各种权利要求进行概括和分析，先找出各类公众权利要求中的共同点，把满足各类公众的共同权利要求，作为设计企业总体形象的基础。

4）公关策略策划

公关策略是公关人员在公关活动中，为实现企业的公关目标所采取的对策和应用的方式方法以及特殊手段。常用的公关策略主要包括以下几种：宣传性公关策略、交际性公关策略、服务性公关策略、征询性公关策略、心理性公关策略、开拓性公关策略、发展性公关策略、巩固性公关策略和矫正性公关策略。

5）公关时机策划

"机不可失，时不再来。"时机对一个公关策划者来说，可以说是命运之神。抓住机遇，及时公关，可起到"事半功倍"的效果。一般而言，公关时机策划要遵循两个原则：一是选择时机要服从整体公关策划，要有利于目标达成；二是选择时机要使公众心理期望得到满足。

6）公关决策与公关效果评估

①公关决策就是对公关活动方案进行优化、论证和决断，它是一项公关策划活动成败的关键。方案的优化要从 3 个方面去考虑：增强方案的目的性，增强方案的可行性，降低耗费。

方案优化方法有方案增益法、优点综合法等。而公关方案的论证则是要对公关目标、限制性因素、潜在问题、预期结果进行综合分析评价。

②公关效果评估内容主要是检查公关目标是否实现，核定计划实施的效益，评估公关活动的效果，通过评估使公关活动呈现出一个完整的过程。

阅读扩展

2009年8月28日，在美国加州圣迭戈的高速公路上，一辆丰田轿车突然加速导致4人死亡。经过美国媒体的报道，丰田车的质量问题引发关注。丰田在2009年11月25日，首次决定在美国召回426万辆因脚垫问题可能导致油门卡滞的汽车。

2010年1月以来，丰田又在北美、欧洲、中国市场先后多次宣布召回多款汽车。资料显示，丰田自2009年以来在全球召回汽车总数已近1 000万辆，大大超过2009年丰田698万辆的全球销量，成为汽车工业史上最大规模召回事件之一。

在2010年1月21日开始的大规模召回宣布后，丰田公司在最初的整整8天，几乎没有开展任何危机公关行动。

2010年1月31日，美国消费者才在一些主流报纸上看到一个巨大的播放暂停键印在丰田汽车上的图片广告。但"一个暂时的停顿，只为将您放在第一位"这句主打温情牌的广告语，并没有起到足够的效果，媒体开始不断曝光丰田在过去召回案例中的可疑之处，越来越多的丰田车型被曝光存在同样的问题。

2月5日，丰田章男终于出面召开新闻发布会并道歉，结果又因为鞠躬度数不足，被媒体戏称为像是在打招呼。

随后，美国国会将就丰田汽车召回事件举行听证会的消息传到了日本。丰田章男最初决定，由丰田北美总裁稻叶良代为出席，迫于舆论压力，一天之后，他决定亲赴华盛顿。

9.3.2 公关促销的主要方式选择

1）内部信息载体

这是企业内部公关的主要内容。企业内部各种信息载体，是管理者和员工的舆论阵地，是沟通信息、凝聚人心的重要工具。

2）发布新闻

公关人员将企业的重大活动、重要政策以及各种新奇、创新的思路编写成新闻稿，借助媒体或其他宣传手段传播出去，帮助企业树立形象。

3）举办记者招待会

邀请新闻记者,发布企业信息。通过记者的报道传播企业重要的政策和产品信息,传播广泛,可引起公众的注意。

4）设计公众活动

通过各类捐助、赞助活动,努力展示企业关爱社会的责任感,为企业树立美好的形象。

5）企业庆典活动

营造热烈、祥和的气氛,显现企业蒸蒸日上的风貌,以树立公众对企业的信心和偏爱。

6）制造事件

制造事件能起到轰动效应,常常引起社会公众的强烈反响。具体事件类型如表9.3所示。

表9.3　事件类型

事件类型	形　　式
销售型	新产品发布会、展销会、样品展示会、开幕式、换季拍卖会等。
新闻或消息型	时装秀、演唱会,旨在增加报道价值、吸引记者报道等。
赠品型	赠送入场券等。
社交型	慈善活动、献爱心、体育活动、开房屋等。

7）散发宣传材料

公关部门要为企业设计精美的宣传册或画片、资料等。将这些资料在适当的时机向相关公众发放,可以增进公众对企业的认知和了解,从而扩大企业的影响。

9.3.3　公关促销策划策略制定

1）宣传性公关策略

其主要宣传形式,对内可用企业报纸、宣传栏、板报、广播、讨论会等,对外可利用一切大众传播媒介,如做广告、举办展览会、新闻介绍会等。

2）交际性公关策略

其主要活动形式是一种团体交际,如举办各种招待会、座谈会、工作午餐会、茶话会、宴会等。另一种是个人交际,如个人交谈、拜访、祝贺、个人信件往来等。其特点是直接性、灵活性和人情味强。

3）服务性公关策略

该策略要求:
①注重实在性。对公众做的事情越实在、越具体,就越有可能使公众产生好的印象。
②注重服务的实惠性,对公众让利。
③从服务态度、服务内容、服务形式等多方面入手,全面提高公共关系的服务质量。

4）社会性公关策略

社会策略的实施形式一般有3种:
①企业自己筹办社会公关活动,如开业纪念日,新产品介绍展览会等。
②企业赞助社会福利事业,如赞助慈善事业、文化教育、公共服务设施的建设等。
③资助大众传媒,如冠以企业或产品名称的"××杯"体育比赛、歌唱比赛等。

5）征询性公关策略

征询策略的形式主要有:征询调查、征文活动、民意测验、建立信访制度、设立监督电话、处理举报和投诉、进行企业发展环境预测等。

阅读扩展

向乘客出租雨伞

纽约长岛铁路公司准备展开一项新的业务——向乘客出租雨伞。这项业务的准备工作早已就绪,只等开张,也不向乘客透露消息,他们是在等待有利时机的到来。雨季到来前夕,公关人员立即将这一便民措施张榜公布!并把早已写好的新闻稿投向报社、电台,通过各种新闻媒体将这一措施通告于广大公众!

当一些乘客望着车窗外的风雨,正愁无伞挡雨的时候,听到可以租借雨伞的广播,真是喜出望外,从心底感激铁路公司处处为乘客着想的优良风范和得力措施,新闻机构也为铁路公司"想乘客之所想,急乘客之所急"的善行义举所感动,各方都为之宣传,铁路公司通过各种媒体的广泛传播,不仅提高了经济效益,而且提高了社会效益。

铁路公司的公关人员如果将租借雨伞这一项传播活动放在晴朗的日子里,公众就会因不需要而表现出与己无关的,没兴趣等态度。传播效果可能是事倍功半,甚至是毫无效果。可见,抓住时机,主动出击,是公关策划的一大窍门。

海信环保促销中的公关策划

通过前期的市场定位和细分市场,海信的公关策略紧密围绕目标市场和环保电视的差异化品牌识别体系,制定了环保电视联手妇女儿童公益事业的三步走攻略。

第一步是联合全国妇联妇女发展基金会及中国少年儿童活动中心,共同策划组织海信环保电视杯全国少年儿童环保书画大奖赛暨获奖作品展,以爱护自然,保护环境为主题,面向全国各地的年龄在 6～15 岁的中小学生征集书画作品。这项活动一方面加大环保宣传力度、推动环保事业的发展;另一方面也可以通过此项公益活动获得由全国妇联及中国少年儿童活动中心联合颁发的海信环保电视推荐使用证书及铜牌,为环保电视下一步的推广做了很好的铺垫,为下一步组织的各种活动进行了很好的造势。

第二步是以海信环保电视,健康成长,保护视力为主题,在全国各地中小学设立海信环保电视三好学生奖学金,并赠送海信环保电视视力表和学习垫板。这样极大地宣传了海信环保电视的概念诉求,同时,从孩子的心里去灌输环保电视的好处,环保电视海信造等,让他们去影响家长,提高海信的销量。

第三步海信斥资千万在全国范围内选择 2 000 所小学开展海信环保电视,关注未来资学助教活动,为所选学校的每个班级提供一套海信教学软件、环保知识普及光盘和一张健康视力表,并签订协议,每年暑假前由海信环保电视为该校三好学生提供奖品。通过此举,大大提高了海信品牌的美誉度,同时也为下面进行的一系列活动制造了由头,更能让消费者信服。

通过这三步的公关活动,海信的环保电视在扎实的实体基础之上又多了一层可靠的群众基础。很好地配合了之后进行的连环销售推广,大大地提高了促销的真实性和可执行性。

任务4 制定公关活动策划方案

9.4.1 制定公关活动策划方案任务描述

某公司为了提高本企业的知名度和美誉度,树立良好的企业形象,或者避免社会负面舆论对企业发展的不利影响,决定进行一次公关活动策划。请根据给定的该企业公关形象的现状及市场背景资料,按照公关活动策划方法和要求,进行公关活动策划分析,并撰写出格式正确、内容完整、思路清晰、创意独特、操作性强的公关活动策划方案。其具体内容包括前言(简要说明公关策划目的、原因、策划书的主要内容等)、活动背景、活动目标、活动主题、活动地点、活动时间、活动对象、活动项目、活动宣传方式、经费预算(活动经费的预算与分配表)、活动安排进度表、活动所需的物品及场地、效果评估等几个方面。

9.4.2 制定公关活动策划方案测试要求

1)技能要求

①能根据题目提供的背景资料对企业的公关现状进行比较深入地分析,明确企业面临的主要问题。

②能根据分析结论,提炼出明确的公关活动目标。

③能根据公关的目标与企业所面临的公关问题确立公关活动的公众对象以及公关模式。

④能依据公关模式来确定公关活动恰当的时机与地点。

⑤能依据公关活动目标、模式、对象等内容,运用多种方法对公关活动项目及其流程进行构思与创意。

⑥能对公关活动的配套的媒介宣传活动进行设计与安排。

⑦能对公关活动所需的活动经费进行预算并能合理配置,对效果进行评估。

⑧能将公关活动策划的构思和创意形成格式正确、内容翔实、条理清楚、可以具体操作执行的公关活动策划方案。

2)素养要求

①对给定背景企业所处的销售大环境非常了解,方案中体现出一定的学习力。

②对背景资料分析透彻、能从细节描述中找出有用的信息并加以利用,体现营销从业要求的观察力、分析力与逻辑思维能力。

③能在合理成本预算的范围内制定方案,拥有成本控制的理念与能力。

④能在测试时间内完成任务,体现良好的时间管理能力。

9.4.3 制定公关活动策划方案评价标准

公关活动策划方案评价标准如表9.4所示。

表9.4 公关活动策划方案评价标准

评价内容	考核点		分值	考核标准	备　注
职业素养（20分）	职业道德		10	诚实严谨,遵守纪律,独立完成任务(5分),方案不违背职业道德与营销伦理(5分)。	严重违反考场纪律,造成恶劣影响的本项目记0分。
	职业能力		10	方法得当,思路清晰,对背景资料分析透彻、细致(5分);撰写的策划方案符合要求,能在规定时间内完成任务(5分)。	
作品（80分）	卷容格式		5	文字编排工整清楚,格式符合要求。	策划方案字数不少于1 500字,每少50字扣1分。
	文字表达		5	流畅,条理清楚,逻辑性强。	
	具体内容	封面完整	3	要素完整(策划名称、策划者、策划)。	
		前言	2	简述策划的背景、目的、方案等主要内容。	
		目录	2	排列有序(1分),一目了然(1分)(排列至一、1.两级即可)。	
		市场分析	5	市场分析包括企业的宏观环境以及行业分析(1分)、消费者分析(1分)、竞争对手分析(1分),市场分析确切、到位,能从分析中达到了解企业公关现状的目的(2分)。	
		公关活动目标	5	有活动目标(2分),目标明确、具体、具有针对性(3分)。	
		公关活动主题	5	有主题(3分),主题鲜明,引人注目(2分)。	
		公关活动对象	5	有明确的活动对象(2分),公关对象选择符合企业市场要求(3分)。	
		公关活动时间地点	5	选择恰当,与活动对象、活动主题相适应,时间选择得当(2分),地点选择得当(3分)。	
		活动项目流程设计	15	活动项目设计与目标、对象、费用相吻合(9分),要求设计3个以上的小项目,1个小项目(3分),流程安排细致、正确,具有一定的可行性(6分,每个小项目2分)。	
		媒介宣传	5	有媒介宣传(2分),媒介选择合理,宣传效果显著(3分)。	
		进度安排物料准备	10	将活动全过程拟成时间表(5分),何地需要哪些物料,需要怎么布置进行安排(5分)。	
		费用预算	5	有预算与分配表(2分),费用预算合理、可行(3分)。	
		效果评估	3	有效果评估(1分),公关效果评估合理,符合企业要求(2分)。	
	创新方面		5	方案有一定新意,见解独到。	
小　计			100		

阅读扩展

山西醋超市公关策划方案

一、活动背景

山西醋超市有限公司,是山西聚华体育产业有限公司投资建设的山西省第一家以建设特色农产品市场为"商品"的大型全国连锁经营体系。公司以经营山西醋为龙头,捆绑山西地方名优特产于一体,以特许经营的方式在全国各地建立连锁加盟店。公司拟在山西省境内建立阳曲、朔州、长治、汾阳4个农产品加工和物流配送基地。在宝鸡、徐州、武汉、山海关建立贯通全国的物流配送基地。项目总投资3亿元。目前,已完成北京直营店,部分物流基地,全国形象总店的建设,大型产品展厅的设计,整体 CI 的设计,与此同时,公司还投资建成了山西醋业网,完成山西醋超市品牌和经营产品的宣传,并为山西醋超市全国连锁的电子商务管理创造了平台。

二、活动总主题

公司决定筹备启动公司庆典的工作是为了回顾公司历史,展现公司成就,展望美好的未来,扩大知名度,在和竞争对手的竞争占优势,凝聚各方力量,推动公司全面、快速发展,成为全国知名公司。

公关策划的目的:

1.通过本次公司庆典活动,向社会各界传达本公司的发展历程、规模业绩,扩大公司在社会的影响力,提升社会的认知度与美誉度。

2.通过本次活动的规模效应,营造出"公司文化氛围",加强员工对公司的了解与认识,形成荣誉与自豪感。

3.以本次活动为契机,完善公司的"软件",编撰公司成长史,构建"文化长廊"等信息交流平台。

4.以本次活动为机遇,向与会的各级领导与社会各界进行汇报,聆听相关的意见与建议,完善今后的工作领域,尽力取得领导的满意。

5.借助本次活动,以"山西醋的源头"为主题,加强本公司与公司客户的联系。彼此关注、支持,营造"公司情怀""社会各界情感"的氛围,并为日后的相关公司活动奠定基础。

三、开业公关活动策划方案

1.启动阶段(××年××月—××月)

(1)成立筹备领导机构和工作机构。

(2)研究确定公司庆典日和名称,在公司内外营造迎合公司庆典氛围的具体活动:

①以"今天是你的生日——我的家"为题举办激扬文字、真挚祝福主题征文活动,加强本

次活动,引起员工的注意,在员工中情感共鸣。

②以"我的醋,我的家"为主题开展多样的绘画、摄影、书法展,以此搭建公司领导与员工的情感交流平台。

③针对"山西醋超市成立 20 周年",面向公司开展征集活动。其目的是完善公司软件工程与开辟在社会各界的参与途径,也用于公司文化的独特性与其他公司进行区别与突出。

④公司徽标征集活动。其目的是完善公司的文化建设,并成为社会各界的情感归属标志,也为了去体现公司在社会的认知基础。

⑤"公司,我为你骄傲"庆祝××公司 20 周年演讲活动,以突出公司 20 年来取得的成就和社会影响为主题,并对获奖作品编撰入公司成长史(如刊首寄语)。

(3)启动活动经费筹集工作,公司接受来自社会各界人士的捐赠,用于庆典活动和公司建设。

(4)研究确定规划项目和公司景观项目。

(5)完成公司公司庆典筹备领导小组确定的其他任务。

2. 筹备阶段(××年××月—公司庆典日前两个月)

(1)建立各地公司客户联络站,编辑《公司客户通讯簿》。设立公司客户网站。

(2)编撰公司成长史,编印画册,编辑《公司庆典专刊》,制作光盘(专题片),设计确定公司庆典纪念品,出版发行公司成长史。

(3)布置公司成长史陈列馆。

(4)组织公司环境美化,校舍整修。

(5)组织文艺活动排练和社会各界活动布展。

①"20 年荣誉与梦想"××公司 20 年的发展历程主题图片展,突出"成就""荣誉"。

②准备公司庆典文艺晚会活动,开展公司客户座谈会。

(6)制定交流活动方案,开展科技成果洽谈,组织科研报告和专家论坛。

(7)组织实施规划项目和公司景观项目。

(8)继续筹集公司庆典活动相关经费,设立专项基金。

(9)联系落实领导题词,确定重要领导、来宾和重要公司客户名单。

(10)制定公司庆典活动具体实施方案。

(11)完成公司庆典领导小组确定的其他任务。

3. 庆典阶段(公司庆典日前 2 个月—公司庆典日)

(1)邀请领导、来宾、公司客户。

(2)编印(出版)公司成长史、公司客户录、发展报告集,在公司庆典日举行首发仪式。

(3)起草公司庆典文稿,印制文字资料。

(4)召开新闻发布会,在各种媒体上加大公司庆典宣传力度,邀请新闻媒体参加公司庆典活动。

（5）登记接收礼品和钱物并进行展示。

（6）在公司庆典日举行庆祝活动。

①市领导、各部门负责同志出席，新闻记者也参加，全公司客户出席具体安排：

A.唱公司歌。

B.领导致辞，市领导、知名公司客户致贺词。

C.公司举行公司庆典纪念封、邮票首发式。

D.举行公司客户会，由知名公司客户回忆历史。

E.举办公司客户大型酒会。

②"庆祝××公司成立20周年"文艺演出晚会。体现"荣誉""团结""梦想"主题。以活动的形式加强反映出公司的成果与公司的优势。也成为凝聚公司情感的一个重要组成部分。

③××公司大型签名活动。发动和号召届时到会的所有实验社会各界的签名活动，体现"公司情深"的统一，表达出"我以××公司为荣"的自豪感。

四、后期系列公关活动

1.主题：山西醋超市公司请您评最美的醋照片！

（1）活动开始日期

（2）评选方法：向社会各界广泛征集最美的醋照片，网上投票。

（3）活动宣传：大堂及外围，要打出相关的宣传口号横幅。

（4）评选结果及过程照片，可于评选结束后的第二天或第三天，刊出在报纸上；报纸同时刊出山西醋超市公司请您评服务的活动预告，同时，将山西醋超市公司服务员工作标准列出来。

2.主题：山西醋超市公司请您评服务！

（1）活动开始日期：评照片结束后的第二天或第三天，活动预告刊出后起第一天。

（2）评选方法

①每天请5位客户在买单时，填写《服务人员评分表》，对为其提供服务的服务员，按山西醋超市公司服务员工作标准进行评分，将每天的评分表累加在一起，形成每个服务员的总分，从而排出名次。

②注意要均衡每个服务员被评分次数，保持大体一致。

（3）赠给评分客户一件精美礼品。

（4）活动宣传：大堂及外围，要打出相关的宣传口号横幅。

（5）评选结果及过程照片，可于评选结束后的第二天或第三天，刊出在报纸上，报纸同时刊出山西醋超市公司请您评服务活动的预告。

五、召开新闻发布会

1. 活动介绍

庆祝我公司成立20周年。

2. 工作小组

组长:1名。

副组长:3名。

组员:由山西醋超市营销策划部、办公室、山西醋超市品牌服务小组构成。

3. 活动推介

9月2日,召开全体工作人员会议,讨论、完善、通过活动方案,明确各人员分工及整体进程。

9月2—14日,按各分工分头准备,由相关负责人督促检查。

9月14日,召开临战前检查、协调会,发现问题,即时解决。

9月16日上午,再度仔细检查一次,重点是检查流程工作。

9月17日上午8:00,工作人员进入工作状态,迎接会议代表。

9月17日上午12:10,活动结束后,撤离现场,将贵重物品、小件物品、易损物品归类,返回办公室。

4. 主要分工

(1)组长

①全面负责,统一指挥,检查督促,工作总结。

②衔接,协调各方面工作。

(2)副组长A

①具体负责发布会工作,人、财、物准备工作。

②检查工作进度,了解情况,提出整改意见,并督促实施。

③负责宣传资料、培训资料的内容安排,设计及制作并运送到现场,组织发放。

④负责礼品的准备并运送到现场,组织发放。

⑤负责影像资料的准备,指定专人安放,调试。

⑥负责新闻记者的邀请、联系、接待。

⑦负责安排活动进程中的辅助工作和协调工作。

⑧负责处理有关突发性事件。

(3)副组长B

①协调解决活动进程中和之后的车辆搬运。

②帮助、协调活动进程中涉及的行政事务问题。

③负责领导的邀请、联系和接待。

④负责请柬、签到簿、绶带、嘉宾胸花等物料的准备。

⑤负责礼仪小姐培训及现场安排。

(4)副组长 C

①具体分管会议流程,会议现场指挥,控制现场局面。

②负责安排、指挥活动期间售楼人员及销售公关人员的工作,统一调派。

③负责业主的邀请、联系和接待。

④负责现场桌椅、签到台、讲台布置及场外布置。

5. 物料准备

(1)展板 2 块(售楼处门口)。

(2)指示牌 2 块(大门口一块,现场一块)。

(3)花篮 8 个。

(4)请柬 50 张。

(5)现场横幅 1 条(长江之家业主首届物业知识培训会暨新闻发布会)。

(6)嘉宾胸花 30 只。

(7)礼仪小姐 4 名(湘江路口两名、售楼处门口两名)。

(8)绶带 8 条(弘辉地产、长江之家)。

(9)签到簿、礼品、礼品袋、红包准备。

6. 宣传方案

六、效果预测

1. 通过前期指示牌宣传,使公众对山西醋超市公司有一个初步了解。

2. 通过开业公关,给公众一个耳目一新的感觉,留给公众一个深刻的印象。

3. 通过庆典活动,给公众留下一个奋进合理的深刻印象。

4. 通过"评照片"活动,使公众了解到山西醋超市公司有优秀的醋产品。

5. 通过"评服务"活动,让顾客了解山西醋超市公司的优质服务。

6. 通过"绿色菜地"活动,使绿色饮食观念深入人心,并在公众心目中形成山西醋超市公司为绿色宾馆的良好印象。

七、筹备工作

公司庆典筹备工作领导小组组成公司庆典筹备工作领导小组,下设办公室、宣传组、材料组、公司客户联络组、项目规划组、学术活动组、环境与建设组、筹款与经费组、文艺与社会各界活动组等 9 个工作组,各学院成立本学院公司庆典筹备工作小组。

八、费用预算(略)

任务 5　制定促销策划方案

9.5.1　制定促销策划方案任务描述

　　某商业企业在某一段时间将开展大型的宣传促销活动,请按照给定的企业及市场背景资料根据促销方案策划的流程对促销活动进行策划,并撰写出格式正确、内容完整、思路清晰、具有一定可行性的促销方案。其具体内容必须包括活动背景及活动目标、活动对象、活动主题、活动方式、活动时间地点、广告配合方式、前期准备、中期操作、后期延续、费用预算、意外防范、效果评估等方面。

9.5.2　制定促销策划方案测试要求

1）技能要求

　　①能根据给定的背景资料对目标企业、竞争对手企业的产品组合、消费者特点、促销习惯等营销信息进行细致、深入地分析,并据此来确定明确、具体、有针对性的促销活动目标以及有吸引力的活动主题。

　　②能针对市场分析结论准确描述促销对象的具体特征,确定合适的参与促销商品、合作伙伴、时间、地点等要素。

　　③能结合企业促销目标选择刺激程度适当、与费用相匹配的促销方式与工具。

　　④能选择符合促销目标以及促销对象的媒体习惯的广告配合方式与媒体。

　　⑤能根据提供的企业背景资料以及促销目标对策划任务能花费的成本进行估算,在方案中能对成本预算进行合理的配置。

　　⑥能对活动过程中可能发生的意外问题提出处理的预案,能预测促销活动将会出现的效果。

　　⑦能用简练、准确、流畅的文字,撰写一份内容翔实完整、条理清晰、格式规范的促销方案文本。

2）素养要求

　　①对给定背景企业所处的销售大环境非常了解,方案中体现出一定的学习力。

　　②对背景资料分析透彻,能从细节描述中找出有用的信息并加以利用,体现营销从业要求的观察力、分析力与逻辑思维能力。

③能在合理成本预算的范围内制定方案,拥有成本控制的理念与能力。

④能在测试时间内完成任务,体现良好的时间管理能力。

9.5.3 制定促销策划方案评价标准

促销策划方案评价标准如表9.5所示。

9.5 促销策划方案评价标准

评价内容	考核点		分值	考核标准	备 注
职业素养 (20分)	职业道德		10	诚实严谨,遵守纪律,独立完成任务(5分),方案不违背职业道德与营销伦理(5分)。	严重违反考场纪律,造成恶劣影响的本项目记0分。
	职业能力		10	方法得当,思路清晰,对背景资料分析透彻、细致(5分);撰写的策划方案符合要求,能在规定时间内完成任务(5分)。	
作品 (80分)	卷容格式		5	文字编排工整清楚,格式符合要求。	策划方案字数不少于1 500字,每少50字扣1分。
	文字表达		5	流畅,条理清楚,逻辑性强。	
	具体内容	封面完整	5	要素具备(名称、策划者、时间)。	
		活动主题	10	有主题(4分),主题鲜明,引人注目(6分)。	
		活动目标	5	有活动目标(2分),目标明确、具体,具有针对性(3分)。	
		时间地点	5	选择恰当,与活动对象、活动方式相适应,时间选择得当(2分),地点选择得当(3分)。	
		对象选择	5	促销产品明确,活动对象选择准确。	
		活动方式	10	刺激程度适当,与费用匹配。	
		实施安排	10	事前准备充分(3分),事中人力、物力等布置妥当(5分),事后有延续安排(2分)。	
		广告配合	5	有广告配合(2分),广告配合方式符合促销目标以及对象的媒介习惯(3分)。	
		预算恰当	5	有预算表(2分),预算符合企业的背景与目标(1分),预算分配合理(2分)。	
		意外防范	5	具备处理意外问题的预案,要求两种以上简要预案,每个预案(2分),合理度(1分)。	
	创新方面		5	方案创意独特且可行。	
小 计			100		

阅读扩展

重庆茂业百货国庆促销策划方案

目　录

一、前言

近年来,随着外资零售巨头的进入,百货行业的竞争日益加剧,企业要想在商品同质化程度高的环境中脱颖而出,就必须不断改进营销方式,以促使企业持续健康发展。对于百货公司来说,前者的主要目的是为了积聚人气,增加客流量,一般与销售额无直接联系,而后者则是直接针对促进销售额而设计,对商家来说有着更为重要的作用。随着经济的发展,人们的生活水平日益提高,逛商场已经成为潮流的代表,纷纷普及到每一个家庭。

在各大城市中,商场已经成为消费者必不可少的去的地方、生活的伴侣。目前,商场流行的促销活动方式主要有打折、满减、买赠、满额赠、返券、抽奖等，不同促销方式所适用的税收政策各不相同，因此在策划促销活动时，应将税收因素考虑在内，以优化营销方案。本次制定的促销策划，主要是为了重庆茂业百货在重庆范围内的各大商圈市场的整体策略的预先计划和部署，通过一系列的促销活动，刺激消费者和强化市场需求，抢占市场商机，奠定市场胜局。

二、企业背景

深圳茂业（集团）股份有限公司成立于1995年5月5日，是一家大型综合性企业集团，以地产开发、持有物业经营为核心支柱产业，以实业投资和资本运营为纽带，业务涉及房地产开发、商业物业经营、物业管理等行业。茂业集团秉承着"地产+百货"的发展模式，致力于大型百货商场、甲级写字楼、高端商务酒店、商务公寓等商业地产及住宅的开发。经过10多年的探索和实践，茂业集团形成了以深圳为中心，华南、华东、西南、华北、东北等多区域中心城市共同发展的战略格局，现已成功入驻沈阳、天津、太原、成都、重庆、无锡、常州、珠海、秦皇岛等多个城市，土地储备达300多万平方米。目前，在建和筹建项目有深圳德弘天下华府、重庆雍翠华府、沈阳茂业天地、太原茂业天地、天津茂业大厦、成都茂业中心、成都茂业中心购物广场、无锡茂业天地、常州茂业泰富城、锦州茂业天地、淮安茂业项目等10多个。茂业集团坚持"真诚服务每一天"的服务理念，秉承"为顾客创造价值、为员工创造机会、为社会创造财富"的核心价值观，恪守"团结、规范、廉洁、高效"的行为准则，致力于打造中国最具影响力的城市运营商。

重庆现有五大商圈，而重庆茂业百货则位于观音桥商圈中心钻石地段，锁定金领、白领阶层，兼顾工薪阶层，集百货、饮食、娱乐于一体，是全面满足消费者需求的"一站式"购物场所。茂业百货江北店是目前重庆单店经营面积最大、经营楼层最多、经营商品种类丰富的综合性百货商场，成为重庆市乃至西南地区最具影响力的综合性百货公司之一。

三、市场分析

1. 消费者分析

随着重庆各大百货商场定位渐趋明晰，消费者对购物场所的选择也越来越具有目的性。一些消费者在接受采访时表示，现在选择购物场所，商场的定位也是考虑因素之一，往往会选择适合自己消费需求的商场，从重庆现实的消费状况看，中档消费市场已经成为影响商场经营销售额的一个主要因素。但从长远的发展来看，中档和高档消费将会为各商场经营商的长远发展打下坚实的基础。

茂业等商场负责人也告诉我们的采访员，随着经济的发展和生活水平的不断提高，购买适合自己独特风格的生活必需品已成为现代人的需求，消费者往往会选择与自己定位基本相同的商场来购物。

与全重庆同等规模的商圈相比，观音桥的物价比同等的商圈高，使消费者形成了比较强的价格承受能力，也使得高档次产品拥有更多的市场机会。在观音桥商圈市场中，不同消费能力的消费者的消费心态比较稳定，一般对自己消费什么档次的产品有比较明确的认识，使各档次的产品都能够稳定地占有部分市场,并且拥有稳定的消费群体。

经过深入调查,60%的消费者认为"减价促销"最有吸引力,紧接着是"赠品促销"占了40%,还有对抽奖和优惠券等促销方式感兴趣的。

2.竞争者分析

在重庆,同茂业百货相竞争的有王府井百货、嘉茂购物中心、新世纪百货和百盛商场。

重庆新世纪百货和王府井百货优势在于:

①在重庆零售业中率先创立普通话服务、早晚迎送宾制度、15日退换货制度,实行全程信息化管理,搭建起一套全新的管理流程及服务平台。

②新世纪将工作重点放到"构建和谐社会,提升服务品质"上,从为消费者提供多元化的个性服务,如色彩服务、母婴室、营业员星级服务评定等,再到服务的精品化,新世纪百货在完成服务三级跳的同时利用优质服务扩展了社会功能,延伸了服务的内涵,扩展了服务的外延,提升服务的质量和价值。

③全面立足于中高档百货,全方位展示其年轻、时尚的特色。

④强化商品经营的品质和管理,并以优质的商品、真诚的服务、特色的品牌、独有的风格,成为一个极具品位的城市型购物商场。

重庆新世纪百货和王府井百货的劣势在于:

①高品质商品不够齐全,不能满足高档消费者。

②拓展空间不大,品牌局限于重庆地区。

③百货品牌概念模糊,品牌宣传不对点、气氛不到位,导致目标顾客没有认同感。

④统一经营管理的特型和企业文化等内涵在细节上表现不够,而往往影响消费者情绪的就是细节。

相对于其他百货商场以及重庆百货业的现状,茂业百货的优势则在于:

①茂业百货拓展空间大,并完全有通过拓展和深化经营获取领导地位的机会。可以充分利用知名度增强品牌感召力(消费层次与社会地位成正比),能得到更多有效的支持,做到更强。

②茂业百货拥有高品质、多选择的品牌商品,并具有百货商场消费便利、统一管理、统一经营、统一规划等优势,又兼具购物中心商业互补、休闲舒适、配套齐全、单体成市的优点,充分彰显了其新型百货公司的特点。通过综上市场分析,在春节来临之际茂业百货将举行迎新促销活动,促进消费者购买欲望,增加销售量。

四、促销方案

1.促销活动目的

刺激消费者购买欲以促进换季产品的销量达到较理想的销售业绩。

2.促销目标对象

目标人群:中高档消费者。

3. 促销活动主题

主题:欢喜购物迎国庆,齐家同贺旺财年。

4. 促销活动地点

地点:重庆茂业百货大楼。

5. 促销活动时间

时间:2013 年 10 月 1—7 日。

6. 促销方式

(1)"欢乐 T 台秀,乐透迎新年"

针对时尚女装及品牌男装,如艾尔玛丝、耶尼尔、Basic Hous、VERO、Teenie、思维雅、太平鸟等品牌参加商场门口的 T 台秀,聘请模特对我们的服装专业地展现,彰显服装魅力,从而刺激消费者的购买欲,完成购买过程。同时,也树立自己的品牌,树立品牌形象,走出自己的个性。

(2)"玩转游戏,豪礼派送迎新年"

针对某些商品可进行配送礼品,即吸引顾客的方式。凡每天购买商品满 100 元的前 50 名均可参加,游戏"蛇年拼图大赛"以两人为组合,可以是情侣或父母与孩子或朋友,拼"蛇"或有蛇的图案,比谁拼得快,凡在规定时间内完成拼图的,并且拼得最快的前三名再各奖励 200 元消费券。另外,凡参加者均赠送一份价值 5 元的小礼物。

(3)"噼里啪啦迎新年,超值奖品任你拿"

凡在商场内购买商品满 200 元,可通过购物小票到卖场指定区域获取扎气球获好礼的机会。凡满 200 元可扎破气球一个,在气球内藏有奖券。满 400 元扎两个,以此类推,单张小票限扎 10 个。奖券设置:奖券为即刮即开型,100% 中奖,奖品可以为实物商品或消费券。

一等奖:在奖券上标有 5 个商场徽印,2 名,奖品为价值 500 元的礼品或消费券;二等奖:4 个徽印,5 名,奖品价值为 300 元;三等奖:3 个徽印,10 名,奖品价值 200 元;四等奖:2 个徽印,20 名,奖品价值 50 元;五等奖:1 个徽印,25 名,奖品为价值 10 元。

(4)"新年惊喜换购价"

$2\,011 = 200 + 11 = 2\,000 + 11 = ?$ 购物满 200 元,加 11 元可换购价值 21 元的商品;购物满 2 000 元,加 11 元可换购价值 110 元的商品(换购商品可为一些实用性商品,如吉祥蛇、手套、化妆品等)。

操作说明:凭购物小票到服务台一侧换购商品,并在小票上盖章以示无效。如某商品已换购完,可用同价值商品替换。

(5)"VIP 会员,至尊独享"

为感恩商场的 VIP 顾客长期以来的支持,VIP 购物即可享受双倍积分,若当日购物满 2 000元,更可享受高达 3 倍的积分,换取更多茂业购物礼券,尽享尊贵权益。

凡当日购物满积分 2 000 分,即可获赠价值 188 元多达围巾一条与您共度寒冷一冬。

凡当日累计购物满积分 3 000 分,即可获赠价值 288 元茂业特别为您定制的精致化妆包一个,与您共赏丽人时尚。

凡当日累计购物满积分4 000分,即可获赠价值388元玫琳凯化妆品一套,与您共鉴亮丽人生。

7.促销活动宣传设计

(1)促销活动宣传策略

①广告坚持真实性、感召性、简明性和针对性。

②可以运用广泛的广告形式,进行促销活动宣传。

③运用场地活动的宣传。

④可以在网络上发布相关促销活动的消息,把顾客引进卖场。

(2)促销活动宣传方式

①在茂业百货的每个入口以POP或KT版组合展示宣传,使广告语更加醒目,对进入茂业购物的顾客进行导向。

②海报宣传:茂业百货入口处贴一张大海报,列出优惠项目,在价格上实施数字战略,利用尾数为8或9这类数字,以及赠品等物品附图,海报用刺眼颜色(如黄、红)。在沿途通向销售卖点的地上贴上趣味性图标和一些特色商品引起购买欲,并一步步接近卖点。

8.促销流程及部门安排

(1)负责传真活动联系函至各商户,与商户洽谈各项配合事项,春节黄金周希望商户能够在优惠措施、礼品方面大力度支持,达到国庆期间较好的销售业绩(洽谈时间为:15—20日),保证90%的专柜参加节日特惠活动,租金专柜由自己承担优惠金额。

(2)要求参与活动的专柜必须准备50份节日礼品,确保真实。

(3)30日下午之前必须分析整理一份商品组合、款式和较畅销的商品价格明细表提交策划拍照(商品必须是最时尚、经典的25个单品)。

(4)营运负责整个活动的具体组织实施,督促各专柜于22日前做好商品的进货、补货、DM商品的陈列,跟踪商品特价与现行POP及时到位,负责对营业员本次活动细则的培训。

(5)协助行政在专柜奖品的借用。

(6)30日必须完成VIP会员免费领取商品的洽谈(专柜赞助、数量详见费用处)。

(7)电脑收银必须在31日前对收银进行活动相关培训,以免给顾客解释时出错。

策划负责本次活动的宣传推广、DM设计投放、现场POP、展板、外墙广告、短信稿、广播稿、拼图板的设计和制作、模特的联系、气球内奖品的装置、跟踪DM商品陈列和整个活动。

工程部:31日完成气球的摆放,31日晚上与防损部协作挂好国庆吊旗。

财务部:31日完成奖品的审购。

行政部:31日下午必须准备照相机1台,拍摄照片用做宣传海报。

31日之前要营运协助完成奖品的借用,以及所缺奖品的购置。

31日安排人员搭建T台。

31日安排门厅模特走秀。

10月1日至1月7日的拼图和扎气球要各安排两名人员,活动期间其他日期每天要安排1名人员派送礼品。

9.活动预算

A3DM 10 000 份	2 500 元
DM 直投 10 000 份	1 000 元
外墙广告	1 500 元
外墙展板	200 元
PP 胶(3 张)	30 元
T 台秀	2 000 元
拼图(5 副)	20 元
气球	200 元
小礼品	150 元
手套	50 元
吉祥蛇	50 元
化妆品	110 元
围巾	180 元
经典单品	100 元
合计	8 090 元

10.预期效果

通过迎国庆所开展的各项促销活动,能够提高商场各商品的销售量,获得可观的收益,提高营业额,更能提高各品牌在消费者心中的形象。

11.注意事项

(1)及时记录每天的销售量和营业额,严格管理资金流量与会计账款。

(2)促销人员应当以最大的热情去促销,了解每一位顾客的需求,给顾客介绍最合适的产品,提供最细致最好的服务。

(3)在百货门口设点促销人员应注意礼仪,树立良好的形象。

(4)T 台四周应增添保安人员维护秩序以及安全疏通。

(5)增进安全措施如:增开安全通道,配备应急消防员,以防危险事故发生。

五、附件

亲爱的朋友,不好意思耽搁您几分钟,我们想请您帮助我们茂业百货做一下市场调查,望配合,谢谢!

1.商场的促销活动是否能引起您的关注?(　　　)

A.是　　　　　　　　B.否

2. 以下哪种情形比较符合您的消费习惯? (　　　)

    A. 只有商家促销时,我才购物　　　　　　　B. 促销商品是我购物的主要选择

    C. 商家是否促销,对我购物影响不大　　　　D. 比较反感商家促销

3. 如果您知道商场有促销活动,您会? (　　　)

    A. 总会去看看　　　　　　　　　　　　　　B. 商场促销力度大就去

    C. 自己有时间就会去　　　　　　　　　　　D. 肯定不去

4. 您消费的变化与商场的促销形式或力度有关吗? (　　　)

    A. 主要就是这个原因　　B. 多少有些影响　　　C. 没有影响

5. 如果遇到您不需要的服饰在折价促销,您会? (　　　)

    A. 反正促销,会买　　　B. 有适合的服饰,就先买着

    C. 不理会

6. 与去年国庆促销活动相比,您的消费? (　　　)

    A. 大幅增加　　　　　　B. 有所增加　　　　　C. 基本持平　　　　　D. 减少

7. 在国庆促销活动的前提下,您对服装类商品支出的金额? (　　　)

    A. 200 元以下　　　　　　　　　　　　　　B. 200 ~ 400 元

    C. 400 ~ 800 元　　　　　　　　　　　　　D. 800 元以上

8. 商家以下哪种促销方式您最喜欢? (　　　)

    A. 价格折扣　　　　　　B. 返现金券,购物券　　　C. 附送产品　　　　　D. 其他

9. 对于促销活动,您的看法是? (　　　)

    A. 很喜欢,觉得值得　　　　　　　　　　　B. 还好,可以省下一笔钱

    C. 无所谓,商家经常促销　　　　　　　　　D. 感觉不大可信

复习思考题

1. 广告策划的运作过程是怎样的?

2. 公关企划的策略有哪些?

3. 讲述营销推广策划的方式。

4. 简述人员推销的主要任务。

案例分析

农夫山泉:以攻代守

在饮用水市场上爆发了天然水和纯净水之争。在"水战"爆发之前,面对纯净水企业娃

哈哈和乐百氏在水市场上的逼人攻势,以及法国达能在中国市场合纵连横的庞大手笔,位居瓶装水市场第三的农夫山泉事实上已被逼到了角落。单纯防守已无济于事,唯有主动进攻。

这场"水战"的起步手法可以总结出农夫山泉的5大策略:

一、紧跟策略

农夫山泉采取了一种类似"王朔骂鲁迅"的做法,借船出海,借势成名。它先推出一组纯净水和天然水的对比实验,再郑重指出:为了人类的健康,我们不生产纯净水了,只生产天然水。这样一来,在纯净水占了绝对优势的中国水市场,它就显得卓尔不群。借力打人是武术中的最高境界,也是商战中的必修科目之一。

二、轰动效应

能不断制造一些新闻是企业提高知名度的重要方法之一,农夫山泉也是这样。这次单方面停止生产纯净水是新闻,推出"小小科学家",让小学生养金鱼那是"科普"新闻,而不断召开新闻发布会、恳谈会是新闻中的新闻。甚至致函全国食品工业标准化委员会,限其7日内对天然水的问题给予答复,等等。

三、广告战

农夫山泉的运作被称为三高模式——高定价,高广告,高利润。在中央电视台各个频道的广告,对悉尼奥运会的中国体育运动代表团的赞助,全年算下来,仅广告费投入就达8 000万元。

四、概念战

这应该是一种较为巧妙的战术,其高明之处在于开辟了"新战线",而在这个新领域里又没有人能与之竞争。据统计,在天然水(矿泉水)的排名中,农夫山泉已居第二位。

五、暗示效应

农夫山泉在这方面表现出天才般的水准,它的广告词是"有点甜"。真的甜吗?其实这是心理暗示在起作用。

从2000年4月24日宣布不再生产纯净水,5月26日在成都拉开全国性对比试验的序幕,到6月与纯净水企业联盟的正面较量,8月的全面降价,再到9月奥运赞助战略的展开,农夫山泉一气呵成,牢牢站稳了瓶装水市场老三的位置。虽然它对纯净水市场的猛烈攻击使得它彻底"自绝"于绝大多数瓶装水企业(6月进京告状的6家主流企业就代表着60多家水企业),但市场的决定力量毕竟是消费者,而非同行。更何况,养生堂终于能借农夫山泉实现企业转型了。

"水战"之前的养生堂的处境是:国家药品监督管理局发出的"关于开展中药保健品整顿工作的通知"中明确指出,至2001年1月1日止,国家将公告被撤销批准文号的保健品名录,所有在名单上的品种从当日起将不得再生产,2002年元旦起不得在市场上流通。2002年12月31日前,各省"健"字号保健品全部撤销,2004年元旦起不得在市场上流通。养生堂的当家产品其实是龟鳖丸和以女性为销售对象的朵尔,两者均为健字号产品,都将面临重大抉择。农夫山泉不能尽快立足的话,养生堂将前途难料。

虽然在农夫山泉挑起争论之前,已经有许多科学家对纯净水问题提出过尖锐的质疑,但最后都不了了之。专家们"说话不算数"是因为没有钱。据说,国家有关部门用于饮用水的科研经费只有区区 10 万元,专家们不可能做出什么像样的实验,缺乏严谨的实验和充足的证据,使得专家们的意见每次都变成了空谈。农夫山泉清楚看到了这一点,它相信以巨资开路,这次的争论将会彻底让纯净水阵营从攻势变为守势。只要纯净水对自己的挤压减轻,它就将和天然水市场一起成为瓶装水市场最大的赢家。

事实上,当"水战"在成都正式打响后,虽然遭遇了成都纯净水企业预料之中的抵抗,但"水仗"毕竟开始使当地矿泉水销势大幅上升,且市面上突然新增了至少 30 个品牌的矿泉水。而一些所谓新品牌矿泉水的开发商,居然就是一直与矿泉水"势不两立"的纯净水生产商。

农夫山泉显然没有能力扮演纯净水市场的终结者,但这也许根本就不是它的目标。与其说它在攻击,倒不如说它一直在处心积虑地防守。

思考:

1. 在竞争激烈的中国水市场中要想提高市场占有率,你认为应该采取哪些营销策略?
2. 读了这则案例,你有什么体会?

实训项目

1. 实训主题

制定××公司汽车产品促销策划活动。

2. 实训内容

(1)了解竞争对手的促销方案及促销方式。

(2)根据当地情况以及背景资料选择本企业的促销手段。

(3)制定促销策划方案。

3. 实训组织

(1)选定阶段:考虑本企业汽车产品与竞争对手的产品之间的差距。

(2)调研阶段:调查同类汽车产品,制定调查问卷,街头拦截被访者,资料查询。

(3)分析阶段:分析可行性,撰写策划案。

4. 实训考核

以小组为单位撰写策划方案。提交 PPT 演示文稿,各小组选代表宣讲,全班交流,教师点评。

项目 10　营销策划文案

【教学目的与要求】
1. 理解营销策划书。
2. 了解营销策划书的作用与编制原则。
3. 掌握营销策划书的基本格式和撰写技巧。

【引导案例】

某品牌 PDK-T20 型达发饮水净水消毒器广告推广策划书

目　录

正　文

一、导语

PDK-T20 型达发饮水净水消毒器推广广告策划，重在突出"普通家庭必备的保健用品"的宣传热点，其广告对象主要指向广州地区普通市民用户及饮用水单位等早期使用者。第一阶段广告目标为创立品牌，实现知名度。广告应实现的目标，是创造出消费者为健康而产生的必要的消费要求。整个广告重点放在开拓市场上，广告系列以"告知"为策略，使用组合媒体实施发布，促进销售。

二、产品分析

1. P(净化)、D(消毒)、K(杀菌)

本产品集净化、消毒、杀菌于一身,且能软化水质,并一次性过滤完成,是只具有净化功能的过滤水器难以企及的。

2. 结构工艺科学先进

本产品内部结构工艺采用药物介质,所以不但能净化水,而且能起杀掉病毒(肝炎、大肠杆菌、伤寒、痢疾杆菌)、有害物质(氯化物、工业溶剂、农药)和清除大部分重金属(砷、铬、镉、铅、锌)及除去致癌物质(亚硝酸银,并去除异臭、异味)。这比起只能净化水质的一般滤水器以载溴或载磺的活性炭为介质先进、科学、安全得多,效能大得多。

3. 价格便宜

价格只相当于国内一般滤水器价格或同类进口产品的1/4。长期使用,只需要定时更换药物介质的过滤芯而已。

4. 制件标准化

能直接安装配套在家用水龙头上,且体积小、轻巧方便。有与现代厨房器具配套的豪华漂亮外观,安装简单,操作简便。

5. 节省燃料支出

使用一个药物介质滤芯,以 T20 型为例,可过滤饮用水(可满足一家 3 口 10 个月以上用水),为家庭节能,减少燃料费开支。

6. 军用转民用的神秘性

此产品技术原为军工科研成果。众所周知,传说在中越自卫还击战中,在"猫耳洞"中的我军战士使用的"魔笛"(吸用恶劣水质的野地水而不受感染病菌),便是这一产品的前身。先进军工科技使 PDK 达发颇带点神秘性,易诱发消费者的信任感和崇拜感。

7. 出口转内销的印象好感

此产品墙内开花先在墙外香,在外销时大受消费者欢迎,现在转入国内市场推出,这种先外后内,极易做成产品的品位好印象。

8. 符合国家国际标准水质要求

产品经防疫部门鉴定和第一军医大学测定通过,有翔实权威测定鉴定报告书,符合以下两个文件要求:《中华人民共和国生活饮用水卫生标准》《世界卫生组织生活用水建议值》。

由此,归纳 PDK 达发的特点是:物美价廉的具有净化、消毒、杀菌功能的最新、最先进的滤水装置。最突出的产品个性是:净化消毒和杀菌一次性完成——PDK。

三、市场分析

1. 市场需求

(1)广州地区近年来频频发出自来水水源水质遭受污染的警报。

（2）广州人口最稠密的老城区，自来水地下输水管道历史悠久，已呈老化。饮食用水在漫长的输送过程中存在二次污染危险。

（3）随着人们生活水平的提高，对水的质量要求越来越高。

2. 市场研究

由于以上的市场需求，也曾启动过滤水科技产品的蜂起和竞争，但目前市场上的滤水装置产品，一般的仍只停留在"净水"功能上，或"矿化""磁化"添补上。能与 PDK 达发竞争的同类对手产品只有"AA"和"BB"。"AA"是两用滤水功能，既可供原水，又可供滤水，但却用机械阀调节，易产生肉眼看不到的渗漏，造成原水和滤水的混乱。"BB"在上海市场投入，却并非以家庭为主。由此可见，在广州地区这个市场上，由于：①强化了净水消毒杀菌（PDK）功能的一次性完成；②唯一的过滤用法，保证每滴水都经过处理；③广州人生活水平较高，讲究饮食文化，同时健康身心的需求强烈，厨房文化开始萌生，使用器具既求实用又求美观（豪华）；④产品价钱便宜，安装方便。所以，PDK 达发更易为广州消费者接受。

四、广告策略

1. 广告产品定位

产品在市场上的价值、定位应从消费者心理需求的最大满足出发，应使消费者对 PDK 达发的个性有足够的重视程度。那么，定位应使用"功效定位法"为主，并辅以"市场定位法"。即：

（1）功效定位："保健用品"。

（2）市场定位："普通家庭"。

所以，PDK 达发产品定位设定为"普通家庭保健品"。

2. 广告产品策略

在广州市场，PDK 达发无疑是处在产品生命周期的引入期，其广告产品策略应确立为：

（1）广告阶段：初级阶段。

（2）广告目标：创品牌，让社会、市场认识"集 PDK 于一身"的达发。引导消费者为保身心健康使用 PDK 达发必要性的认识。

（3）广告战略：开拓市场，特别是广州市场。

（4）广告策略：重在告之。向消费者告之 PDK 达发的品牌与其保证健康的原因，加以展示（示范其构造、工艺物质）。

（5）广告对象：普通的市民家庭和餐饮单位，特别是早期使用者、试用者。他们可能是：具备起码保健常识的家庭购物决定者，曾是传染病感染受害者，关心自己的健康者，家有老人、小孩者，以及标榜卫生条件好的饮食业，等等。

（6）广告媒体策略：运用多种媒体组合，做同一主题内容的广告，这样比较有利于运用多种媒介宣传统一的广告内容，能迅速提高消费者对产品的认知度，达到创品牌目标。

五、广告主题

从广告决策与产品个性及消费者需求结合出发,统一的广告主题拟定为——"进入每个家庭,保证每一个人的健康"。

六、广告媒体实施计划

使用组合媒体同时实施发布。

1.新闻发布会

利用舆论媒介的权威性与可信度,迅速传递 PDK 达发进入市场的信息,新闻发布会策划如下:

(1)邀请各新闻单位。尤以"三报两台",即以《羊城晚报》《南方日报》《广州日报》与广东(广州)电视台、广播电台为主。

(2)邀请舆论权威做肯定宣传。如请防疫部门负责人,专家,保健医生,传染病、肠胃病、儿科医生,环保专家,儿童福利工作者,中小学幼教部门负责人出席。选择舆论权威应尽量注意客观性和公益代表性,以增加产品信任度和产品的社会效应。

(3)厂家研制者介绍产品开发的科技原理和制作工艺先进性,展示产品构造并作现场安装,发布内容强调:

①先进科技,军工背景。

②先出口后内销的先入为主感。

③和一般净水器迥然不同,和同类产品拉开的优越差距。

④在不得罪自来水公司和环保部门前提下,强调二次污染以及水质复杂的危险性。

⑤价格便宜,适合普通大众消费水平。

⑥切实许诺售后一条龙服务。

(4)宣传企业和产品为保障人民健康而尽力的形象。

(5)赠送产品,鼓励来者试用(留下地址,上门安装)。

2."软性"广告

软性广告给消费者感觉更加真实、自然、容易接受。

在《羊城晚报》《广州日报》《南方日报》等生活专栏,刊登如《"神笛"的故事》等有情节的文章、科普文章等,诱发消费者的好奇心和好感。

3.POP(现场售点广告)

新科技产品,消费者特别担心可信度,家庭日用品又特别重视安装、维修、寿命诸问题的咨询。POP 是"做到终点的广告",是做到消费者手上的广告,作为进入市场的"陌生人"——PDK 达发有必要更多地在 POP 中接近消费者。

(1)在商场橱窗或大厅或售点柜台或推销点播放广告片录像。此广告宜为系列性:

①版本为在常规媒体中播放过的广告片。

②版本为 2~3 分钟的详细产品介绍,以及与一般净水器功能比较展示,可以图示或卡通的形式介绍,以理性诉求为主。

③版本为更详尽的此产品的源起、研制、军工试用资料录像,制造流程,使用方式,安装、维修、换件方法,以及鉴定材料、数据显示等内容。

以上 3 版本宜连续反复播放,如因预算所限只择一条,则以第 2 版本为宜。

(2)组织推销员现场推销、展示

①推销劝说内容重点:

A.水质担忧。

B.PDK 达发的优越个性。

C.健康的重要性。

D.产品的价格优势。

E.售后服务的优良。

②推销示范要求:

A.灵活拆卸展示内部结构。

B.迅速示范安装,教会更换药物介质过滤芯。

C.推销员主动示范饮经过过滤的自来水等。

③推销摆设道具:

产品说明书、效果测定水质含量比较表(重点揭示细菌总数和大肠杆菌总数),以及各级防疫卫生部门、科研机构鉴定影印件。

(3)销售点张贴悬挂海报印刷广告

4.常规媒体广告

(1)印刷广告

印刷广告有宽松弹性篇幅,可以容纳新产品所需要的较详细信息。

提示:报纸广告应图文并茂,以文为主,版面简单清晰。可考虑分点罗列产品个性特点,勿忘售后服务许诺的资料。

广告的标题(海报)要突出,"保健"的主题要鲜明。版面要突出产品外观写实摄影彩照,以及分拆出来可更换的药物介质过滤的实物照,整组照片透露出轻盈豪华美观的风格。可不用模特或其他的衬托,整幅海报力求画面整洁,底色以冷色调的天蓝色渐变过渡到白色,使人陡增清新、净洁、明丽、纯洁、怡静的联想,富有诱惑力。

(2)电视广告

电视广告中的创意表现如下:

①理性诉求是卡通和图解展示产品个性长处。

②感性诉求广告类。

A.以家庭卫生教育感化(创意显示)：

a.母亲对运动完后大汗淋漓的儿子随便喝自来水的惊讶和反对。

b.带点神秘状的父亲魔术般地及时装上 PDK 达发。

c.母亲转忧为喜，转怒为笑。

d.儿子开怀大喝状。

e.父亲含蓄微笑，皆大欢喜。

B.家庭卫生氛围渲染(创意显示)：

a.现代化厨房环境。

b.主妇在装有 PDK 达发净化器前使用表演。

c.旁白(内容：自从有 PDK 达发能解后顾之忧的解说)。

d.小儿缠膝想要拧 PDK 达发开关，父亲近前深情地亲吻。

e.合家一派幸福、温情、陶醉状。

C.警吓式严重后果冲击(创意显示)：

a.家中(或在大排档)进食。

b.大人、小孩感染疾病。

c.救护车鸣叫飞驰。

d.医院走廊匆匆脚步。

e.化验室紧张肃然气氛。

f.急诊室外的长椅上，家属恐惧惊骇的神色。

g.口罩上化验员冷峻的眼光盯着举起的试管。

h.医生手中化验单上"大肠杆菌"之类的红字。

i.病床上病人的辗转呻吟。

j.医生(做主持人)手持 PDK 达发作严肃的推荐。

(3)广播广告(电台广告)。

可以考虑适量的广播(电台)广告，广告词提示：短促有力，对消费者有强烈的刺激，有足够的鼓动性，品牌的多次重复。广告时间提示：早、中、晚备餐时间发布。

七、广告文稿设定

组合媒体均可在如下广告文稿中选择。

1.广告标题

(1)"何止净水这么简单。"

(2)"想健康，快把'达发'装。"

(3)"达发净水消毒器，是你健康的保证。"

(4)"一箪食，一瓢饮，达发净水消毒器，万家乐，乐万家。"

(5)"金猴奋起千钧棒,达发澄清万户流,达发净水消毒器是你增强健康的保证。"

(6)"保证每一滴水都得到过滤。"

2.广告口号

拟可用,或不用,或与标题同一(即亦以此口号作标题)。供选择:

(1)"您想全家都健康,为什么不从现在就开始使用达发净水消毒器?"

(2)"想要得到健康,快把'达发'装。"

(3)"不装'达发'的厨房,不是合格(卫生)的厨房。"

(4)"水喉装达发,全把细菌杀(粤语)。"

3.广告正文根据各媒体广告另拟(略)。

八、广告效果测定

1.广告效果测定

为检查广告决策和监督实施,也为改进第一阶段设计,提高第二阶段信心,有必要在第一阶段广告结束后进行效果测定。

2.测定办法

(1)销售效果测定。第一阶段广告周期结束后销售量增加率。

(2)广告传播效果测定。可用销售点前随机抽样回答或测试消费者对广告的理解度和记忆度、产品的知名度、消费心理的变化、购买预期等。

(改编自潘小珍、李艳娥等《新营销策划》,中山大学出版社,2009年3月)

九、广告预算(略)

任务1　营销策划书的内容与结构

10.1.1　营销策划书概述

1)营销策划书

当营销策划的构思过程基本完成,接下来的工作就是将营销策划的内容和实施步骤条理化、文字化,也就是撰写营销策划书。

营销策划的最终成果将在策划书中体现出来,因此,营销策划书的撰写具有重要意义。营销策划书是全部营销策划的结构化成果,是未来企业营销操作的全部依据。有了一流的策划,还要形成一流的策划书,否则优秀的策划就得不到完整的反映,或者会使营销策划的内容难以被人理解。

2）营销策划书的编制原则

为了提高营销策划书撰写的准确性与科学性,在撰写营销策划书时要注意以下几个主要原则:

（1）实事求是、科学发展的原则

由于营销策划书是一份执行手册,因此必须务实,方案要符合企业条件的实际、员工操作能力的实际、环境变化和竞争格局的实际等。这就要求在撰写营销策划书时一定要坚持实事求是、科学发展的态度,在制订指标、选择方法、划分步骤的时候,要从主客观条件出发,尊重员工和他人的意见,克服自以为是和先入为主的主观主义,用全面、本质、发展的观点观察、认识事物,分析研究问题。

（2）严肃规范原则

写作营销策划书时,一定要严格地按照策划书的意图和科学程序办事。营销策划书是策划人员依据策划的内在规律,遵循操作的必然程序,严肃认真,一丝不苟,精心编制而成的。所以,在撰写营销策划书的过程中,切忌置科学程序于不顾,随心所欲地粗制滥造。严肃性原则还表现在:一个科学合理的营销策划书被采纳之后,在实际操作过程中,任何人都不得违背或擅自更改。

（3）逻辑思维原则

策划的目的在于解决企业营销中的问题,应按照逻辑性思维的构思来编制策划书。首先是设定情况,交代策划背景,分析产品市场现状,再把营销策划的目的全盘托出;其次是在此基础上进行具体策划内容的详细阐述;再次是明确提出方案实施的对策。

（4）简洁朴实原则

要注意突出重点,抓住企业营销中所要解决的核心问题,深入分析,提出可行性的相应对策,针对性强,具有实际操作指导意义。

（5）可操作原则

编制的策划书要用于指导营销活动,供指导性涉及营销活动中每个人的工作及各环节关系的处理,因此,其可操作性非常重要。不能操作的方案创意再好也没有任何价值。

（6）创意新颖原则

新颖的创意是营销策划书的核心内容。营销策划方案应该是一个"金点子",也就是说要求策划的"点子"与众不同、内容新颖别致,表现手法也要别出心裁,给人以全新的感受。

10.1.2 营销策划书的格式与内容

营销策划书没有一成不变的格式,它依据产品或营销活动的不同要求,在策划的内容与编制格式上也有所差异。但是,从营销策划活动的一般规律来看,其中有些要素是共同的。营销策划书的结构一般情况下与营销策划的构成要素(内容)保持一致,这样可以提高营销策划书的制作效率。营销策划书的基本结构如表10.1所示。

表 10.1　营销策划书的基本结构

策划书的构成	要　素	特　点
封面	策划书的脸	脸面形象
前言	前景交代	前景交代
目录	一目了然	一目了然
概要提示	要点提示	思路与要点
环境分析	策划的依据和基础	依据和基础
机会分析	提出问题	提出问题
战略及行动方案	对症下药	对症下药
营销成本	计算准确	计算准确
行动方案控制	容易实施	容易实施
结束语	前呼后应	前后呼应
附录	提高可信度	提高可信度

1)封面

封面是营销策划书的脸,就像一本杂志一样,阅读者首先看到的是封面。因此,封面能产生强烈的视觉效果,给人们留下深刻的第一印象,从而对策划内容的形象定位起到良好的辅助作用。因此,给营销策划书配上一个美观的封面是绝对不能忽视的。封面的设计原则是醒目、整洁,切忌花哨,至于字体、字号、颜色,则应根据视觉效果具体考虑。策划书的封面可提供以下信息:策划书的名称、被策划的客户、策划机构或策划人的名称、策划完成日期及本策划适用时间段。封面制作的要点如下:

(1)标出策划委托方

如果是受委托的营销策划,那么在策划书封面要把委托方的名称列出来,如:××公司××

策划书。

（2）取一个简明扼要的标题

题目要准确又不累赘，使人一目了然。有时，为了突出策划的主题或者表现策划的目的，可以加一个副标题或小标题。

（3）标示日期

日期一般以正式提交为准。因为营销策划具有一定的时间性，不同时间段上市场的状况不同，营销执行效果也不一样。

（4）标明策划者

一般要在封面的最下方标出策划者，如果策划者是公司则须列出企业全称。

2）前言

前言需要简要说明策划的性质，其作用有两个：一是对营销策划书的内容作高度概括性的表述；二是引起阅读者的注意和兴趣，使其产生急于阅读正文的强烈欲望。前言的文字以不超过一页为宜，字数可控制在 1 000 字以内。前言主要内容有：

（1）简要交代接受营销策划委托的情况

如"××公司接受×××公司的委托，就 2016 年度的广告宣传计划进行具体策划"。

（2）进行营销策划的原因

即将营销策划的重要性和必要性表达清楚。

（3）策划的概况

即策划的主要过程和策划实施后要达到的理想状态。

3）目录

目录的作用有两个：首先，可使营销策划书的内容结构一目了然。其次，可方便阅读者对营销策划书的阅读，十分方便地查找到营销策划书的相关内容。

如果营销策划书的内容篇幅不长，目录可以和前言同列一页。列目录时要注意的是：目录中所标的页码不能和正文的页码有出入，否则会增加阅读者的麻烦。尽管目录位于策划书中的前列，但实际的操作往往是等策划书全部完成后，再根据策划书的内容与页码来编写。

4）概要提示

概要提示是对营销策划书的总结性陈述，其目的是使阅读者对营销策划内容有一个非常清晰的概念,便于阅读者理解策划者的意图与观点。通过概要提示可以大致理解策划内容的要点。

概要提示的撰写同样要求简明扼要,篇幅不能过长,但不是简单地把策划内容予以列举。

有的概要提示是在制作营销策划书正文前确定,这样可以使策划内容的正文撰写有条不紊地进行,从而能有效地防止正文撰写的离题或无中心化。有的概要提示是在营销策划书正文结束后确定。这样简单易行,只要把策划内容归纳提炼就行。

5)环境分析

营销策划以环境分析为出发点,环境分析是营销策划的依据与基础。环境分析包括外部环境与内部环境两个方面。

环境分析应遵循明了性和准确性原则,明了性是指列举的数据和事实要有条理,使人能抓住重点;准确性是指分析要符合客观实际,不能有太多的主观分析。

对同类产品市场状况、竞争状况及宏观环境要有一个清醒的认识。它是为制定相应的营销策略,采取正确的营销手段提供依据的。"知己知彼,方能百战不殆。"因此,这部分内容需要策划者对市场比较了解,环境分析的主要内容包括:

(1)当前市场状况及市场前景

①产品的市场性、现实市场及潜在市场状况。

②市场成长状况,即产品目前所处市场生命周期的阶段,公司营销的侧重点,相应营销策略效果,以及需求变化对产品市场的影响等。

③消费者的接受性,这一内容需要策划者凭借已掌握的资料分析产品市场发展前景。

(2)产品市场影响因素

主要影响产品的不可控因素,如宏观环境、政治环境、居民经济条件、消费者收入水平、消费结构的变化、消费心理等,对一些受科技发展影响较大的产品,如计算机、家用电器等产品的营销策划还需要考虑技术发展趋势方向的影响。

6)机会与威胁分析

对环境分析的目的是为了规避环境威胁,把握企业机会。一些篇幅较小或营销策划内容单一的营销策划书中,环境分析与机会分析往往合二为一,成为一个整体。

机会分析是在环境分析的基础上归纳出企业的机会与威胁、优势与劣势,然后找出企业存在的真正问题与潜力,为后面的方案制定打下基础。

营销方案是对市场机会的把握和策略的运用,因此,分析市场机会,就成了营销策划的关键。只是找准了市场机会,策划就成功了一半。

机会分析主要包括以下两部分:

(1)针对产品目前营销现状进行问题分析

一般营销中存在的具体问题,表现为多方面,如:

①企业知名度不高,形象不佳,影响产品销售。

②产品质量不过关,功能不全,被消费者冷落。

③产品包装太差,提不起消费者的购买兴趣。

④产品价格定位不当。

⑤销售渠道不畅,或渠道选择有误,使销售受阻。

⑥促销方式不合适,消费者不了解企业产品。

⑦服务质量太差,令消费者不满。

⑧售后保证缺乏,消费者购后顾虑多。

(2)针对产品特点分析优、劣势

从问题中找劣势予以克服,从优势中找机会,发掘其市场潜力。分析各目标市场或消费群特点,进行市场细分,对不同的消费需求尽量予以满足,抓住主要消费群作为营销重点,找出与竞争对手差距,把握和利用好市场机会。

7)营销目标

营销目标是在前面目的任务的基础上公司所要实现的具体目标,即营销策划方案执行期间,经济效益应达到的目标如总销售量、预计毛利、市场占有率等。

8)战略和行动方案

这是策划书中最主要的部分。在撰写这部分内容时,必须非常清楚地提出营销宗旨、营销战略与具体行动方案。与治病一样,营销策划在制定营销战略及行动方案时,"对症下药"及"因人制宜"是两条最基本的原则。特别要注意的是,避免人为提高营销目标以及制定出很难施行的行动方案。可操作性是衡量此部分内容的主要标准。在制定营销方案的同时,还必须制定出一个时间表作为补充,以使行动方案更具可操作性。此举还可以提高策划的可信度。

(1)营销宗旨

企业一般可以注重以下几个方面:

①以强有力的广告宣传攻势顺利拓展市场,为产品准确定位,突出产品特色,采取差异化营销策略。

②以产品主要消费群体为产品的营销重点。

③建立起点广面宽的销售渠道,不断拓宽销售区域等。

（2）产品策略

通过前面产品市场机会与问题分析,提出合理的产品策略建议,形成有效的4P组合,达到最佳效果。

①产品定位。产品市场定位的关键是在顾客心目中寻找一个合理空间,使产品迅速启动市场。

②产品质量功能方案。产品质量就是产品的市场生命。企业对产品应有完善的质量保证体系。

③产品品牌。要形成一定知名度、美誉度,树立消费者心目中的知名品牌,必须有强烈的创新意识。

④产品包装。包装作为产品给消费者的第一印象,需要能迎合消费者,采取使其满意的包装策略。

⑤产品服务。策划中要注意产品服务方式、服务质量的改善和提高。

（3）价格策略

可以从以下几个方面入手：

①合理的批零差价,调动批发商、中间商的积极性。

②适当数量折扣,鼓励多购。

③以成本为基础,以同类产品价格为参考,使产品价格更具竞争力。如果企业以产品价格为营销优势,则更应注重价格策略的制定。

（4）销售渠道

考虑产品目前销售渠道状况以及对销售渠道的拓展有何计划,采取一些实惠政策鼓励中间商、代理商的销售积极性或制定适当的奖励政策。

（5）广告宣传

①广告宣传的原则：

A. 服从公司整体营销宣传策略,树立产品形象,同时注重树立公司形象。

B. 在一定时段上应推出一致的广告宣传。广告宣传的商品个性不宜变来变去,因为变多了,消费者会不认识商品,反而使老主顾也觉得陌生。

C. 广泛化。选择广告宣传媒体多样式化的同时,注重抓宣传效果好的方式。

D. 不定期地配合阶段性的促销活动,掌握适当时机,及时、灵活地进行,如重大节假日、公司有纪念意义的活动等。

②实施步骤可按以下方式进行:

A.策划期内前期推出产品形象广告。

B.适时推出诚征代理商广告。

C.节假日、重大活动前推出促销广告。

D.把握时机进行公关活动,接触消费者。

E.积极利用新闻媒介,善于创造利用新闻事件提高企业产品知名度。

(6)具体行动方案

根据策划期内各时间段的特点,推出各项具体行动方案。行动方案要细致、周密、操作性强又不乏灵活性。还要考虑费用支出,一切量力而行,尽量以较低的费用取得良好的效果为原则。尤其应该注意季节性产品淡、旺季营销,则重点抓住旺季营销优势。

(7)策划项目行动时间表和有关人员职务分配表

在制定具体行动方案时,最好制定出行动时间表,标明各项行动的起止时间和责任人,写明策划所需物品及场地、策划所需的相关资料,使行动方案更加明确,更具可操作性,真正做到责任到人、人尽其职。

9)营销成本

营销费用的测算要有理有据,简单明了。营销费用测算表记载的是整个营销方案推进过程中的费用投入,包括营销过程中的总费用、阶段费用、项目费用等,其原则是以较少投入获得最优效果。对一些具体项目如电台广告、报纸广告的费用等最好列出具体价目表,如价目表过于细,可作为附录列在最后。在列成本时要明确区分不同的项目费用,做到醒目易读。

10)行动方案控制

作为营销策划方案的补充部分,行动方案控制应明确对方案的实施过程的管理方法与措施。对行动方案的控制的设计要有利于决策的组织与施行。在所有的方案执行中,都可能出现与现实情况不相适应的地方。因此,方案贯彻时,必须随时根据市场的反馈及时对方案进行调整。

方案实施从某种程度上说,其工作难度并不亚于对方案的策划,因为方案在实施过程中可能会碰到很多困难,出现一些意想不到的问题,需要付出艰辛的努力。因此,方案实施过程中要做好以下几方面工作:

(1)做好动员和准备工作

新营销方案的出台,往往牵一发而动全身,而且营销方案的实施需要把任务分解到企业的各相关部门去执行。因此,实施之前要做好动员工作,思想上高度重视,做到认识一致。同时,要做好相应的准备工作,如人员配备、设施添置、资金调度,以及对执行新业务人员的培训等。

(2)选择好实施时机

方案的实施要精心选择好时机,有的放矢,如策划的广告方案,在恰当的宣传时机推出,效果会更好,时机选择得准,往往能取得事半功倍的效果。而贻误时机,则有可能前功尽弃。

(3)加强实施过程的调控

在方案实施过程中,首先,要做好任务分解,落实人员,明确责任,熟悉业务操作规程和操作要求。其次,要加强协调。市场营销是一个有机联系的系统,如果企业部门之间,上下级之间协调不够,往往容易造成一处梗阻,全线瘫痪。再次,要加强检查和评估,检查方案的执行情况、实施进度等,如果发现方案设计中有不足,要及时对方案作必要的调整。

评估则是对实施效果的评估。效果的评估一定要深入分析,挖出原因。如果执行效果理想,达到了预期目的,则要注意总结经验,以利再战。如果执行效果不理想,甚至差距很大,就要客观分析效果不理想的原因:是方案制定的问题,如目的过高、措施不当,还是客观市场环境变化带来不可克服的障碍,或是方案执行不力,或实施时机选择不当等。找出原因,有针对性地解决问题。无论是对策划方还是企业一方来说,这都是必要的。它有利于不断提高策划水平,也有利于企业增强驾驭市场营销活动的能力。

11）结束语

结束语主要起到与前言的呼应作用,使营销策划书有一个圆满的结束,而不至于使人感到太突然。结束语中应再重复一下主要观点并概述策划要点。

12）附录

附录是策划案的附件,附录的内容对策划案起着补充说明作用,便于策划案的实施者了解有关问题的来龙去脉,附录为营销策划提供有力的佐证。在突出重点的基础上,凡是有助于阅读者理解营销策划书内容,以及增强阅读者对营销策划信任的资料,都可以考虑列入附录,如引用的权威数据资料、消费者问卷的样本、座谈会记录等。列出附录,既能够补充说明一些正文内容的问题,又显示了策划者负责任,同时也能增加策划案的可信度。作为附录也要标明顺序,以便查找。

营销策划书的编制一般由以上内容构成。企业产品不同,营销目标不同,则所侧重的各项内容在编制上也可有详略取舍。

任务2　营销策划书的撰写技巧

营销策划书和一般文章有所不同,它对可行性、可操作性以及说服力的要求特别高,因此,运用撰写技巧提高可行性、可操作性以及说服力,是策划书撰写的目标。

10.2.1　营销策划书撰写的技巧

为了达到营销策划书的撰写目标,在撰写营销策划书时应该注意以下技巧:

1）以理论为依据

要提高策划内容的可信性,并使阅读者接受,就要为策划者的观点寻找理论依据。事实证明,这是一个事半功倍的有效办法。但是,理论依据要有对应关系,纯粹的理论堆砌不仅不能提高可信性,反而会给人脱离实际的感觉。

2）举例印证

这里的"举例"是指通过正反两方面的例子来证明自己的观点。在营销策划书中,适当地加入成功与失败的例子,既能充实内容,又能增强说服力,可谓一举两得。这里要指出的是,举例以多举成功的例子为宜,选择一些国外先进的经验与做法,以印证自己的观点,效果将更加明显。

3）用数字来说话

营销策划书是一份指导企业实践的文件,其可靠程度如何是决策者首先要考虑的。营销策划书的内容不能留下查无凭据之嫌,任何一个论点均要有依据,而数字就是最好的依据。在营销策划书中利用各种绝对数和相对数来进行比照是绝对不可少的。要注意的是,数字需有出处,以证明其可靠性。

4）用图表来辅助

运用图表能有助于阅读者理解策划的内容,同时,图表还能提高页面的美观性。图表的主要优点在于有着强烈的直观效果。因此,用其进行比较分析、概括归纳、辅助说明等非常有效。图表的另一个优点是:能调节阅读者的情绪,从而有利于对策划书的深刻理解。

5）注意细节

细节决定成败，对于营销策划书来说细节仍然是十分重要的。一份策划书中错字、漏字连续出现的话，读者肯定不会对策划者抱有好的印象分。因此，对打印好的策划书要反复、仔细地校对，特别是对于企业的名称、专业术语等更应仔细检查。另外，纸张的好坏、打印的质量等都会对营销策划书本身产生影响，所以也绝不能掉以轻心。

10.2.2　营销策划书的版面设计

营销策划书视觉效果的优劣，在一定程度上影响着策划效果的发挥。有效利用版面安排，也是在营销策划书撰写的过程中所要引起重视的地方。

1）版面大小

营销策划书的印制纸张一般都应采用国际标准的纸张，如 A4，B5 等。特别是不要采用我国原来使用的 16 开、32 开这些规格的纸张，因为这些开本的页面，在以后进行装订、制作封面时，会遇到没有合适的设备与材料的问题。而且，与国外机构交往时，这类策划书也显得不符合国际惯例。

与一般的公文或普通文件排版相比，营销策划书的版心应设计得小一些，即页面边缘空白要留得多一些。这样不仅较为美观，而且便于利用它进行装帧美化，也便于阅读者进行批注。

2）标题格式与位置

各级标题要注意格式与位置的前后统一。不同级的标题可分别设计，以使版面活泼，更显得好看。标题的格式与位置要前后统一，便于读者知道论证和阐述的策划内容的逻辑关系，也显示出策划人员清晰的思路。

标题可以分为主标题、副标题、小标题等通过简练的文字，可以使营销策划书的内容与层次一目了然。

3）图片

图片在正文中安排，应该尽量做到放在与其内容相关的文字附近，并且应该加上图片的编号和说明文字。对于对开形式装订的策划书，则可以放在对开时的偶页上，以方便读者阅读，而不会因为来回寻找图片和对应的文字而心生不快。

4）页码、页眉的设计

营销策划书一个可以画龙点睛之处是它的页码与页眉。它不仅可以起到记录页数的作用，更重要的是，它能够进行版面的美化和独特的装帧设计，使营销策划书的外观呈现出独特性和美观性。因此，应考虑做些艺术化的设计或处理。

在营销策划书的页眉处，一般应写上策划人的单位名称、策划书标题等内容，以进一步加深阅读者对营销策划书作者的印象。

5）版面装饰

营销策划书可以通过一些辅助性的装帧图片，使得营销策划书更加活跃，同时用一些强调或能够引起读者注意的特殊符号，将希望引起注意的内容突显出来。

总之，良好的版面可以使营销策划书的重点突出，层次分明。

10.2.3 营销策划书的完善

市场营销策划书的完善，就是对营销策划书进行通篇复查，对重点内容进行审核，以修正错误与不妥之处，提高营销策划书的质量。

1）营销策划书的校正

营销策划书撰写完毕后，要对其进行全面、仔细地校正，就是对营销策划书的内容、结构、逻辑以及文字等进行检查与修改。

在营销策划书校正完毕以后，要将营销策划书从头读到尾，进行最后的确认。通过这种方式来确认营销策划内容及其表现手法是否合适，营销策划书文字是否有错误。

2）营销策划书的装订

营销策划书的撰写、校正工作完成以后，还要对营销策划书进行装订。一份装订整齐美观得体的营销策划书，同样是使营销策划工作顺利推进的重要内容之一。

在装订营销策划书时要注意：营销策划书是否要分成若干册；各大部分之间是否要插分隔页；如果营销策划书内含彩色图片，则应考虑采用彩色复印；确定营销策划书的复印或印刷册数。

3）营销策划书的介绍

策划者完成营销策划书并非策划设计工作的结束，还有一项很重要的工作，就是向上级、同仁或顾客介绍营销策划书。这项工作决定了营销策划书能否被接受、采纳，决定了营销策划方案能否付诸实践。

阅读扩展

"稀世宝"矿泉水营销策划书的编制

一、第一步：市场调查与分析

1. 认识市场背景

(1) 饮料市场竞争激烈。饮料市场品种和品牌众多，市场推广投入大，利润薄。新品种、新品牌果汁、功能饮料不断涌现，饮料市场不断被切碎细分，瓜分着消费者的钱袋，挤占着饮料水的市场。

(2) 品牌繁多。饮料水分为纯净水(包括太空水、蒸馏水)和矿泉水两大类。全国有纯净水生产企业1 000多家，矿泉水生产企业1 000多家。在武汉市场，有纯净水29种，矿泉水21种。

(3) 纯净水各方面较矿泉水占上风。从广告宣传、营销水平、品牌号召力到消费者选择偏好，整体上矿泉水不敌纯净水。纯净水利用的客观优势是成本低廉，消费者现阶段对饮料水选择上的误区。

(4) 矿泉水前景良好，潜力巨大。在发达国家，饮用矿泉水才是讲健康、有品位的标志。世界知名水饮料品牌都是矿泉水，如法国"依云"。矿泉水在世界上已有近百年的悠久历史。我国消费者对矿泉水的认识有较快的提高，饮水已不仅仅是解渴，同时还追求对身体有益。

2. 认识竞争者状况

第一集团军：乐百氏、娃哈哈、康师傅，他们是领先品牌。

第二集团军：农夫山泉、怡宝、小黑子、获特满，他们是强势品牌；其他40余种水饮料是杂牌军，是弱势品牌。

第一名康师傅30.64%；

第二名乐百氏28.56%；

第三名娃哈哈15.74%。

3. 认识消费者状况

消费者已形成购买饮用水的习惯，经常购买者占48.89%，偶尔购买者占48.15%，只有2.96%的人从来不购买。年龄结构明显偏轻。

消费行为特征：重品牌，重口感，对矿泉水、纯净水概念模糊，但已有一部分消费者认识到，长饮纯净水无益，开始留意选择优质矿泉水了。

4. 市场潜量分析

武汉是四大"火炉"之一，饮料水销量极大。武汉市750万人，经常购买饮料水的人夏季日均购买1瓶(600 mL，1.20元)以上，销量是3.96亿。偶尔购买的人夏季周均购买1瓶，销量是 5 572.88 万。其他季节暂忽略不计,武汉市饮料水实际潜量至少为 4.5 亿元,即使再打 5 折也有 2 个多亿的潜量。

5."稀世宝"市场表现

(1)知名度、美誉度不高。在武汉,稀世宝原市场占有率仅 1.70%。消费者对稀世宝"不了解"者占 87.41%,"了解"者占 12.60%,品牌知名度为 16.20%。

(2)销量极低。2008 年共生产 1 700 吨,各地总销售额不足 400 万元,武汉地区年销售额仅 80 万元左右。

(3)"稀世宝"有特点,但表现不突出。

(4)"稀世宝"富硒特点区别于其他纯净水、矿泉水,但知者较少。

(5)售价高。在消费者不知是好水的情况下,价格缺乏竞争力。

(6)铺货工作很不好,购买不方便。

(7)包装设计极差,瓶贴显得陈旧,无档次,无品位。

(8)初步有品牌生存基础。

二、第二步:企业诊断

稀世宝矿泉水公司成立于 1992 年 10 月,生产地在湖北省恩施土家族苗族自治州建始县,1995 年产品试销,1997 年 3 月公司设立销售总公司,设计生产能力为年产 2 万吨。稀世宝上市已 3 年,市场占有率、美誉度、销售总量还处在一个很低的水平上。到底是哪些因素影响了稀世宝? 经调查研究,发现其主要问题是:

1.经营管理粗放随意。

2.人员布局失衡。

3.营销人才短缺。

4.无明确定位。

5.无市场调查,无广告宣传。

6.铺货工作极不到位。

7.营销乏术。

8.包装设计极差。

9.外部竞争环境恶劣。

三、第三步:营销战略规划

1.战略思路

旗帜鲜明地与纯净水划清界限,不打价格战,不与它一块走下坡路。大打功能牌,凸显稀世宝天然富硒价格,明晰消费者可获得的超值利益。向全社会倡导绿色健康的生活方式,传播科学、正确的消费观念,从而树立稀世宝健康高品位的品牌形象,并塑造一个对社会真诚负责,为人类造福而工作的企业形象。

2.战略步骤

(1)树立品牌,做地方老大。

(2)强化品牌,做中国矿泉水名牌。

(3)延伸品牌,做世界以硒为核心的绿色健康产业龙头。

3.战略部署

以武汉为大本营,以北京为北方重点市场,率先突破,稳住阵脚后,走向全国。

4.品牌形象定位

健康、活力与高尚品位。

5.产品功能定位富硒,保护视力

物以稀为贵。稀世宝矿泉水的稀缺资源是其中的矿物质硒,它是我国硒含量唯一达标的天然矿泉水,是国内仅有的硒、锶、低钠重碳酸钙三项矿物质同时达标的优质矿泉水。这是产品定位的重要依据,是实现价值垄断、竞争制胜的立足点。

怎样找到产品特性与消费者需求的吻合点呢? 硒有很多功效,抗癌、改善心脑血管疾病、保护视力等,只有保护眼睛、提升视力最符合水的身份和最适应水的消费心理,消费者能够相信并且愿意接受,进行科学探讨发现客观有效可行。

6.核心产品三层次

第一解渴;第二改善视力;第三提供人体所需的多种微量元素。

7.消费人群定位

以年轻人为主,以中小学生为突破口。

根据稀世宝的功能定位富硒,改善视力,因此消费群明晰:

(1)中小学生。

(2)知识分子、电脑操作者。

(3)视力不佳的中老年人及游客。

针对各消费群的沟通,要分步骤有主次,学生群体是重点,要率先突破。

四、第四步:实施营销策略

1.营销理念

(1)品牌理念:出售水,同时出售健康,给您好视力。

(2)品牌基础:不仅满足生理基本需求,同时提供其他品牌无法提供的超额价值。并且以上利益能在方便、愉快的情况下得到满足。

(3)概念支持:以稀世宝硒矿泉水生成地的自然地理构造为科学依据,创造稀世宝硒矿泉水"连升三级"概念。

第一级:地上循环16年,水质干净,富硒、含多种微量元素。

第二级:山下深层10千米处涌出半山腰。

第三级:超脱一般矿泉水,实现多种元素特别是硒、锶、低钠重碳酸钙含量全线达标。

(4)营销理念:以现代最新整合营销传播理论为基础,结合策划理念与经验,将传统与创新相结合,调动一切可以调动的手段,如广告、公关、事件行销、促销、新闻宣传、CI 等,协调一致地为产品打开市场树立名牌服务。

2. 营销组合

(1)产品策略

①旧瓶换新装。改换瓶贴。稀世宝是在武汉已上市 3 年的产品,名可不改,水不必换,但原来陈旧的形象必须改变,原瓶贴给人以落伍、低档的印象、水无色无味,富含矿物质又看不到,那么,瓶贴就代表着水,它必须要能替水"说话",这点极为重要。

②规格组合。仅有 600 mL 不够,产品规格的个性化、差别化和系列化,是方便顾客、取得竞争优势的重要手段,要增加 330 mL 和大桶 5 L(家用装)。

(2)价格政策

零售价:600 mL,2.50~3.00 元;330 mL,2.00~2.50 元。这个价格比乐百氏等矿泉水略高,比依云等高档品牌略低,以显示自己的价值。

(3)广告与促销策略

①广告创意策略原则:以理性诉求为主,以感性诉求为辅。

②广告诉求目标:中小学生。

③广告表现策略:借星出名。借星要新、准、巧。

开拓市场最先需要的就是产品知名度,水这种低关注度、高感性的消费品尤其如此。在中国,打开知名度最迅捷的办法就是请名人明星做广告。借星出名,屡试不爽。而新星托新品最相宜,就是说要寻找最新明星。

④广告发布原则:以硬广告为主,以软广告为辅;以地区性媒体为主,全国性媒体为辅。硬广告以电视、报纸为主,发布系列专题广告,其他媒体为辅;软广告以报纸为主,发布系列科普文章。以电视专题片、广播专题、DM、宣传册为辅。

电视广告发布要借力使力,让李晟主演的稀世宝广告搭乘《还珠格格》最火暴的顺风车,火上加火。片中是小燕子,片外又是小燕子演的稀世宝广告,轮番强化记忆,使之成为一个社会热点话题。

⑤促销策略原则。正合为主,奇术争雄。用常规方法加大产品的市场采纳广度,用出奇制胜的手法,从众多竞争对手中凸显出来,加大市场采纳深度。

(4)渠道规划

①主推代理制

A.武汉地区要批发、直销相结合。

B.优先给旅游景点、学校附近、运动场所、街头大小商店、平价超市和大型商场布货。

C. 对小摊小店小批发,以张贴稀世宝招贴画为条件,开始时送其 3~5 瓶稀世宝烘托气氛,吸引进货。

②渠道战术

A. 销售稀世宝送摊点冰柜。

B. 旅游景点垄断销售。

C. 累积分奖励批发商。

D. 建社区直销站,全线覆盖武汉市场。

(5)事件行销策划

①活动目的:塑造品牌形象,扩大知名度,提高美誉度。

②活动创意原则:创新,双向沟通,参与互动,紧紧把握时代脉搏,制造或引发社会热点,引导消费时尚。

(6)公关及形象活动

①活动目的:培养消费者品牌偏好,清除不良干扰因素。

②活动原则:轻易不做,做则做到圆满。疏通关系,联络感情,借各方力量,直接或间接地为产品拓展市场服务。

③广告创意

A. 稀世宝儿歌篇

a. 广告诉求对象:中小学生。

b. 广告诉求点:改善视力。

c. 诉求支持点:稀世宝含硒多。

d. 广告口号:常喝稀世宝,视力会更好。

B. 广告创意内容

采用生活片断式和名人推荐式相结合的方式。在人们非常熟悉的儿歌《小燕子》欢快的旋律声中,《还珠格格》的主演、当红明星小燕子的扮演者李晟,一副孩子王的样子,她领着一群可爱的孩子做眼保健操。画外音一个稚嫩的童声唱起了由儿歌《小燕子》改编的歌曲:"小燕子,大眼睛,天天喝瓶矿泉水……"从而点明了广告主题,李晟手拿稀世宝矿泉水,忽闪着一双又大又亮的眼睛说:"常喝稀世宝,视力会更好。"

五、第五步:营销策划主题活动

1. 借"视觉年"重金寻宝

借助"99 中国视觉年"进行事件行销。据卫生部门调查,全国中学在校生中,近视发病率为 64%,小学生发病率为 46%。稀世宝矿泉水最显著的功能就是预防近视,提高视力。

活动内容:凡在武汉市寻找含有硒达标的矿泉水就可参加抽奖活动,第一天奖励 500 元,20 名;第二天奖励 300 元,35 名;第三天奖励 100 元,100 名。

活动目的:迅速提升知名度,强化产品资源的稀缺,增强稀世宝的高价值。

2. 借"环保"收买人心

活动主题:"为了环保,高价收购空瓶"。1 个稀世宝空瓶换 2 元钱,其他品牌饮用水瓶每个 1 分钱。

活动目的:提升稀世宝美誉度,树立致力于人类健康与环保事业的崇高形象。

活动开始后每天人山人海,3 天时间共收回稀世宝空瓶数以万计,稀世宝的美誉度直线上升。

3. 借生态解疑

针对一部分消费者对稀世宝硒矿泉水水源的真实性心存疑虑,开展生态旅游恩施寻源活动。稀世宝矿泉水水源地湖北恩施土家族苗族自治州建始县森林覆盖率达 60% 以上,空气清新,风景秀美,民风古朴,生态绝好。

活动内容:在 8 月、9 月、10 月这 3 个月,消费者只要将 5 个稀世宝矿泉水瓶贴寄到稀世宝公司即可参加抽奖,每月开奖 1 次,中大奖者到恩施寻源旅游。

消费者参加踊跃,共收到数万封来信,其中,有位年轻人一人就邮了 1 000 多封信,连中了 3 次大奖。旅游归来之后逢人便说,稀世宝矿泉水真天然,尽可开怀畅饮。本次活动取得预期的效果,不仅消除了消费者的疑虑,而且发挥了很好的促销作用。

4. 借舆论造势

为自己创造一个有利于矿泉水、有利于硒矿泉水的竞争环境,引发全社会关注。发表系列科普文章,传播如下观念:喝水要喝矿泉水;稀世宝矿泉水是国内唯一硒含量达标的矿泉水;稀世宝是国内仅有硒、锶、低钠重碳酸钙三项矿物质均达标的优质矿泉水,享用它物超所值;世界饮用水的发展趋势是,矿泉水永盛不衰,而且越来越兴盛普及;如何选择优质矿泉水。

围绕以上观念,发表一系列科普文章。这些有理有据的文章在武汉市各大报纸连续刊载 18 篇次,科普文章一刊出立即引发了一场社会大辩论。消费者仿佛第一次听到这样令人信服的声音,消除了对矿泉水的疑虑,为稀世宝对消费者负责的精神叫好;有关专家也参与进来了,为矿泉水引经据典;生产企业也不甘寂寞,维护着自己的利益。

大辩论高潮迭起,京沪两地各大媒体争相报道,推波助澜。进一步扩大了影响,极大地提升了稀世宝的知名度和美誉度。

六、第六步:营销策划效果评估

在北京匹夫营销策划有限公司的指导下,稀世宝矿泉水仅用不到半年的时间,在市场竞争最激烈的饮料行业,一举打开了武汉市场,使稀世宝成为家喻户晓的知名品牌,知名度达到 90%,美誉度达到 75%,取得了销售比上年同期增长 10 多倍的骄人业绩。

稀世宝高举纯天然矿泉水大旗,带头倡导绿色健康新概念,在全国掀起一股喝水要喝矿泉水的消费时尚,树立起了稀世宝鲜明的品牌形象,为平淡的矿泉水市场描绘出了灿烂的前景。

复习思考题

1. 从营销策划活动的一般规律来看,一份完整营销策划书的基本结构包括哪些内容?
2. 市场调研和环境分析的主要内容有哪些?
3. 在进行营销策划时,对消费者调研与分析主要包括哪些方面?

实训项目

1. 实训主题

分析《海尔冰箱中国农村市场营销策划方案》。

海尔冰箱中国农村市场营销策划方案

一、封面(略)

二、目录(略)

三、概要

进入 21 世纪,国内城市冰箱市场竞争日益激烈,海尔冰箱事业部决定实施对国内冰箱市场的战略转移,将目光转向具有良好销售前景的农村市场。

受海尔公司的委托,根据海尔冰箱农村市场营销战略的需要,对农村冰箱市场的需求特征、竞争状态、消费者行为、网络渠道、促销方式、广告宣传、村镇消费习惯、区域消费文化等涉及制定营销策略的信息进行随机抽样、问卷调查、整村整队分群问卷调查,通过入户调查和电话跟踪调查等调查方式,在 1 年多的时间里共进行 4 次营销调研,发放问卷 88 105 份,回收问卷 73 797 份,有效问卷 65 845 份,最后采用 SPSS 软件对调查数据进行处理和分析,建立了海尔农村冰箱市场营销数据库。

在充分调查的基础上,经过不断的市场推广试验总结,最后制定了海尔冰箱的"一对一"中国农村市场营销策略。

一对一策略就是根据农村各地区不同的收入和消费行为特征,分别采取直接入户销售、直接对村的销售促进、对乡镇的销售推广 3 个层次的营销手段。

四、市场调研与营销环境分析

我国大中城市的家庭拥有冰箱率已超过 95%,在个别城市已达到 99%,而调查显示部分省份的农村冰箱拥有率是 22.7%,说明在城市冰箱市场已趋饱和时,农村市场仍处于导入阶段,两者普及的程度相差 10 多年。

以西门子、伊莱克斯为代表的外资品牌在近两年强劲地崛起,迅速占据了国内约20%的冰箱市场份额。在城市冰箱市场中,以海尔、容声、新飞和美菱等为主的第一阵营与伊莱克斯、西门子等为主的第二阵营之间的品牌之战势不可挡。

同时,冰箱市场处于供大于求的状况,竞争趋于白热化。在激烈的市场竞争状况下,只有抢先占有农村市场,才能占得市场先机。

另外,有两个重要的外部原因也促进农村冰箱需求增长。

1.市场的宏观环境渐趋有利。中央把增加农民收入视为扩大内需的重点,改造农村电网,改善农村交通、通信设施等,都成为培育农村冰箱市场的有利因素。

2.农村购买力的提高。近几年我国农村人均收入保持连续增长,农民手中储蓄存款约达9 000亿元,这部分资金形成了很客观的购买力。

五、营销策划目标

此次营销策划的目标有3个:

1.在农村市场进行品牌推广,让农村消费者接受、认可海尔冰箱。

2.开发出适合农村需要的、经济适用的冰箱新产品,开拓农村冰箱市场。

3.寻找适合农村市场的促销方式及新的营销组合方式。

六、营销行动方案

市场调查结果显示,海尔产品是否能进入农村市场并占有一席之地,在很大程度上取决于5个因素:

1.产品策略:突出实用、耐用

(1)降低冰箱科技含量,生产价低耐用的冰箱产品

开发农村市场产品,须注重科技含量的"平民化"取向,只有"平民化"面目才能取悦农民。通过对全国15个省市10 362户农民家庭的产品需求调查,海尔投放农村的冰箱需做到:

①减少产品中不必要的功能设置,防止功能多余造成闲置。

②从大多数农民的消费能力出发,实施产品档次的多元化配置。

③合理提高冰箱产品的民俗文化品位。

(2)设计开发"囍"系列和"福"系列两大系列、6个品种的冰箱

根据调查了解的农村家庭冰箱使用和需求特点,以及对冰箱一些指标的具体要求,建议设计开发"囍"系列和"福"系列两大系列、6个品种的冰箱。这些冰箱的容积从160升到216升,每个系列分3个档次,考虑到农村家庭中冰箱的使用条件及使用用途的特殊性,增加一些实用和适应性功能。

(3)健全售后服务网络,消除农民的后顾之忧

海尔的售后服务网络是强大的,但在农村三级市场还不够完善。为了弥补农村市场服

务落后的状态,建议海尔以巡回维修大篷车和小分队形式深入农村,进行宣传和实际维修服务。

2.价格策略:中低价位

据调查,74.6%的农村家庭只能接受中低价位的产品,希望的价位是 1 600~1 800 元,能接受的价位是 2 000~2 200 元。

因此,建议将"囍"系列 160 升、180 升、200 升产品定价在 1 600~1 800 元,将"福"系列 186 升、196 升、216 升产品定价在 2 000~2 200 元。

为防止"窜货"和"乱价",对于"囍"和"福"系列的产品外包装上贴上明显的专供×××农村地区的标示。

3.渠道策略:一对一上门销售

根据农村市场的特点和海尔销售网络的现状,减少中间环节,实现渠道扁平化,增强对三级市场管理的同时,增加三级市场的销售网点数量,尤其是扩大县一级的营销网络。委派营销代表辅助经销商,加强销售网络功能。

根据农民对冰箱需求一般属于被动购买的特点,光有渠道还不够,还要能唤起农民的购买欲望。市场试验表明:定点、定区域由冰箱市场部、当地海尔工贸和经销商联合进行一对一上门销售是一种行之有效的方法。该销售方式不仅能迅速提高销售业绩,而且能节省大量延伸销售网络成本费用。

4.促销策略:贴近农民,做农民式促销

(1)一对一人员促销

促销人员职能:

①将潜在客户分类管理。

②根据不同地区和村庄的特点开发消费领袖。

③不断进行市场调查。

(2)广告宣传

针对农村消费者的文化素质、风俗习惯、媒体接触、价值观和审美情趣等进行广告宣传,力求因地制宜,有所创新。

(3)注重口碑宣传

调查显示:有20.4%的农民家庭购买冰箱时,是接受了亲戚朋友的介绍和推荐,口碑宣传在农村市场推广中的作用非常大。

(4)电视媒体选择

时间:晚上 7:00—9:00。

频道:中央一台,省级、县级电视台。

电视节目:电影、电视剧。

广告风格:接近农村理解和接受能力,突出产品的实用。

(5)营业推广

①春节前夕和处于结婚高峰期的秋冬季节是家电消费的旺季。调查显示:农村家庭购买冰箱的时间都集中于 5—6 月和 10—12 月。

②根据不同的用户和时间地点,为冰箱的消费者和潜在消费者,送上一点小小礼物,开展情感营销。例如,春节前为农民送上财神挂历和"福"字;为结婚而购买冰箱的,送上一对大红的"囍"字;对"十一"购买冰箱的农民送上几个编织袋。

③农村消费者不了解冰箱的使用和各种功能,建议组织海尔大篷车深入农村现场演示海尔冰箱的使用方法、功能。

④为农民举办知识讲座、维修队免费放电影、送科普读物,组织符合民俗的文艺演出等,使企业和产品赢得农村消费者的信赖。

5.公共关系策略:海尔,真诚到永远

在山东建立海尔冰箱样板村,与村共建农民公用设施,为样板村提供科学种田、种地知识讲座。为内蒙古、云南、贵州等边远不发达地区提供利微价廉的冰箱,上门销售。利用冰箱大篷车队送电影下乡,送科普读物,组织符合当地文化民俗的文艺演出等。

总之,在整个策划过程中,为了实现所确定的市场目标,必须综合发挥营销组合的作用,综合运用产品、定价、渠道、促销等多种营销策略。根据农村消费者的产品需求特点、消费者对价格承受能力来开发产品,通过减少不必要的功能降低生产成本,又通过一对一直接上门销售减少销售环节费用,适应农民对海尔冰箱价格的预期,也获得在同类产品中的竞争优势。最后,注意人员推销、广告、公关、营业推广等促销方式的综合运用,达到预期的营销目的。

七、成本预算

(略)

2.实训内容

本项目根据中国首届杰出营销策划奖的获奖策划案例改编而成,通过组织学生对本项目的学习和分析,使学生达到掌握营销策划书的基本结构、写作原则和写作技巧,并能够对营销策划书作简要分析的知识和能力培养目标。

3.实训组织

(1)教师组织学生分组,3～5 名学生一组。

(2)教师组织学生阅读提供的项目资料,并提出讨论题,然后进行小组讨论,在讨论的基础上,以小组为单位完成讨论题。

①本策划书由哪些部分组成?

②你认为该策划项目的主要创意有哪些?

③该策划书注重运用了哪些策划书的撰写技巧,试举例说明。

4.实训考核

教师以小组为单位进行评分,评价标准如下:

①本策划书由哪些部分组成? 20%

②你认为该策划项目的主要创意有哪些? 30%

③该策划书注重运用了哪些策划书的撰写技巧,试举例说明。30%

④团队合作表现,现场讨论表现。20%

参考文献

［1］吴姗娜.市场营销策划［M］.北京：北京理工大学出版社,2010.

［2］陈君,刘永宏,谢和书.市场营销策划［M］.北京：北京理工大学出版社,2012.

［3］冯志强.市场营销策划［M］.北京：北京大学出版社,2013.

［4］李艳娥.营销策划实务［M］.广州：中山大学出版社,2013.

［5］支磊,康金辉.营销策划实务［M］.西安：西北工业大学出版社,2013.

［6］何秀丽,靳娟.营销策划实务［M］.西安：西安交通大学出版社,2014.

［7］杨勇华.营销策划实务［M］.北京：北京理工大学出版社,2014.

［8］高南林.营销策划实务［M］.北京：北京交通大学出版社,2014.

［9］曹光华,刘德华.市场营销策划实务［M］.合肥：合肥工业大学出版社,2012.

［10］曾萍,谢秀娥,林闽.市场营销策划［M］.北京：航空工业出版社,2012.

［11］李世杰,刘全文.市场营销与策划［M］.北京：清华大学出版社,2011.

［12］谭蓓.市场营销策划［M］.重庆：重庆大学出版社,2015.

［13］任锡源.营销策划［M］.北京：中国人民大学出版社,2012.

［14］张鸿.营销策划学［M］.广州：中山大学出版社,2016.

［15］杨岳全.营销策划［M］.北京：中国人民大学出版社,2006.

［16］菲利普·科特勒.营销管理［M］.卢泰宏,高辉,译.北京：中国人民大学出版社,2009.

［17］第一营销网 http://www.cmmo.cn/

［18］中华策划网 http://www.cehua.com.cn/

［19］全球品牌网 http://www.globrand.com/

［20］世界经理人 http://www.icxo.com/